近代日本思想史

濱田恂子 著

周俊宇 譯

商務印書館

近代日本思想史

作　　者：濱田恂子

譯　　者：周俊宇

責任編輯：曾卓然

封面設計：李莫冰

出　　版：商務印書館 (香港) 有限公司

　　　　　香港筲箕灣耀興道 3 號東匯廣場 8 樓

　　　　　http://www.commercialpress.com.hk

發　　行：香港聯合書刊物流有限公司

　　　　　香港新界大埔汀麗路 36 號中華商務印刷大廈 3 字樓

印　　刷：美雅印刷製本有限公司

　　　　　九龍觀塘榮業街 6 號海濱工業大廈 4 樓 A

版　　次：2017 年 4 月第 1 版第 1 次印刷

　　　　　© 2017 商務印書館 (香港) 有限公司

　　　　　ISBN 978 962 07 5666 5

　　　　　Printed in Hong Kong

　　　　　版權所有　不得翻印

導　讀

張政遠

　　一般來說，要把握「孝」這個文化現象，我們可以從中國哲學或儒家思想入手。同樣地，要了解日本文化，我們有必要認識日本的哲學和思想。然而，相對於中國哲學、西方哲學甚至印度哲學，有關日本哲學的中文文獻嚴重不足，這是一個明顯的事實。筆者近年在香港中文大學講授「日本哲學」課，其中一個主要難題就是欠缺優良的入門書籍。濱田恂子的《近代日本思想史》(以下簡稱為本書) 面世，的確是一大喜訊。

　　1994 年，濱田以德文出版 *Japanische Philosophie nach 1868* (直譯為《1868 年之後的日本哲學》)。該書後來在日本出版，改題《近現代日本哲學思想史 —— 明治以降日本人思考了什麼並如何思考》(東京：關東學院大學出版會，2006 年)。本書的底稿，則為《入門　近代日本思想史》(東京：筑摩學藝文庫，2013 年)。作為一冊有關日本哲學的入門書籍，本書涵蓋了十九至二十世紀的日本近現代的哲學思想。內容上，本書分為兩部分，即「明治、大正、昭和前期」及「昭和後期」(第二次世界大戰後) 的哲學思想。本書的書名雖為《近代日本思想史》，實質內容卻包括了「近代哲學」及「現代思想」。

　　首先，讀者們要注意，日本學界一般對「哲學」(tetsugaku) 及「思想」

(shisō) 有一種區分，即「哲學」為明治以後引入之西方學問。哲學作為一種現代的「學」(gaku)，有別於傳統的「教」(kyō)。例如，儒學在日本通常被稱為「儒教」，它是思想而不是哲學。據筆者所知，日本大學裏的哲學系，基本上只教授歐美哲學，偶然也會有一些課提及日本哲學，但卻甚少開設儒釋道哲學的課。我們當然可以追問，儒家是否可以被詮釋為一種哲學。在當今的中國，有一些自稱「國學家」的人抗拒以西方的概念來把握「儒家」思想，因此他們主張儒家不是也不應被稱為哲學。提及「國學」，日本早在江戶時代已有「國學」(kokugaku) 之傳統，但日本的國學也只被視作「思想」，而不是「哲學」。本書並沒有涉及江戶時代的「儒學」與「國學」思想，但卻略有提及「蘭學」（第一章）。所謂「蘭學」(rangaku)，是指日本在明治維新以前有學者通過荷蘭來學習西方文化。嚴格來說，江戶時代的思想是屬於「近世」，是「近代」以前的思想。但本書重視蘭學，是因為蘭學家們的研究及翻譯成為了日本現代化成功的關鍵。「哲學」一詞，便是由蘭學者西周 (1829-1897) 所創。我們可以說，日本的現代化並非始於 1868 年的明治維新。沒有「蘭學」的經驗，便沒有如此這般的現代日本。

　　這裏，我們亦要注意，日文的「近代」(kindai) 與「現代」(gendai)。一般而言，它們分別指涉「現代」(modern) 及「當代」(contemporary)。濱田指出：「明治以後的日本近代化，也是透過吸收歐美的知識和在此基礎上發展而得的技術，而迅速獲得了發展。」（序言）有一批學者傾向把「modernization」譯作「現代化」，而本書則以「近代化」(kindaika) 來譯「modernization」，這能夠保留原文的味道。但是，「modernization」之所以成為問題，並不在於它在歷史時空上的「現」或「近」，而是在於西方的現代性或現代化運動。眾所周知，現代化的主要課題就是反思傳統，

從十六世紀的宗教改革、十八世紀的政治革命到十九世紀的工業革命，我們可以看到西方人對傳統的教會文化、君主政制及經濟結構提出種種回應。在十九世紀的東亞，現代化是一個極之重要的課題。特別是鴉片戰爭之後，人們明白到傳統的落後以及西方的先進。但列強當前，實在已沒有空閒時間花在思想上的啟蒙運動，而是要急於追求船堅炮利。技術上的現代化未見成果，卻出現了推反清朝的時機。革命尚未成功，知識份子們卻把努力放在「打倒孔家店」及「擁抱德先生、賽先生」等新思潮之上。然而，傳統被推翻之後，新文化運動可以用什麼資源來成就現代化？在日本，明治的國策是「富國強兵、殖產興業」。日本人明白到現代化的首要任務就是學習甚至模仿現代西方，但現代化與保守傳統不一定出現衝突。我們可見，日本的哲學家（如：西田幾多郎）沒有在「反傳統主義」或「傳統主義」之間二者擇一，而是嘗試證立一種「第三立場」。融合傳統與現代化，往往流於紙上談兵。日本現代化的經驗是否成功？有什麼地方值得我們借鏡？毫無疑問，本書提供了一些重要的線索有助我們思考「現代化」這個問題。

　　談及日本的「近代哲學」，這個時期的關鍵人物無疑是西田幾多郎。濱田斷言：「從二十世紀前半開始至今，日本再無任何一位哲學家擁有像西田幾多郎這樣強的影響力了。」（第二章）西田生於 1870 年，即明治 3 年。當時的日本並未完全現代化，而是保留了不少傳統。西田曾學習漢文，甚至能夠創作漢詩；另一方面，他曾經教授德文，並用功鑽研歐美哲學原典。我們可以説，西田的哲學就是一種傳統與現代的結合。西田重視學習西方，並認同哲學是一門具有普遍性的學問。然而，他的哲學非只談歐美哲學，而是有處理各種傳統思想。有興趣的讀者，可閱讀西田的早期著作《善的研究》（北京：商務印書館，1981 年）。

　　本書提及了「西田派」這一說法，西田本人亦經常被視作「京都學派」之父。西田影響了現代日本的左右兩派學者，本書亦介紹了多位有代表性的現代日本哲學家，例如九鬼周造、田邊元、和辻哲郎、三木清、西谷啟治等。讀者亦可以參考一些譯作，如和辻的《風土》（北京：商務印書館，2006 年）、九鬼的《「粹」的構造》（台北：聯經出版，2009 年）及西谷的《宗教是什麼》（台北：聯經出版，2011 年）等。我們應注意，只談某一學別或道統，往往容易輕視其他的思想與傳統。事實上，西田本人從來沒有建立任何學派。本書的特色，就是不以學派或宗教來限定日本哲學，例如有介紹京都學派以外的存在思想傾向（第三章）。

　　此外，本書亦重視所謂「現代思想」。本書提及了多位當代日本哲學家，如中村元、井筒俊彥、廣松涉、中村雄二郎、市川浩、坂部惠、湯淺泰雄等（第四章）。他們探討了一些有別於「近代哲學」的思想，如比較思想論、身體現象學、伊斯蘭思想等。戰後日本所面對的種種社會政治處境，已有別於西田的時代；但是，戰後日本的哲學家們某程度上或許受西田的影響。他們之中，甚至有人曾著書論述西田的思想，讀者可以參考中村的《西田幾多郎》（北京：三聯書店，1993 年）。

　　值得一提的是，本書言及了近年在日本出現的「臨床哲學」運動（終章）。鷲田清一主張哲學不應只是發表論文或演說，而是應該把重點放在聆聽。這顯示了一種對哲學的反思：百多年來，哲學在日本是一種「學」，它已演化成一門在象牙塔裏的專門學問。但是，哲學本來並不是「學」（logos），它是一種「愛」（philia）。哲學家擁有「無知之知」，所以才追求真理；他們並不權威自居，反而勇於挑戰那些自稱擁有知識的權威人士（特別是詭辯家、政治家等）。我們可以說，「臨床哲學」承繼了古希臘哲學的根本精神。在日本，大阪大學設有一個「臨床哲學研究室」，

推廣各種哲學普及運動，例如：「哲學咖啡」（哲学カフェ）。它並非指一杯咖啡或一間茶館，而是一個開放的哲學討論平台。「哲學咖啡」（café philosophique）源自法國巴黎，它旨在把哲學帶到社會，為所有人提供一個公共的討論空間。活動的選址通常在大學以外，參加者也不限哲學教授或學生。活動的重點，就是聆聽他者的說話。

　　以上從「哲學」、「思想」、「近代」與「現代」點出了本書的重點所在。作為一冊袖珍本，本書極具條理地呈現了現代以至當代日本哲學思想的百花齊放、百家爭鳴局面，這可見濱田的眼界與功力。讀者們將會發現，日本哲學並不一定只談「日本」，而是混合了古今東西種種思想。這種「混雜性」是日本哲學的重點所在。筆者認為，與其過度強調日本哲學的「日本」性格，不妨以一種「跨文化」的角度來了解日本哲學與文化。

―――――――――――

張政遠，生於香港。1998 年香港中文大學哲學系畢業，同年入讀研究院深造。2000 年前往日本東北大學留學，2007 年獲哲學博士學位。現任香港中文大學日本研究學系導師，研究興趣為日本哲學。著作包括：（與林永強共編）《東亞視野下的日本哲學 —— 傳統、現代與轉化》（臺北：臺大出版中心，2013 年）、（與蔡振豐、林永強共編）《東亞傳統與現代哲學中的自我與個人》（臺北：臺大出版中心，2015 年）及（單著）《西田幾多郎 —— 跨文化視野下的日本哲學》（臺北：臺大出版中心，2017 年）等。

序言

認識與思考

　　當今日本，只要不是刻意隱瞞，我們都可以即時知道地球上的大小事件。電波是一種眼不可及的傳播方式，其發展在半世紀左右間給知識的傳播和吸收帶來了前所未有的改變，獲得知識也變成了一件有趣的事。然而，問題卻漸漸產生，自古以來，日本人在任何時期都能吸收海外先進國家的知識和思想，使社會獲得發展。這種靈活性一直是日本的長處和特性，明治以後的日本近代化，也是透過吸收歐美的知識和在此基礎上發展而得的技術，而迅速獲得了發展。

　　知識是豐富多樣的。無論是社會、經濟、政治等各方面或國際情勢，有關人類活動的事務並無固定方式，我們必須不斷地意識到當中的變化。在這種情況下，懷抱意識的主體，其形態就反映在由何種觀點來認識的這一點上。與此相反，屬於自然科學的領域，其重點則在於學習、認識推演出來的法則性。無論如何變化，認識的重點都在於變化本身的法則性上。既然具有法則性，那麼只要有理解能力，這個知識任憑誰都能適用。

　　然而，在自然科學的領域中，姑且不論屬於純粹理論結構的數學，重點在觀察和實驗的各領域，其法則性也可能隨着研究而變動，長期以來的範式有時會因新發現而改變。對於從事研究的當事人來說，這正可

説是無上的喜悅。然而，這個現象從另一方面也令人體會到人類的知識是未臻完善的。人類只能了解目前所了解的事，在其背後有多少事物是尚未被理解的，實在還未可知。因此，我們應當謙虛以對。

即便如此，對於已經了解的事，人類是具備了加以應用的技術能力的。這使得我們的生活變得方便，這種觀念也已遍及全球。當然對於這種恩惠不能加以否定，但在這種甘於便利，卻讓促進技術化的資本體制稱心如意的生活情況下，如果思及對將來社會所帶來的影響，遲疑之念無可避免地油然而生。我們將被迫面對到「何謂自我？」、「何謂人類？」等哲學的根本性問題。

若單單只是客觀地吸收知識和技術，個人內在的主體性便無需質疑。在吸收思想時情況就不同了。如果我們只是將思想視作書寫記錄的知識而加以吸收，只作表面、片面上的理解，那麼就可以將之作為無涉自身內在的客觀知識來吸收，這在一方面既有不斷地形成新的立足點，在社會上巧妙進退應對的成功者；另一方面對思想作知識性吸收，以其文獻研究形成學問領域，哲學就託付給了依此方式訓練出來的專家，成為一種不食人間煙火的學問。若是思想，則吸收的主體本身之間將會與過去以來形成的內在發生緊張關係，若能加以克服則能形成個人新的自我。雖然也可能因為與個人的內在不相容而產生否定性的理解，但在否定當下痛苦的同時，主體的內在性作用也會作動。這就是作為科學、客觀性知識來吸收和作為思想來吸收兩者之間的差異。

問題在於認識什麼問題？如何認識問題？怎樣藉由認識問題去思考與行動？等等對於知識主體內在性的提問。若只是扮演一個將已了解的事物作為絕對性命令來接受，自己不作任何積極性思考中規中矩的機器人的話，在和平時代或許會被視為一個值得信賴又認真的人。然而，人

類社會和自然界都時常發生變化，一旦意想不到的事態發生，就必須依據主體式判斷來行動。民主主義社會中的每個人必須隨時隨地為自身的行為負相對應的責任，若是個人擅自行動則社會將無法順利運作。維持國家這個政治組織，主要的官職都是由國民全體選出的；法律等基本決策皆交由這個組織決定，但其內在必須是國民意識的反映，因此我們要明確展現面對所有可能變化的態度。於是作為主體的個人，也就是我「思考什麼？」「如何思考？」便顯得很重要，該做的就是作為主體摸索自身的答案，並付諸行動。

科技的進步以及我們所生存的這個規模擴及全球的社會，不時要面對各種問題。例如，隨着醫學的進展，與臟器移植相關的腦死問題和延命措施的是非對錯等倫理學問題，就很需要患者和家人的判斷。醫療的進步也帶來了「壽終正寢不再」這種悲喜劇的現象。而例如核能發電的利弊也是你我活在當下所面臨的問題。種種「有能力做」並不等於「可以做」的案例，都需要大家去判斷取捨。目前討論不少問題的是非對錯時，時常都只優先考慮到經濟，實在令人慨嘆，我們力當加以避免。作為主體的自我並非不上不下的真空狀態，而是在自然中求生，又受歷史或社會規範，活在當下的生活者。為了判斷與行動，我們不要偏離現實，要看清現實，為此我們要充分敞開意識，立足於在精神上累積而來的各種狀況。

本書俯瞰日本近現代的思想狀況及變遷，企盼解明現下各種精神狀況，指引前往未來方向的一個指標。期盼各位讀者能自主地吸收這只能以文字傳達的知識內容，作為自身的內在涵養形成一個自我形塑的踏板。

目　錄

第一部

明治、大正、昭和前期

明治、大正、昭和前期

　　日本在明治時代（1868 － 1912）以後開始積極地引進歐洲文化，因而在各方面出現了許多變化。然而，新時代的基礎卻是奠定於江戶時代（1600 － 1868）末期的。當時的日本為迴避外國影響長期實施鎖國政策，但在八代將軍德川吉宗（在位 1716 － 1745）的政策下，在江戶時代中葉以後，也開始透過荷蘭語學習西歐的技術及自然科學。

　　我們從杉田玄白（1733 － 1817）的《蘭學事始》一書，可以窺知當時的情形。他以前野良澤據荷文版的 *Ontleedkundige Tafelen* 為底本，翻譯了庫魯姆斯（Johann Adam Kulmus）（1869 － 1745）所寫的 *Anatomische Tabellen*，名為《解體新書》。他不只對荷蘭醫學理論抱持興趣，在翻譯本書的前後時期，還在千住骨原（小塚原・現南千住回向院）觀察死刑受刑人解剖，致力以實證方法獲得實踐性的知識。

　　江戶時代原則上只允許荷蘭人來航日本，除了荷蘭商館長可以進出江戶參府外，其餘只限於長崎停留。因為荷蘭人是開啟歐洲文明的門扉的窗口，因此西歐的科學和技術，總稱為蘭學。當時來到長崎的歐洲人都是荷蘭人，或者都自稱為荷蘭人。其中極為有名的人物是菲利普・法蘭茲・馮・西博德（Heinrich von Siebold）（1796 － 1866）。他雖然是德國人，但於 1824 年於長崎開設鳴滝塾，以許多傑出的年青人為對象教授荷蘭語，講述歐洲文明的成果。他的學生對幕末到 1868 年維新發生前的日本精神狀況發展，發揮了巨大的影響。

　　對於在日本未來可能的展望懷抱藍圖的他們來說，西歐文明及科學的知識是絕對必要的，但他們同時也具備了當時對社會仍有很強影響力的傳統的朱子學知識。其代表性人物就是佐久間象山（1811 － 1864）。

他未曾造訪過長崎，卻能解荷文，也以朱子學「格物究理」的概念為起點去了解西歐式學問的原理及法則的發展。「東洋道德、西洋藝術」這句名言就是他所留下的。其理念與一般認為是菅原道真（845 － 903）所說的「和魂漢才」這個傳統想法一脈相承。到了明治時代，這句話就變成了「和魂洋才」這句口號。佐久間象山研究的重點在戰爭戰術和武器製作上，但是其考察的主要部分，則是科學式的方法論。受到象山影響的人物很多，其中尤以勝海舟（1823 － 1899）、吉田松陰（1830 － 1859）、坂本龍馬（1836 － 1867）、西村茂樹、津田真道（1829 － 1903）、加藤弘之等最為有名。吉田松陰、佐久間象山、坂本龍馬在新時代開啟前就不遂而死。勝海舟是德川的直屬臣下，在明治政府擔任海軍總督。

西村、津田和加藤等人，為了創造新的知識風氣，而傾注全力。他們所創辦的學術社團「明六社」明治六年成立的社團，就是努力的結晶。其成員有西周、杉亨二（1828 － 1917）、箕作秋坪（1826 － 1886）、箕作麟祥（1846 － 1897）、中村正直（1832 － 1891）、福澤諭吉、森有禮（1847 － 1889）等。他們的職業和關懷各有千秋。杉亨二是日本統計學的先驅、箕作秋坪從事醫學、箕作麟祥是法學者、森有禮是政治家。將他們結合在一起的，單純是基於一種啟蒙的理念。

由於開國和明治維新，發展一個全新的理念，形構新的政治組織就很有必要。在此背景下明六社成員被期待提供如百科事典一般廣泛的知識並將之付諸實踐。為了啟蒙民眾，必須迅速地整頓可以呼應國家和人民要求的實踐性哲學。這個動向就許多方面來說，和腓特烈二世主導推動的德意志啟蒙類似，屬於由上而下的啟蒙之流。

民眾至今仍然依循傳統慣習來生活。為了能夠建立新的國家和政治組織，民眾也必須要習慣一個全新的知識吸收形式。除了明六社的活動

之外，我們也不能忽略這個時期的啟蒙運動還有如中江兆民和幸德秋水等人領導的唯物論式的社會主義民權運動，以及以內村鑑三為中心的基督教奠定方向的動態。

上述運動起初都非常活絡熱烈。然而，1882 年軍人敕諭發佈，1889年大日本帝國憲法公佈，其次 1890 年追求意識型態統一的教育敕語公佈後，他們的自由空間便逐漸受到限制。民眾被要求實踐將過去以來日本傳統忠孝依據時代而改變的德目，也就是對天皇及國家的忠義及對雙親的崇敬或孝行。

教育敕語給日本人的精神生活形塑帶來關鍵性的影響。其作用一直到 1945 年第二次世界大戰的敗戰。於是，1868 年到 1945 年日本思想的源流，分為 1890 年以前的時期和 1890 年到 1945 年間的這兩個時期來討論。當然 1890 年也並不該被理解為一條明確的界線。思想界的變化總是逐漸且持續完成的。第一期到了十九世紀末期逐漸畫下明顯休止符。在這個時期活躍的人們，大多出生於明治以前。

刻畫這個時代的，尤以來自英法為主的歐洲哲學為最。英國的進化論和功利主義、法國的實證主義和盧梭的哲學扮演重要角色。這並不是哲學性思索的開展和深化受到重視，而是因為要讓國家和民眾近代化，才需要近代化的哲學。作為努力的成果，新政府的各項原理在哲學上被賦予基礎，到了第二期日本自有的哲學也逐漸有了摸索開展的必要性。

關於這點，我們必須要談到柯貝爾（Raphael von Koeber）（1848 －1923）。他在 1893 年來日，1914 年為止在東京帝國大學（現東京大學）教授哲學與德語，離職後由於第一次世界大戰之故被禁止回到德國，留在日本直到去世。他的著作並不多，學生受其人格所吸引，更甚於他的學識。弟子之中有許多至第二次世界大戰結束為止在日本精神世界扮演

核心角色的人物，例如西田幾多郎、波多野精一、阿部次郎、田邊元、九鬼周造、和辻哲郎等。有關柯貝爾在日本的生活，1923 年他逝世以後，有刊登在《思想》雜誌上題為「柯貝爾先生生涯」專輯，當中有和辻哲郎所寫的〈柯貝爾先生〉一文，該文舉出他在上野的音樂學校教課時的女性鋼琴師橘系重的事例，指出柯貝爾待人沒有貧富貴賤、性別和身分之別，淡泊金錢之利，交友不廣，卻樂於接納學生。

對於柯貝爾而言，日本人「吸收歐洲文化的態度整體上存在問題。不連根移植，只想剪下炫目的花朵。結果，只有帶着花的人受到極度尊敬，卻未在自己的國家栽下可使花朵綻放的植物。當時的學者和才俊們，是以這樣的態度大肆聲張、虛張聲勢，賣弄着歐洲的知識。這種自以為是或嘩眾取寵在先生眼裏看來是不屑一顧的」（《和辻哲郎全集》第六卷，岩波書店，1962 年，25 頁）。聚集在柯貝爾門下的學生裏，高山樗牛（1871 － 1902）等在當時的日本極受寵愛，但這種誇大的態度卻不為他所喜。對於柯貝爾而言，移植根部的樸實又低調的努力才重要，而不是花朵，和辻說：「對於真正事物的感覺在先生的周邊逐漸發生」。這段話對於現下日本受新奇事物影響，只偏重新的事物，忘卻了對於事物本身的根本性反省與思考的傾向，也算是自深層底部發出鏗鏘有力的一聲了。

第一章

第一期

解放與啟蒙
——文明開化的潮流——

　　德川幕府在 1858 年在下田和美國駐日總領事哈里斯簽署日美修好通商條約。據此長達二百幾十年的鎖國政策結束了。接著，幕府又簽署日荷修好通商條約、日俄修好通商條約、日英修好通商修約、日法修好通商修約。國內不滿及反對聲浪高漲，對此幕府透過所謂安政大獄來加以鎮壓，但要維持過去的舊體制已屬不可能。和各國簽署修好通商條約，不只是政治及經濟方面的開國，也帶來了修習異國學問及哲學的自由。學習外語的主流很迅速地由荷語轉移到英語。此外，為了直接取得資訊，有許多聲音請求航行外國。

　　雖然不是以哲學家身分所作的旅行，但福澤諭吉算是日本第一位正式造訪美國的思想家。1860 年，德川幕府為了交換條約批准書而遣送遣美特使外國奉行新見正興。他們搭乘美國軍艦出航，另有咸臨丸隨行，是最早航行太平洋的日本船。軍艦奉行木村攝津守喜毅、軍艦操練所教授勝海舟等隨行。福澤雖然不過是以軍艦奉行的從僕身分隨行，回國後立刻被命為幕府外國方翻譯方，一年後以幕府遣歐使節竹內下野守保德

的傳譯前往歐洲。

就幕府而言，必須要積極地接受歐洲的文化和文明。1862 年首次派遣 15 名海外留學生到荷蘭。其中 11 人學習海軍戰術，兩人學習醫學，剩下的西周和津田真道致力於學習法學。到了 1866 年，有 12 名前往英國。率領他們前行的是，其後成為明六社成員的中村敬宇（正直）。其間幕府還計劃擴張海外檔案的調查機關。1856 年蕃書調所在九段坂下創立，在翌年成為教授洋學、統制、洋書翻譯的教育機關，62 年移轉到一橋門外，改為洋書調所，63 年改成為開成所，成為東京帝國大學的前身。

也有一些人未獲幕府許可就出國了。他們大多是在他們藩主的密令下前往的。例如，1865 年五代友厚（1836 － 1885），森有禮等 19 名薩摩藩士遠渡英國。也有嘗試全靠一己之力來渡航的人。由正規手續來看，他們是所謂脫國者。留學中以 Joseph Hardy Neesima 之名為人所知的新島襄（1843 － 1890）也是其中一人。他由北海道的函館前往美國，停留了十年。有趣的是，內村鑑三和新渡戶稻造（1862 － 1933）等，在明治時期前往外國的基督教徒們是自行負擔旅費和留學費用的。

明治政府也讓年輕人材出國，包含女性在內。1871 年，派遣八歲的津田梅子（1864 － 1929）留學美國。同船的有中江兆民，他經美國前往法國。1873 年，新政府為了整頓新的體制，決定讓所有海外留學生回國時，已有 373 人（大部分是男性，女性極少）在歐洲及美國學習。

扮演領導角色的智識階層留心在擴大、深化他們外語知識上。行若有餘，他們便以英文撰寫研究論文。因為若以日文執筆，就會碰到文體上的難處。直至德川時代末期，文章語暨公用語，即所謂漢文，也就是文法變為日文式的中文，與日常的語言有顯著差異。到了明治時期，必須針對許多文字或文體作調整。也就在這個時期，哲學研究的準備已經

整頓完成。首先，要將哲學性專門用語由歐洲的各語言轉為日語。他們在完成這樣的作業的前提上，修習近代式哲學性的思考方式，摸索新的指導理念。

將這個過程具體化的人們可分為三種。許多情況下，在官方居重要地位，亦參與政府政策規畫的人們可歸入第一集團。他們傾注心力在當時普及於歐洲的實證主義式的進化論的見解上。福澤諭吉、西周、加藤弘之等人的活躍不僅止於哲學。屬於第二集團的是摸索人類理想狀態的人們，即西村茂樹、大西祝、岡倉天心等。第三集團被政府視為危險思想，其想法有時成為被打壓的對象。這個集團有走向唯物論的中江兆民和幸德秋水，還有採取基督教立場的內村鑑三。

第一節　實證主義與進化論

1　福澤諭吉（1834 － 1901）

「天不在人上造人，不在人下造人」這句寫在《勸學篇》（1872 年）初編開頭的一段話，明確表達出福澤諭吉以天賦人權說為前提的萬人自由、平等思想。在這以前，福澤既已依據歐美的經驗寫成了《西洋事情》（1866 年），受到廣泛閱讀。他的用意在解明歐美文明的各種情況，以追求日本的近代化。

他出生的時候，父親福澤百助是位在大阪的九州中津藩倉屋敷的勤番，所以全家都住在大阪。他的父親對學問抱持着很深的興趣，因此接着一位哥哥三個姊姊出生的么子福澤諭吉想令他向學，故想讓他成為僧侶。這段故事就寫在《福翁自傳》（1899 年）裏。在封建嚴明的門閥制度

的時代，要迴避門第世襲的職業，讓兒子專心於學問，那麼除了成為僧侶別無他法。諭吉斷言：「為了我，門閥制度成為父母之敵。」對他來說，近代化可以找回生而為人卻又遭封建主義奪去的自律性及人權。封建主義的時代下，不允許自己決定自己的生存方式。眾人被迫依循傳統和規範而活，甚至不被允許主動地思考生而為人的理想狀態。《勸學篇》開頭的這段話，便是希望人類自內在覺醒的強烈呼喚。

十九世紀後半，大部分的日本人已能識字書寫。士族的兒子們一般都熟讀儒教典籍即四書五經。教育水準平均來講絕對不低，然而檢視其知識內涵，問題也不少。俗話說：「讀論語不知論語」，也就是說雖然能夠背誦孔子的話，但不了解話語的意義。這種情況並不罕見。當時，學習幾乎就等同於背誦教師講述的內容。學生不被容許與教師唱反調，師生間針對學問的討論，幾乎是不可能的。「退三尺不踩師影」這句諺語如實地描寫出當時的情況。不許自行判斷來更改解釋，或是決定行動，一定要等待上面給的指示。因此，雖說學習，但並不自律，只是被迫遵照強加而來的忠孝理念而活而已。

福澤最掛心的，就是改善這個現況。《福翁自傳》寫到，他在教育上的基本方針是數理與獨立。「比較東洋的儒教主義和西洋的文明主義，東洋在有形上缺少數理學，在無形上缺少獨立心」（岩波文庫，1988 年，206 頁）。數理學本來意指數學，但這裏包含了自然科學、社會科學，甚至是部分的精神科學。福澤將實現近代文明的實學理解為數理學，對此將儒教主義視為虛學的教義。《勸學篇》中追求的學問也是為學問而存在的學問，不是一種學問至上主義。他提出一個問題：「現在的學者因何目的而從事學問？」（岩波文庫，2003 年，93 頁）。「學問之要在活用。沒有活用的學問等同無學」（同，106 頁）。學者一定要努力摸索目標、手

段、活用的方法。因此，觀察與理性就變得非常重要。福澤作為批判對象而嚴格審視的不只是空虛的學問，也包括了只學了一些學問皮毛，藉以安定宦途手段的人們。明治政府數度請求福澤出任公職，但始終為他斷然拒絕。福澤完全是一位關懷教育和學問的實踐家。若是出於必要，對政府也有了從在野發出忠告與批判的覺悟。1868 年福澤創設私塾即慶應義塾，他認為教育才是自己的天職。

《勸學篇》志在啟蒙，裏頭也表明了國家與民眾間的關係。福澤主張「政府作為國民的代表，依國民所思為事」（同，54 頁）。政府保護文明開化，但實踐的主體是國民，國民要展開、促進文明開化。但福澤希望這裏所謂國民不是位居公職的人物，而是一般的個人。他指出，「行文明事者為私立的人民，保護其文明者乃政府也」（同，51 頁），理由是歐洲的科技發展得力於中流階級的民間學者甚多。蒸氣機關是詹姆斯・瓦特發明的，而喬治・史蒂芬生將之應用於機關車。亞當斯密最早在邏輯上解釋經濟原理，漸從根本上改變商業貿易。這些人都不是大臣等政治家，而是憑藉自己的智力來大舉影響世間。

福澤還在《勸學篇》主張男女平權，這在當時非常特別，值得注目。十八世紀貝原益軒（1630 － 1714）在女性教育教科書《和俗童子訓》卷之五中談「教授女子之法」始，有所謂《女大學》陸續問世，這些書籍的根本思想都是逼迫女性順從。出生順從父母、出嫁從夫，老而從子，這三從被視為女子之德。福澤嘗試提出反論。「年幼從父母尚可理解，出嫁後從夫該如何從，不能不問其遵從方式」（同，77 頁），他認為對親應盡孝，但不合理的事不當認同。福澤的這個立場終身不變，寫下了《日本婦人論》（1885 年）、《男女交際論》（1886 年）、《女大學評論》（1899 年）、《新女大學》（1899 年）等著作。

　　在《文明論之概略》（1875 年）中，福澤把重點放在人類的精神面而
展開論述。在他看來，文明這個概念近於文化的概念。他在開頭就說：
「所謂文明論，人的精神發達之論也。」然其著作的核心，也是他畢生支
持的立場，就是功利主義和進化論。1857 年有巴克爾的《英國文明史》，
59 年有彌爾的《自由論》，62 年有史賓賽的《第一項原則》等著作，福澤
應該受到這些著作的強烈影響。福澤也屢次提及基佐的《歐洲文明史》。
他思想擴展的指標，就是歐洲文明及文化的進展。

　　福澤將文明（或文化）分為野蠻、半開、文明三階段。野蠻狀態下，
人類處於「居無定所，食無常品」（《文明論之概略》，岩波文庫，2003 年，
26 頁）的狀態，畏懼大自然的力量，只能依憑偶然的禍福而活，不為積
極之努力，即便有文字亦無文學，與文明相去甚遠。到了半開階段，「農
業之道大開，衣食無不具備，建房設城，其外形現為一國，然探其內涵
則不足者甚多」（同，27 頁），文學雖盛，但不勤於實學，習慣或傳統限
制了人類的社會生活，常見猜疑或嫉妬心，缺乏主動且理性地質疑事物
是非曲直的勇氣。在文明狀態下，人類「意氣風發不為舊習所溺惑，自行
支配其身不依他者恩威」（同，27 頁），獲得自由。然而，他不認為這區
別是永久不變的。這個區別是相對的，野蠻和半開都是以文明為目標而
進展的過程。而且，福澤認為「不應只取文明外形，必先具備文明精神
後適其外形」（同，32 頁）。所謂其精神「人民的風氣即此」（同，31 頁），
然改變風氣並不是依靠政府命令強制而為，也不應由宗教等來倡導，而
是「自行令人民全般發生智德，自行使意見昇華到高尚的領域」（同，33
頁），所以教育非常重要，但也不只如此。

　　所謂的進步，該如何實現？福澤主張：「古來文明的進步起初無不起
於異端妄說」（同，23 頁）。伽利略的地動說被視為異端遭受非難攻擊，

亞當斯密發表經濟理論時，也被指為妄說遭受批評。然而起初被視作革命性的各項理論，最後也為世人接納，扮演了推動進步的角色。福澤認為，「今日異端妄說必定成為後代的通論常談」（同，24 頁），他呼籲學者積極主張自身學說，也力言充分傾聽他人學說，要充分討論交鋒，至能夠了解接受與自身學說差異為止。這是為了解開矛盾，而不是為了擊倒他人理論，統一論述。

據福澤所言，文明的進步不只依恃理論的智巧。德也同樣重要。他主張「所謂文明結果可說是人智德的進步」（同，61 頁）。文明人要具備的不只是博學的知識，還要有德行。文明的進步除了是智識上的進步，也是倫理上的進步，在使生活更加舒適的同時，也要提升人類的心性。而文明不是個別的現象，而是有關社會整體的現象。「所謂德指德義，即西洋所謂 moral。所謂的 moral 是心的行儀。人之內心若歉，則屋漏亦不有愧。所謂智指智慧，即西洋所謂 intellect。思考、解釋事物，理解事物之作用也」（同，119 頁），而且他的設定中德義和智慧皆有如下兩種區別。

有關德行，貞實、潔白、謙遜、禮儀等攸關個人心性的叫私德，廉恥、公平、正中、勇強等明顯屬於人對外行動的叫作公德。日本傳統上傾向強調私德，然不只日本如此。私德的條目是人類生存基本且廣泛應該遵守的內容，但必須將視野拓展到在人際往來的複雜關係中必備的公德，並加以深化。因此，智扮演重要角色。唯福澤所論的「交際」或「人際往來」等形容，應該作為「社會」或是「人類社會」。智也分為私智和公智。究物理應之而動者為私智，「分別人事的大小輕動，後輕小而先重大，察其時節與場所」（同，120 頁）的作用為公智，因此私智是機巧的小智，而公智是聰明的大智。為使私智及私德深化、擴大為公智及公德，

必須發揮聰明叡智，在這裏教育非常重要。

明治維新亦是如此，福澤認為歷史變化的遠因是「智力與專制間的戰爭」（同，108頁）。「國的治亂興廢也關係到智德全般」（同，86頁），就此意義而言日本尚不存在智者，「沒有日本國的歷史，只有日本政府的歷史」（同，217頁）。日本的宗教也未曾批判過專制政治的支配。他表示，「宗教在人心內部作動，最自由也最獨立，毫不受他者牽制，毫不依賴他力，應存於世，於我日本則不然」（同，223頁）。福澤反對所有宗教，就他來看，宗教總是阿諛世俗權力，淪為非理性的迷信。

他時常立足於現實，展現出相對主義的傾向。由於確信人類會進步，在他的著作中也不斷地表現出來。這個確信對他來說具有觀念論上的絕對意義。我們不能簡單地稱他是一位哲學家。他雖然是一位啟蒙家，卻不是具有完全體系的哲學家。對他而言，學問領域的區別絲毫不重要。他最大的關心所在，是人類和日本的近代化。

2 西周（1829 - 1897）與加藤弘之（1836 - 1916）

在學問的各個領域留下重要業績的西周和加藤弘之，他們的生涯和著述讓我們明確地認識到明治時期啟蒙的國家主義性格。對他們來說，建構近代國家、完成個人的自由和自律性於內在是互相關連的。正因如此，特別是加藤弘之，還展開了由現今觀點來看甚至是矛盾的思想變化。他的啟蒙概念正是腓特烈大帝由上而下的啟蒙。無論如何，西周是日本近代哲學之父，加藤弘之則堪稱政治學之父。若沒有這兩人，近代日本學問或許將呈現不同面貌。

（a）西周

　　1862 年，擔任蕃書調所教授手傳的西周，和津田真道為了在荷蘭研究法學，前往萊頓於菲塞林（1818 － 1888）門下。把西周介紹給菲塞林的是西博德的弟子，當時在萊頓大學任日本學教授而有所活躍的霍夫曼（Johann Joseph Hoffmann，1805 － 1878）。當時的詳情，可以在大久保利謙於《西周全集》第二卷末的解說中讀到。西周在寫給霍夫曼的書信裏，提到「於與歐洲各國的關係，以及為了進行內政及設施的改良，更必要的學問如統計學 Statistiek、法律學 Regtsgelerdheid 及經濟學 Economie、政治 politiek、外交 Diplomatie 等學問卻全然不知。因此我們的目的就在學習這所有的學問」（《西周全集》第二卷，宗高書房，1961 年，701 頁以下），後面又寫着「除右項所述，還想修習作為哲學 Philosophie 等各方面的學問領域。我國法所禁的宗教思想，和迪卡兒 Descartes、洛克 Locke、海格爾 Hegel、康德 Kant 等人所提倡的有所不同，所以也想學習」。很遺憾地，西周盼能學習哲學的願望在停留於荷蘭期間只稍有實現，但從這裏我們可以了解到他自年輕時就抱有學習了解學問個別領域的相關性並加以解明、發展哲學體系的目標。西周和津田真道在菲塞林家中接受了自然法（性法）、萬國公法學、國法學、經濟學、統計（政表）學的特別指導。1865 年末回國的西周，在翌年被任命為幕府開成所教授。他將菲塞林的授課內容譯成日文提交幕府，津田則翻譯了國法學。1868 年各自出版了《萬國公法》、《泰西國法論》。而且西周還翻譯了自然法（性法略），津田真道則翻譯了統計學講義（政表），但由於德川幕府的瓦解，經濟學講義的翻譯計劃未能付諸實現。

　　明治政府很快地就任命西周為沼津兵學校的頭取，1870 年擔任東京兵部省小承准席，又兼任大學學制取締係。他在死去數年前從事公務，但終其一生對哲學都保持關心。1870 年在自家開設私塾育英舍，1872

年為止，講授提示了包含所有學問的體系性的「百學連環」。這個講義於在世時未能公諸於世，但他的考察都整理在《百一新論》（1874 年）裏。在這本書裏西周「兼而教學方法所據 PHILO，譯之名為哲學」（《西周全集》第一卷，1960 年，二八九頁）。哲學一詞普及確立，很自然地西周就被稱為日本近代哲學之父。他留下的遺稿，講義錄《百學連環》到了昭和時期才問世，在總論裏西周提到威廉·漢彌爾敦（1788 － 1856），仿效他將學與術區分為 Science and Arts，指出「學的本義是分明地認識所有，即由其根元認識既有的某些事物。而所謂術是認識生，如原語所述，認識任何事物成立所在的根元，明治認識其成立之所以也」（《西周全集》第四卷，1981 年，13 頁）。學與術的不同是由理論及實踐的不同推論而來的，西周認為理論乃觀察及知識之意，其外部經驗的功能是在以五感吸收對象時成立。相對地，實踐是基於理論的內在反省的功能。

西周的關懷是盡可能地明確定義概念，傾注心力在將學問諸學科作整理分類上。為了此一目的，他所使用的是約翰·史都華·彌爾 System of Logic 歸納法的邏輯。「凡學者為演繹及歸納兩者，古來將演繹之學，故先前有一如一根據，而延伸出所有」（同，23 頁）。若展開演繹式的理解，必須要有被視作前提的根據，如此一來容易帶有主觀上的性格。相比之下歸納法是客觀且實證，正確不偏的。西周明確了演繹的概念，也指出當時日本的學者無法區別演繹和歸納，也缺乏相應的術語。

他還仿效奧古斯特·孔德，發展出三個場所（＝階段）。西周表示「第一個場所為 Theological Stage 即神學家，第二為 Metaphysical Stage 即空理家，第三為 Positive Stage 即實理家，至此為止。總此，踏第一第二場所之長短，有久不久至其實理雖有遲速，皆若不踏第三場所則非至實理之道也」（同，31 頁）。

　　《百學連環》中他試圖依此分類來為學問整體定位。首先，他區分了普通學和 Common Science 和殊別學 Particular Science，前者作為基礎學，下有歷史學、地理學、文章學及數學。殊別學分為心理上學 Intellectual Science 和物理上學 Physical Science 兩個領域。前者是神理學 Theology、哲學、政事學（法學）Politics（Science of Law）、制產學 Political Economy、計誌學 Statistics 等屬之。在〈哲學〉一章開頭，他也談到「Philosophy 一文是希臘的，英國的 love。又 sophy 為智慧，英文為 wisdom。其意係愛賢之意。又可稱哲學為理學，或窮理學」（同，145 頁）。後者也就是物理上學中有格物學 Physics、天文學（星學）Astronomy、化學 Chemistry、造化史 Natural History 屬之。無論是哪一個領域，術語皆未齊全，西周用選擇哲學這個譯詞相同的方法譯出了其他術語，其中有相當數量的術語使用至今。

　　對西周而言，各項學問在體系上的統一，而且是摸索「人類為何？」這個人間學上觀點的統一是最重要的。《生性發蘊》被認為是 1871 年到 73 年左右寫成，他對人的關懷在裏頭表露無遺。他主張人是由生理學上的構成要素和心理學上的構成要素形成的，但有關這個構成要素的統一卻未見說明。

　　這個傾向被以對話形成寫成的《百一新論》繼承下來。治人者法，導人向善者為教。在理解這樣一個法與教的區別之後，又浮現出道理有二所指為何的問題。西田說「其一稱心理，其二名物理」（《西周全集》第一卷，277 頁）又指出一直以來以「吹神風」、「真言秘法」等等來解釋自然的變化是不合理的。物理是有關作為「天然自然之理」的自然全般的原理及法則的學問，進行極為廣泛的自然科學真理的探究。心理處理的是有關人類的理，由西周看來，與物理相比「所謂心理並不如此廣泛」，然又

具有全般探究以當時心理學和社會學的方法來釐清人間形態的廣度。

物理的對象自然法則是「稱先驗為先天之理」（同，278 頁），所以人不能擅自變更。相對地心理學是「稱後天為後天之理」，是故既有破綻也有偏離之處。人由在身體上性理上生存着這點來看，既屬於物理學的領域，就此而言，無論是情感或是性格，都是與生俱來的。然而，心理不如物理那般獨一無二，有善惡、正與不正等彼此相反的兩極，其間又有千差萬別之度，人是後天性地獲得自己的心理。然而，心理的部分無法擅自出現。心理的部分是後天性的，但仍是天，對於人具有超越性的力量，人若是陷入偏離行為，會受拷問之責，人會苦於良心的呵責。西周如此解明物理性和心理性的關係，這不是邏輯或形而上學上的解明，而是立基於人類存在的事實性來立論的。

西周於 1874 年在明六社機關報《明六雜誌》發表〈知説〉。當時，他傾心於翻譯，在 1875 年出版的海文（Joseph Haven）《心理學》的影響下，〈知説〉以「知為人心的部分本質，伴隨着意和情者也」（同，451 頁）這段話展開論述。對他定位於高處的知的稟質有助益的是才、能、識。才是與生俱來的，如詩才、文才、書畫之才一般，是物理性、身體性的，也是客觀性的。與之相較，能是心理性的也是主觀性的。然而只有識是基於教育，能夠整合主觀和客觀的兩面。唯西周未再就這一點作更進一步的闡述。在 1884 年左右寫成的〈生性劄記〉中他強調意，認為可藉意達於知，故可以想像〈知説〉與〈生性劄記〉的相關性。

在撰寫這篇論文的同時，西周也翻譯了彌爾的《功利主義》（1877 年以《利學》為題出版）及耶林《為權利而鬥爭》等。這些業績也顯示出他功利主義又實證性的傾向，同時也定義了他的邏輯學。

西周的思維中最能展現出邏輯性問題的，就是「人世三寶説」。這篇

論文也於 1875 年發表於《明六雜誌》。所謂三寶是「第一是健康，第二是知識，第三是富有」（同，515 頁）。追求這三者，可以達到最大福祉，任誰都不會予以拒絕。若是毀損這三者，將會轉為「疾病、愚痴、貧乏三禍鬼」（同，522 頁）。人們必須努力壓制三禍鬼，以使三寶增大。「人世三寶說為福祉之學」（同，543 頁），西周在此明確區分積極性命法和消極性命法。前者是令三寶各別增大的工作，後者則是不招徠三禍鬼，他定義「消極三綱即道德之分法律之源者，積極的三綱即所謂道義也」（同，521 頁）。西周從這裏展開了社會倫理。他形容社會或社會生活是社交，即便「社交盛大之至者固為政教得其道，人文開明所致之處」（同，524 頁），若論其本源，皆是本於人的心性及人的形態的性，故會歸結到以三寶為重。他認為政治形態依不同時期的歷史發展而異，無論是君主制、共和制、寡頭制，只要疏於義務，奪去人民福祉皆將走向沒落，其思索反映出「最大多數的最大幸福」這個功利主義的理念。

　　最後，也要述及西周在軍事面上的影響。1882 年公佈的軍人敕諭是西周所起草的，這個理念作為職業倫理是將兵們的精神支柱，直至 1945 年敗戰。然而，這個公務或許妨害了他在哲學方面的活躍。如今，對於西周這位曾經致力於哲學遭到忘卻的業績，有予以重新評價的必要。

（b）加藤弘之

　　由於法學的領域較哲學更有限，所以加藤的思索範圍較西周更狹窄。他的專長是國家學或政治學。他從未出過國，但對於西歐的政治和知識情況具備了豐富的知識。

　　加藤在 1861 年成書的《鄰草》，並非正式的出版，只有影印本流傳於世。在本書他假託鄰國中國清朝政治改革的可能性，指出「上下分權與

萬民同權的兩個政體實在可說是公明正大尤其協調於天意合乎輿情者」
(《明治文化全集》第八卷，日本評論社，平成四年復刻版，9 頁) 在此見
解下，首次主張在日本引進立憲君主制和議會主義。上下分權是立憲君
主制，萬民同權是共和制。當時的加藤判斷令日本民眾對政治覺醒抱持
關心，提昇輿情是極為重要的。

　　年輕時加藤受到孟德斯鳩、伏爾泰、腓特烈大帝等人的強烈影響，
展開了進步性的思索。他在 1870 年出版的《真政大意》中寫道「在立憲
政體各國裏，必先採公議輿論制立憲法，以保護臣民生命、權利及私有
三者為第一要務」(《日本的名著》34「西周‧加藤弘之」，中央公論社，
1972 年，361 頁)，他的看法是支配者應為人民的安寧幸福服務，不應妄
自尊大壓榨民眾。

　　在 1875 年的《國體新論》中，加藤更明確地表露了社會契約的思想。
他主張「在國家以人民為主眼，特別規定以追求人民的安寧和幸福為目
的，而君主及政府者，專為遂此目而存在」(同，390 頁)，指出普魯士
的腓特烈大帝為其典型。加藤認為「天皇與人民絕非異類。天皇亦人，
人民亦人，唯同一人類中有尊卑上下之分爾，絕非人畜之懸隔」(同，
385 頁)，由他看來，本居宣長和平田篤胤等國學者認為君臣之間存在着
人與牛馬之別，天皇為神的看法不過是批判的對象。國家這個組織是人
間界的現象，不合道理的非理性的成分應該被從這裏排除掉，人民的安
寧幸福才是國家的實現目標。因此，除了作為支配者的國王之外，政府
和政治的型態也是重要問題，就連自誇「朕為天神現出者也」法國的路易
十四世，在加藤看來也是批判的對象。

　　由加藤認為人生而平等的天賦人權思想的主張，派生出生而為人者
在基本上皆屬自由的理念，信仰自由、言論自由等也由此受到保障。唯

當自由遭到濫用，違反道德和公共和平，毀損人民安寧幸福時，政府應有加入介入的權利。這不只是權利，而是義務。這時，為了避免陷入權力濫用，政治淪為專制暴政，必須確立憲法保障的三權（司法、立法、行政）分立體制。然而，更重要的是，人們捨去內外的一切卑屈，自立且自律地行動。對於認為「以天皇御心為心究竟所指為何」（同，404 頁）的加藤而言，「以天皇御心為心」不過是一種卑屈之心的吐露。

　　然而，加藤的這番見解也逐漸顯露變化，開始反對天賦人權思想，立足於進化論式的觀點。先前提及的《真政大意》及《國體新論》在 1881 年絕版，他拒絕再版，內務卿也依他自身提出的絕版申請，而禁止兩書的販售。加藤自 1872 年到 74 年間翻譯、出版伯倫知理（Johann Kaspar Bluntschli）的《國法汎論》。為了跳脫盧梭或伏爾泰的影響，反駁天賦人權思想，他讀了更多的論文。1882 年出版的《人權新說》中明言「所謂天賦人權乃忘想論者之說」（同，413 頁），這裏提到了杜雷伯的《宗教與科學的鬥爭史》（Draper: *History of the conflict between Religion and Science*）、巴克爾的《英國文明史》（Buckle: *History of Civilization in England*）、班的《心理、道德科學》（Bain: *Mental and Moral Science*）、萊基的《歐洲理性主義史》（Lecky: *History of Rationalism in Europe*）、史賓塞的《倫理學資料》（Spencer: *The Data of Ethics*）、史特勞斯的《古信仰與新信仰》（Straus: *Der alte under neue Glaube*）、布納的《人與自然的位置》（Buchner: *Der Mensch und seine Stellung in der Natur*）、瓜奈里的《人倫性與達爾文主義》（Carneri: *Sittlichkeit und Darwinismus*）、薛佛的《社會性身體結構與生命》（Schaffle: *bau und Leben des sozialen Korpers*）、耶林的《為權利鬥爭》（Ihering: *Der Kampf um das Recht*）、海格爾的《創造史》（Haeckel: *Schopfungsgeschichte*）等許多著作，由此可以窺知加藤同等地

受到英國哲學和德國哲學的強烈影響。

由這些閱讀可知，他已經確信哲學的構想也必須和自然科學理論一樣依據事實立論。天賦人權說之所以被視為妄想論者之論，正是因為欠缺歷史證明。加藤注意到耶林述說：「在討論權利和權力關係的部分，權力原來是出自天然，權利是因權力而生」之理。又注意到萊登豪森的《人間與世界》（Radenhausen: Der Mensch und die Welt）中將權利的進步分為四個階段的見解，即「第一，吾人在禽獸世界中所有的權利，第二為在團結共存社會中所有的權利，第三為在列國交際社會中有的權利，第四為宇內全人類交際社會中所有的權利」（同，448 頁）的見解來看，加藤認識到權利思想在歷史中的各個進步的階段，其中涉及到自然淘汰理論，以至於表明「余不得不期望今日民權者務避急躁偏激，專養踏實敦厚之風，真成為社會優者，永為皇室羽翼」（同，462 頁）這個視以天皇為中心的國家機關才是正當道德、法律前提的主張。

隨着明治政府整頓好政治組織的秩序，加藤強化了國家主義的傾向。新的學制確立後，加藤擔任東京帝國大學首任總長（總理）。東京帝國大學對日本學問的發展大有貢獻是事實，所謂講壇學問也就是有利於國家的學問也就由此開始了。哲學亦然。

第二節　倫理學與美學

福澤諭吉和西周對於倫理上的各項問題也抱持關心，他們不得不集中地與政治社會對決。當時個別的學問領域及其關連尚未有系統性的區別，各式各樣的人們從事多種多樣的學問領域，有如文藝復興時期的萬能的全人（uomo universale）一般。這個狀況逐漸被開啟，倫理學和美

學作為獨有的哲學問題領域受到關注，其傾向也不止於功利主義式的看法，而過渡到觀念論。

1 西村茂樹（1828 − 1902）與大西祝（1864 − 1900）

儒學在明治時代初期已經失去說服力，在精神及德道上都不堪為支柱了。政府對佛教採取反對態度。結果日本失去了精神文化道德性的基礎。「教育敕語」在 1890 年公佈。這部敕語在正式場合定義了日本人到 1945 年為止的精神生活。然而這部敕語實施後不久西村茂樹及大西祝之間在解釋上就引爆論爭。

（a）西村茂樹（泊翁）

西村作為佐倉藩支藩佐野藩執政的長子生於江戶。他在安井息軒門下學儒學，還在佐久間象山門下學西洋砲術，同時受到象山的影響向手塚律藏學習荷蘭文和英文。明治時代，他作為明六社的成員之一有所活躍，1876 年成為宮內省御用系文部大丞。雖然是由功利主義立場來發展商業政策思想，在新道德的建構上，他是較誰都顯露關心的啟蒙家之一。

1887 年西村茂樹公開發表《日本道德論》，試圖自儒學及西歐哲學推論出「天理」即「天地真理」（岩波文庫，1935 年，34 頁）。為道德之行動，對他而言就是從此理。西村認為「縱令有軍艦數百艘，大砲數千門，當沒有國民的道德時，便不能使用此兵器」（同，12 頁），他傾心於設定適合以新道德教育民眾的規範上。西村將展開人類行動的相關規範者分為世教與世外教。所謂的世教指依記載為世俗生活之教的德目而有之物，指儒學和西洋哲學。所謂的世外教，他則舉出超越世俗的生活教義的宗教，即佛教及基督教。不只是「世教以道理為主，世外教以信仰為主」（同，

10 頁），西村還認為「西洋諸國多以世外教鞏固團結中等以下的人心，以世教 (哲學) 開發中等以上的人智」，且必須將重點放在世教上。

到幕末為止，儒學規範了日本人的道德。然而，為了建立新時代所需的道德基礎，「今日不應專行儒道其理由有五」（同，28 頁以下），西村主張：第一，西洋哲學遠較儒學客觀安定，而且細緻；第二，儒學強調禁止更甚於命令行為，壓抑積極性更甚於推動，無法提昇國民的威信；第三，儒學把重點放在祖先、資歷輩份、身分上，輕視年青人或地位較低者之弊，第四，在儒學裏男尊女卑，這完全是不正當的；最後，儒學尊敬過去，輕視現在，不予正當評價。然而西村也指出西洋哲學的問題點：「其一，重論知輕論行也」（同，31 頁），「其二，哲學無治心之術」（同頁），在西村眼中學有誠意正心之語，但西洋哲學在感情和熱情的養成不夠充分。「其三，哲學家皆要求出古人之上，故皆立異說排斥古人之說」（同，32 頁），傾向攻擊過去以來的理論，「其四，哲學學派甚多，以為道德原理者以其學派之異而有不同」（同頁），此外還有陷入偏誤思索的危險。

因此，西村為了究明天理，不僅均等地利用儒學與西洋哲學，專心於客觀地解明天理，也探索了可能將之實現的法則。對於這目的，他設定了「第一，善我身；第二，善我家；第三，善我鄉里；第四，善我本國；第五，善他國之人民」（同，41 － 42 頁）五原則。還舉出勤勉、節儉、剛毅、忍耐、信義、富於進取、愛國心盛、奉戴萬世一統的天皇共八項為「塑造國民品質」的內涵實質，表明了可視為《日本道德論》結論的主張，也就是「神武創業以來，皇位一系不與他系相交，誠為世界無比，邦人對萬國足以自豪者實為此事」（同，102 頁）的見解。如此，明治中期「教育敕語」發佈的思想鞏固也逐漸推行。《日本道德論》發表三年後發

佈了「教育敕語」。翌年 1891 年井上哲次郎（1856－1944）發表〈敕語衍義〉。他被認定是講壇哲學的最右翼，其內容可見來自西村及加藤弘之的強烈影響。由國家主義賦予方向的倫理觀的色彩逐漸濃烈。然而，也並非沒有反對的動向。大西祝的看法可視為代表。

（b）大西祝

大西作為岡山藩之子生於岡山城下，他在新制度下畢業於鄉里的小學後，進入到京都的同志社英學校就讀。他受到新教強烈的影響，畢業於神學科後，進入東京大學預備門，接着進入文學部，改制為東京帝國大學文科大學後，又修習哲學，也聽過井上哲次郎的課。1891 年到 98 年間，他在早稻田大學前身東京專門學校任教，講授哲學史、邏輯學、倫理學等學科，又致力於哲學研究。1898 年留學德國，翌年停留於萊比錫時患重病而歸國，逝於 1900 年。

除《良心起源論》或部分評論，他的著作是集結授課筆記作為遺稿而出版的，即便如此仍顯示出他涉獵東西洋哲學領域的廣度。例如，他嘗試將西洋發展出來的理則學與印度哲學的理則學，尤其是與佛教裏的因明作比較。但他最集中關注的是理則學上的各項問題。《良心起源論》（1890 年左右）在下筆時原本是作為畢業論文，後來沒有提出便刪修增補成書。該書由前論〈何謂良心？〉和本論〈良心的起源〉構成，顯示出其哲學性思索的出發點，也顯示出他對於人間中途夭折，卻也決定其畢生方向的獨特理解。

他將人視作具有獨特內在性的個人，在《倫理學》（1903 年）中，在康德哲學的影響下，將個人定義為人格。「擁有應遵從道德上理性之意志者，乃人格是也。人格的價值不自他處來而在於其本身。康德表達此

意云人格就是有品位（Wurde），而這與只有代價（Preis）的物件（Sache）有別」（《大西祝全集》第二卷，日本 書センター，1982 年，162 頁）可以讀到依據康德《道德的形而上學》而展開的論述。

　　然而，大西不只是集中地與康德哲學對決，為了發展倫理學，形成具說服力的論述，還深具批判意識地談了西洋哲學幾乎是涵蓋了所有學派的看法。對他來說，「倫理學就是究明吾人道德意識整體的學科」（同，10 頁），再由下一句「倫理學乃研究吾人行為之學科也」來看，可知他是把重點放在實踐，更甚於理論。的確，和自然科學或社會科學相同，倫理學也是科學，但倫理學處理的是「行為的規範」（同，17 頁），就這一點來說可見自然科學和社會科學間有決定性差異，倫理學對其他各項科學來說也具有極為重要的意義。「經濟學和倫理學在價值之倫上有相銜接之處」（同，20 頁），之所以「政治學對於倫理學而有的關係是更加親密的」（同，21 頁），也是因為他認為只有倫理學才能回答政治是為何而存在的這個問題。他依據「一國的政治機關在其國內可說是圖倫理思想之實現者，以因此之故視政治學為倫理學所示道德性規範之應用物亦無不可」（同，22 頁）的見解所做的主張「一切的立法事業明顯有應據道德性觀念之處，因道德和法律間關係特別親密之故，故倫理學對法理學而有的關係並非對於其他學科而有之類」，形成了法哲學極為重要的骨幹。

　　大西追求行為的規範理論展開對直覺主義、形式主義、權威主義、快樂主義、利他主義等的批判，在《倫理學》的最後，還拋出「若是喚起吾人行為動機應視為善或惡本身有價值的話則如何？」（同，448 頁）的疑問，而形成了應該發展賦予動機的倫理的看法。這個想法讓人預測到他獨特的倫理學發展，但他的早逝卻使其執筆未能實現。以不帶偏見又具批判性地由哲學立場來吸收西洋哲學的大西可以說是最早用西洋的科

學方式探究西洋哲學的日本人。

　　1893 年，他寫下了〈批評心〉這篇短評，文中表露出他批判又深入事物根底的思考方式。大多數民眾──據大西說法皆屬良民──一般來講行動是趨向安定和保守，改革者加以批判。然而，若是打壓改革者，就無法期待進步。大西主張「若是社會健全的生活在於保守和進取的傾向均衡得宜，則固然不可取其一而棄其他」（《大西祝全集》第六卷，52頁）。大西對於「教育敕語」和井上哲次郎在〈敕語衍義〉中詮釋的批判也是來自於他的批判精神。敕語的公佈彷彿是因為天皇制底下需要倫理理論，為樹立依據天皇制的道德而有，然而大西認為「教育敕語不應該是為了普及一定的倫理說而被賦予的事物」（同，56頁），也就是不應將敕語和倫理說混為一談。然而在大西死後，依據「教育敕語」所述內容而行的打壓卻是逐漸地增強。

2 岡倉覺三（1863 － 1913）

　　岡倉覺三（天心）是一位公認的天才，然而日本並未給予其業績正當評價，也很少放在哲學史裏來談。1910 年他以東京帝國大學文科大學講師的身分講授「東洋美術史（泰東巧藝史）」。當時和辻哲郎以學生身分聽講，其後在《面與人格》留下題為〈岡倉先生的回憶〉的隨筆。對和辻來說，岡倉的授課就像是注入了「雖然熱烈但非好學心，而是對於藝術的愛」（《和辻哲郎全集》第 17 卷，岩波書店，1963 年，352 頁）。岡倉本身並未把「對於藝術的愛」掛在嘴邊，而是談了美術史上種種作品，然而他若講述某作品，談到對於某作品的觀點時，聽講的和辻等人心中便不禁自然地湧現出對於藝術的強烈的愛。

　　九鬼周造和和辻一樣是學生，並有私交，在孩童時期很受岡倉疼愛。

年幼的九鬼本身「還不認識天才這個詞彙」（〈岡倉覺三氏的回憶〉《九鬼
周造全集》第五卷，岩波書店，1981 年，236 頁）但岡倉天賦異稟的形
象深刻地烙印在孩童心中。然而，雙方由於家庭問題而絕交，在他的心
裏留下「令母親陷入悲慘命運」的強烈印象，而對於岡倉抱有複雜的情
感，所以他並未聽講。事後他覺得很遺憾。九鬼描述「不久我的父親死
了，母親也死了。現在我對岡倉氏只抱有純粹的敬意。回憶的所有都是
美好的」（同，238 頁）。

　　岡倉生於橫濱，他的父親是福井藩士，在藩主松平春嶽的內命下脫
藩，移居橫檳，從事貿易商，所以岡倉很早就吸收到了西歐世界的知識。
他在制定以羅馬字拼寫日文時的「赫本式羅馬字」的美籍傳教士詹姆斯・
柯蒂斯・赫本（James Curtis Hepburn）門下學習英語，還到荷蘭改革教會
傳教士布朗（Samuel Robbins Brown）所開設的高島學校就學。岡倉的學
習從英文開始，其後接受傳統的四書五經等漢文教育。他學到了用英語
思考、用英文寫作的能力，但畢生都以包含在日本在內的東洋傳統為傲。

　　對岡倉而言最關鍵的體驗，是就讀於改名自開成學校的東京大學文
學部時，與費諾羅薩（Ernest Francisco Fenollosa）的相遇。在此影響下，
岡倉於 1880 年提出《美術論》為論文畢業。他對於日本古代美術的感性
是在費諾羅薩的啟發下覺醒。畢業後，他追隨費諾羅薩前往奈良和京都
的佛教寺院調查。這是他以獨特的看法重新理解佛教雕刻和繪畫的旅
程。令人感嘆的是，當時佛像未經考慮便遭丟棄，寺院和城的天守閣等
遭到破壞。但是，透過這趟旅行他了解到了日本文化的美術價值。這在
文明開化之名下，只要是西歐的事物都未經批判地受到崇拜的明治時代
裏，實在非常罕見，岡倉本身也有所成長，可以不抱劣等感的態度面對
西洋文化。

　　1886 年，岡倉為了專心於異文化研究，受命和費諾羅薩前往歐美出差。他在翌年回國，參與東京美術學校的創設，1890 年擔任校長，不久發生內部紛爭，98 年離職，並創立日本美術院。這裏匯集了橋本雅邦、橫山大觀、下村觀山、菱田春草等人，還產出了許多傑出的畫家。岡倉本身不時出國，接下了波士頓美術館東洋部的顧問一職，還前往印度和有名的印度宗教哲學家斯瓦米・維韋卡南達（Svāmi Vivekānanda，1862 － 1902）和詩人泰戈爾（1861 － 1941）等有很深厚的交往。

　　岡倉的著作《東洋的理想》譯成英文以 *The Ideals of the East with Special Reference to the Art of Japan* 為題於 1903 年在倫敦出版。他在書中主張「亞洲是一體的（Asia is one）」（《日本的名著》39「岡倉天心」，中央公論社，1970 年，106 頁）的主張，指出「只有在日本才能以其秘藏品對亞洲的文化遺產進行一貫性的研究」（同，108 頁）。日本民族不可思議的才能，在不失傳統的同時也迎來了新氣象，以活生生的不二一元論的精神，悉心於過去理想的所有面貌，所以「日本是亞洲文明的博物館」（同，109 頁）。

　　岡倉所積極思考的重要事項，是亞洲的覺醒。在他《日本的覺醒（*The Awakening of Japan*）》（1904 年）一書中，這個要求是主要問題。他的批判不只是針對在亞洲發揮特色的西歐化動向影響下的文化及政治傾向，也針對了歐美的文明和進步思想。「東洋必須學習西洋。然而西洋不該丟去有關東洋的既定知識嗎？西洋雖有龐大的情報網，但至今仍有許多關於我們的誤解。沒有辨別能力的大眾，現在仍然被人種的偏見和十字軍以來遺留的對東洋漠然的憎惡感所支配」（同，199 頁）岡倉的這番見解，是他走遍東西洋在各地深化了自由交流而有的確實想望。「對於許多東洋民族來說，西洋的到來絕非全然幸福。他們在歡迎擴大通商之中，

淪為異國帝國主義餌食。他們相信基督教傳教士博愛的目的，在其軍事
侵略前兆下低頭」（同，226 頁），拋出「西洋雖然相信進步，但究竟是朝
向何方的進步呢？」（同頁）的疑問，指出「西洋雖然還以從中世迷信解
放開來而自豪，但難道不只是轉換到對富有的偶像崇拜而已嗎？」（同，
227 頁）與西歐的近代化嚴格的目光。

　　日本迅速地引進西洋的科學和工業、政治形態、軍事組織等。許多
歐美人感嘆日本人的這個能力。然而，看在岡倉眼裏，讓日本實現新氣
象的原動力在於日本人有辦法消化外國文明的內在活力，這已為外國人
所遺忘。「在民族或在個人能獲得真正的進步不是外在知識的累積，而
是內在自我的顯現」（同，200 頁），「儘管外來思想數度流入，我們仍然
經常不忘自我。拜這個民族性之賜，我們儘管受到西洋思潮強烈洗禮，
也能保持住自身的個性」（同，253 頁）抱持這種想法的岡倉主張「在東
洋哲學不得忘卻事物的心較單純的事實或事件更屬實在且根本」（同，
252 頁）。

　　在《日本的覺醒》最後，岡倉論及了和平問題。「戰爭什麼時候才會
消失？在西洋國際道德與個人道德所到達的境界相比，還停留在很低的
層次。侵略國不具良心，為了迫害弱小民族捨棄騎士道不顧。沒有自我
保護的勇氣和力量者，只能淪為奴隸。令人感傷的是，在今天我們真正
能託付的友人仍然是劍」（同，263 頁），指出除去劍也莫可奈何地淪為大
量殺人的武器無奈之外，現在仍然能夠接受，然後這本書以「然而，我們
所看到的世界現在仍處於人類黎明前的階段。歐洲教給我們戰爭。他們
什麼時候才能學到和平的恩惠呢？」（同，264 頁）的疑問作結。

　　同樣的想法也貫串在《茶書（*The Book of Tea*）》（1906 年）中。他
拋出了「西洋什麼時候才能理解東洋？不，什麼時候才願試圖理解東洋

呢？」（同，268 頁）這個悲觀的疑問。西洋人「在日本還耽溺於和平文藝時視之為野蠻國家。然而，當日本開始在滿洲戰場展開大舉殺戮行動時，卻喚作文明國」（同頁），所以為了讓歐洲人了解日本的心靈現在何方，才要談傳遞了許多日本人的「生存之術」的茶道。

《茶書》在岡倉的著作中是最受廣泛閱讀的。岡倉依八世紀中葉茶道之祖陸羽的著作《茶經》三卷十章來敘述茶的由來。茶葉自古以來是一種令人神清氣爽、撫癒疲勞的藥物。到了宋代人們開始飲用抹茶，茶的理想被要求唐人嘗試象徵化的現實化的過程。「真正視為生命是在完成這個動作時，而非完成」（同，278 頁）。不幸的是，到了十三世紀，蒙古突如其來的暴行破壞了宋的文化。結果茶道文化在日本發展。茶葉自八世紀就進到日本來，但茶道作為美學宗教開始開花，是在十五世紀室町時代的事。茶葉不單只是提升了飲茶的方式，並將之理想化，還成為活生生的藝術的宗教，其中存在着茶與道教的結合。

所謂的道是道教徒所愛的象徵，是「堪稱有大大推移」（同，281 頁）的通路。「其絕對是相對」（同頁），禪和道教相同，重視相對性。那是將重點放在不完全事物才成立的內在自省，發現自我。人們在洞察兩相對立的矛盾時，逐漸接近真理。岡倉認為「茶道的所有理想是在禪這個在人生的些微瑣事中，認識到偉大的概念而來的。道教給審美上的理想賦予了基礎，禪將之化為實際」（同，287 頁）。禪與正當的佛教戒律相對立，甚至是吸收了道教的觀念，如此形成的茶道基礎，才能在自省之後，進而獲得通往真正的生的新力量。

於是岡倉開始構思他的茶道美學。他的主要重點在茶室。「茶室的質樸純粹主義是仿效自禪林」（同，289 頁），是為了茶人本身而有的空間，不是用來留予子孫的。好家之名稱「意指為了滿足某位個人的藝術

要求而建造的建物」（同，292 頁），數寄家、空家也是出於同樣的設想。
岡倉認為「真正要理解美，只有依據集中注意於某中心主題才可行」（同，
293 頁），由他來看，美的理解超出了邏輯的層次。由於「在藝術裏沒有
比同質精神結合一事還要神聖的了。在相遇的瞬間藝術愛好者會超越自
我」（同，298 頁），所以他本身在存在的同時，在那一瞬間和永遠化為一
體，他本身不再存在，由所有束縛解放開來，流入到事物的節奏中。然
而，「藝術價值完全是取決於向我們訴説的力道」（同，299 頁），所以這
個帶有宗教性的相遇是非常難得的。

　　然而，岡倉並不將宗教和藝術等同視之。「宗教裏未來在我們的背
後。在藝術裏現在就是永遠」（同，309 頁）作如此主張的岡倉在《茶書》
的最後關注了千利休。偉大的茶人利休，致力於成為較藝術家更高層次
的藝術本身。這正是因美而有禪。「只有和美共生的人，才能夠完成完
美的往生」（同，311 頁）這段話表現出岡倉極致的理想。岡倉是一位不
時追求真與美的美學貴族。他又主張美的日本式理想，又批判當時日本
深具特質的精神狀況。對我們而言，比較遺憾的是他「亞洲是一體的」這
個主張，由於在第二次世界大戰時遭受曲解，導致在敗戰後不再受到正
當的評價。如今該是重新審視日本人優美感性的時候了。為此岡倉思索
的發展對現在的我們應該有很大的啟發。

第三節　社會哲學與基督教

　　在同一小節處理社會哲學和基督教，這或許令人感覺奇異。西洋精
神史的許多情況下，這兩極是相對立的，但在明治時代的日本，兩者都
同樣對政府採取批判和鬥爭的立場，彼此也給社會帶來類似的影響。有

關社會主義，由於對政府採取批判立場，不難理解其容易受到打壓。然
而在明治時代的日本，實際上同樣的情況也發生在基督教上。一般來説，
組織化的實定式宗教容易與政治權力相結合。歷史上來看，佛教和儒教
都透過和政治權力緊密結合而深入到日本社會。到了明治時代，神道教
和天皇制相繫，擁有勢力。在此情況下，只有基督教除卻極少部分的例
外以外，總是被排除在日本政治權力之外，這個情況到了明治時期也沒
有改變。因此本節將社會主義及基督教一併討論。

1 中江兆民（1847 － 1901）及幸德秋水

首先，這裏要簡單討論一下自由民權運動。明治時期開始了一個新
時代，政府打出富國強兵的政策，並致力於其實現，然而一般民眾特別
是農民的生活狀況和德川時代同樣惡劣，甚至更糟。1873 年公佈地租改
正條例，納稅不再以農作物等現物，而改以金錢納入，農民卻是缺乏現
金收入。他們無法找到解決自身窮困的方法。政府只用意在富國強兵政
策，並未顧及民眾的貧困狀況。多多少少支持着農民們的，是板垣退助
（1837 － 1919）、福澤諭吉、植木枝盛（1857 － 1892）等人主導的自由民
權運動，中江和他的弟子幸德為代表的領導者。

（a）中江篤助（兆民）

中江兆民本名中江篤助，生在四國土佐藩足輕家，14 歲時喪父，在
貧窮中成長。他年幼時性格溫順好讀書，對學問有興趣，正義感亦強，
但有喜好聽投擲陶器破碎聲的特殊癖好。1862 年入藩校致道館就讀。這
所學校是為了因應幕末情勢培養人材，目的在教授國學、漢學及洋學、
——包括蘭學和英學——的目的而創辦的。1865 年，他為了深入探索

英學，中江奉藩命前往長崎。然而，他在那裏學的卻是法國學。他從那
裏密乘外國船前往江戶，繼續研究法國學。時代的脈動，藩早已不能再
處罰他。

　　1971 年，中江為了研究法學以明治政府留學生身分前往法國。他在
法國停留了不到兩年，後由於明治政府轉換方針而回國後，翻譯了盧梭
的《民約論 (社會契約論)》。他寫下的混雜了許多片假名的日文草稿，
未經印刷而是以抄寫的方式在許多自由民權運動相關人士間傳佈。其
後這手寫書稿漢譯成《民約譯解》正式印刷。中江受到盧梭影響極大，
並積極介紹其學說，而被稱為亞洲的盧梭。他任於公務的時間並不長，
1881 年《東洋自由新聞》創刊後，擔任其主編，以兆民為號，作為新聞人
把重點置於文筆業。1886 年中江發行了堪稱西洋哲學入門書的《理學鉤
玄》。從中可以看到他由唯物論發展出來的獨特哲學，如標題所見，他將
philosophy 譯作理學而非哲學。

　　翌年 1887 年《三醉人經綸問答》出版。這部作品描繪的是某天傍晚
南海先生、洋學紳士、豪傑三人觀談政治的景象。地點在南海先生家中，
他擔任東道主，大談自身的身體雖在現實世界，但道教仙人卻在自由無
拘無束的「無何有之里」(《三醉人經論問答》岩波文庫，1965 年，11 頁，
〔原文〕114 頁) 的一種烏托邦彷徨。洋學紳士是進化論言明的「進化的理
法」(同，27 頁，〔原文〕139 頁) 的信徒。所謂的進化就是從不完全到完
全，從非真實到真實，政治上的進步正始於專制的獨裁政治，經君主制
和立憲制，以至民主制，其中存在道義的問題。強國可以力壓制他國，
但「領土狹隘人口稀少的國家若不依道義保護自己，也沒有其他可靠者」
(參閱同，44 頁，〔原文〕150 頁)。而南海先生認為渾身勇猛又追逐名利
的豪傑君是「喜愛冒險，以生命這個重要事物為餌，欲釣取功名這個快樂

的豪傑們的夥伴」（參閱同，13 頁，〔原文〕123 頁）。豪傑君主張「軍備是各國文明成果的統計表」（參閱同，64 頁，〔原文〕167 頁），兩國交戰時，「學問優秀之國，生產物豐足之國」（同頁）必勝無疑，「除了軍備以外，國家還能依靠什麼呢？」（參閱同，68 頁，〔原文〕170 頁）。由南海先生來看，洋學紳士君的理想是「令人眼花繚亂思想上的瑞雲」（參閱同，93 頁，〔原文〕192 頁），豪傑君的想法是「在今天已經是無法實行的政治魔術了」（同頁）。南海先生本身代表福利國家的理想，「政治的本質為何？是依循國民意向，均衡國民的知識水準，令國民維持平穩的樂趣，獲得福祉的利益。若是採納不依循國民意向，均衡其知識水準的制度，則該如何獲得平穩的樂趣、福祉的利益呢」（參閱同，97 － 98 頁，〔原文〕196 頁）。為達此目的國民必須奪回民權，這民權不該是支配者所賦與的「恩賜的民權」（參閱同，98 頁，〔原文〕197 頁），而必須是依人民而有的「回復的民權」（同頁）。

　　這部作品的基調是諷刺，中江本身似乎也覺得是有些孩子氣的討論。幸德秋水曾描述中江曾說過「自己批評說這只是一時好玩的作品，未脫稚氣不值一提」（〈兆民先生，《日本の名著》44「幸德秋水」，中央公論社，1084 年，175 頁），還加上了「仔細想想，再沒其他能向本書一樣令先生的人物、思想、本領一併俐落活躍」（同頁）的評價。

　　中江在九〇年代不只以文筆業方式參與策畫了自由民權運動，還在1890 年舉行的第一屆總選舉中被選為眾議院議員，唯因意見的對立在翌年辭職。眾議院也在同年年末解散，在 1892 年二月的第二次總選舉中，在政府的影響下，各地發生了許多干涉，甚至出現了死者和傷亡者。他罹患癌症，1901 年才知道剩下的壽命不過一年半。他在死亡不久前寫完了《一年有半》（1901 年）及《續一年有半》（1901 年），副標題為「生前遺

稿」。這兩部書的標題透露出他死前的狀況，但中江並未沮喪。他在這本書裏也發出批評之聲，指出「我日本自古至今無哲學」（《一年有半・續一年有半》岩波文庫，1995 年，31 頁）。眼看古今東西歷史，繁榮國度的國民都勤勉認真，衰滅之國則反之。若無哲學則人將無法明確自身行為的意義，將會留於輕慢的小聰明。日本人缺乏自身創造出來的哲學，是故政治也始終缺乏值得討論的原理。中江形容「大國民與小國民之別不依疆土之大小。而依其氣質胸宇之大小」（同，70 頁），其前提的社會批判多有分歧，極具深意。

在《續一年有半》中，也許表明了他該命名為「中江主義」的哲學。但如幸德的序文所見，中江在着手這部死亡兩個月前出版的書時，健康狀態已經陷入惡化。動筆寫作本身已屬困難，他仍然依靠着自身的意志力，縱使無法建構完整的體系，仍然持續着擺脱身體負荷的努力。

一名無神無靈魂這段話是附加在《續一年有半》的標題上。中江説「不幸地我並無吐露有神的靈魂不滅的這段囈語的勇氣」（同，115 頁），的確是寫下《理約鉤玄》的哲學家。靈魂這個形容在此與精神在使用上同義，精神不是本體，身體 —— 也就是中江説的軀體 —— 才是本體，而精神是其作用。身體若死，精神就會消滅。精神的作用是發自身體，擁有及於世界或宇宙整體的能力，還有返歸自省的能力。「自省一能的存否，這正是可徵精神健全與否的證據」（同，170 頁），這個能力的有無區別出人類和禽獸。正因有了這個自省能力，人類才會對自身作為的正與不正有所自知。犯下罪惡的人類自省能力萎縮，不感自身行為的善惡，這樣的人是世界上最值得憐憫的人。對於作如是想的中江來説，「欲以懲罰為復仇，在此重視犯與罰的相稱」（同，173 頁）應報刑在根本上就是一個錯誤的見解，只有令自省覺醒的教育，才是最重要的。由這番見解，

也對當今死刑的是非可否的討論有所啟發。

（b）幸德秋水

　　和中江一樣，幸德也生於四國高知縣。幸德家是縣南西部中村的町年寄出身，他兩歲時離開人世的父親經營藥種業和釀酒業。1887年幸德秋水來到東京，加入自由民權運動，由於違反該年年底公佈、實施的保安條例而被逐出東京。前往大阪的幸德成為停留於大阪的中江的弟子，獲得秋水之號。本名是傳次郎。1905年幸德秋水因筆禍入獄五個月，逃亡美國一年，翌年回國後，不久就主導天皇暗殺計劃，在1910年以大逆罪遭受逮捕遭處死刑，於1911年處刑。

　　幸德秋水深深尊敬中江，在其死後，著有追憶書《兆民先生》（1902年）。他曾表明這本書不是傳記，不是評論，不是弔辭，而是「至此為止所看到的先生（＝兆民）」（《日本の名著》44「幸德秋水」，150頁），他不僅只提示出赤裸裸的事實，也進一步解釋其意義。例如，關於中江辭去眾議院議員一事，他不停地質問「我們究竟被憲法賦予了什麼？」（同，161頁），憲法實際上能夠「增進國家的利益及人民幸福」嗎？中江無論在理論上或是實際生活中都未能回答這些問題便辭世而去。幸德秋水許是下了一個決心，無論自身生命身陷多大危險，也要繼承中江遺志，找到滿意的答案。

　　《二十世紀的怪物　帝國主義》（1901年）一書集結了刊載於報刊的政治論文而成。幸德寫成一部著作時，寫下簡短序文的是內村鑑三。有關幸德秋水，他寫道：「你雖然不是基督教信徒，甚憎世間所謂愛國心。你未曾到過海外的自由國度，但是實實在在的社會主義者。我以擁有你這樣的友人為榮，也感謝有機會及榮幸在此介紹深具獨創性的著作給世

間」（同，83 頁）。

這部作品受到公認的功績是在功能上分析了二十世紀初的帝國主義，並指出問題點。在幸德本身的緒言後，這本書由〈論愛國心〉、〈論軍國主義〉、〈論帝國主義〉等三章及結論所構成，他寫道「帝國主義是以愛國心為經，以所謂軍國主義為緯編織而成的政策」（同，87 頁），解明其內在聯繫。由歷史來看，愛國心為了擴張自國，時常將勢力及於他國。這決非單純是一種愛護自我鄉里的想念。愛國心是「野獸般的天性。是迷信。是狂熱。是虛誇。是好戰心。」（同，104 頁），因此不得不演為所謂的軍國主義。然而，「軍國主義絕對無助於社會的改善和文明的進步」（同，113 頁），歷史告訴人們軍事英雄缺乏作為政治家的才能，在文治上的成績亦顯薄弱。單純與擴張政策相連結，以征服他國為目的，就是帝國主義的內涵。所謂帝國主義是「意指大帝國的建設，……意指屬領、領土的擴張」（同，127 頁），因此可類比為黑死病的流行，一碰觸就會被毀滅。幸德相信「社會的進步的基礎必須等待真正的科學知識，人類的福利的泉源必須回歸到真正的文明道德」（同，86 頁）。

幸德的《社會主義神髓》（1903 年）是對於立基於唯物論式史觀的社會主義理論的重要貢獻，就點出資本主義矛盾來講也是有意義的嘗試。這本書是始自幸德作為一位社會主義者必須有責任去回答「何為社會主義？」這個問題的理解而開始的。他援引馬克思和恩格斯的《共產黨宣言》及《資本論》，確證工業革命只對資本的增加有作用。「社會的歷史是革命的紀錄。人類的進步是革命的效果」（同，238 頁），其目的即「社會主義國家不是階級性的國家，而是平等的社會」（同，237 頁），所以可以看到「婦人也是平等的人」（同，263 頁）的主張。社會主義不是國家社會主義，也不是無政府主義，「社會主義和民主主義就好像鳥的雙翼或

車的兩輪」(同，246頁)，不過他舉「倡導民富為朕富的仁德天皇」為例，認為社會主義「社會人民的和平與進步與幸福」這個目的不與國體矛盾，在其可以理解作是肯定天皇制的言論裏頭，也留下了曖昧性。

2　日本的基督教與內村鑑三（1861 − 1930）

早在十六世紀中葉，沙勿略等人便把基督教傳進日本，然其傳道與葡萄牙的海外征服事業並非無關，而基督教一神論式的教義和日本傳統的道德或習俗不相容，1587年豐臣秀吉便命傳教士退出國外。奈良時代在佛教之外，還有基督教聶斯脫里派以景教之名被引進日本，其情未詳。德川時代更加嚴厲禁止，其體制延續到幕末。1858年開國後，被許可成為基督教徒的只有外國人，明治政府則試圖墨守政治與神道一體化的制度。

教會獲得設置許可只限於外國人居住區域，但日本人則可以拜訪教會。訪問日本的基督教各宗派的傳教士及牧師、司祭等人數逐漸增加。其中，維廉（Channing Moore Williams，1829-1910）、吉拉爾（Prudence Seraphin-Barthelemy Girard，1821 − 67）、赫本（James Curtis Hepburn，1815 − 1911、布朗（Samuel Robbins Brown，1810 − 80）、西蒙斯（Duane.B.Simmons，1834 − 89）、弗洛貝奇（Guido Herman Fridolin Verbeck，1830 − 98）、尼古拉（Ioan Dimitrovich Kasatkin 1836 − 1912）、巴拉（James Hamilton Ballagh，1832 − 1920）、珀蒂尚（Bernard-Thadee Petitjean，1829 − 84）、顧林（Daniel Crosby Greene，1843 − 1913）等，不可否認都是對日本近代極有貢獻的人物。他們教授語言或近代科技，其中也有人私下教授聖經內容。

1873年，廢除了禁止基督教的告示「高札」。在美籍傳教士戴維斯

（Jerome Dean Davis，1838 － 1910）的協助下，新島襄於 1973 年在京
都創辦同志社英學校，也就是現在的同志社大學。中江兆民在橫濱傳教
士門下學習法語，植村正久（1858 － 1925）由於岡倉天心在年輕時習得
英語的巴拉，於 1873 年受洗，1904 年設立了其後改制為東京神學大學
的東京神學社，展開了將基督教神學作社會性實踐的嘗試。然而當時情
況對基督教而言並不是一條好走的道路。政府宣稱天皇制是絕對且神聖
的，並致力於使國家民眾服從在天皇制下，因此基督教便不斷地與政府
對立。內村鑑三就是面對這個困難的代表性人物。

　　內村鑑三的父親是高崎藩派駐江戶的藩士。那是由江戶過渡到明
治的動亂時代，內村在各種教育機關作短暫學習。然而給其生涯帶來
決定性意義的是在札幌農學校的體驗。1877 年他進入札幌農學校就讀
時，動物學家暨化學家克拉克（William Smith Clark，1826 － 86）已經
離開。在離別之際他給學生們留下了「少年啊，要胸懷大志！（Boys' be
ambitious!）」這句名言。他人文素養和基督教信仰的理想還發揮很強的作
用。在克拉克的精神影響下許多學生成為基督教徒，受到他的影響，內
村鑑三也在 1878 年受洗。他學習生物學，在畢業後成為開拓使御用係持
續研究，1884 年底赴美，在生物學研究外，也勤於神學研究。這時他與
克拉克直接相識。1888 年回國的內村在第一高等中學校任教，1891 年
發生了有關奉戴教育敕語的不敬事件，被迫離職。他對日本的政治和實
業既失去期望，在此事件後對教育界也抱失望之念。

　　內村並不否定教育敕語本身。但是他認為應該遵從敕語的內在而
活，而不是向敕語低頭，將之絕對化並視為神聖之物。「責余不向敕語
低頭之人，是既喝酒又玩藝妓，酒醉時講話就像馬賊般的一群人」（〈余
の從事しつつある社会改良事業〉，《日本的名著》38「內村鑑三」，中央

公論社，1971 年，429 頁），他甚至在其後説「在被剝奪了日本國教育家的資格以後，我總算活得稍微像個人」（同頁）。

他對日本當時的社會情勢抱持嫌惡之感，但他不嫌棄日本，無法棄日本於不顧。「余愛日本國，也愛日本人」（同，424 頁）如此明言的他，獻身於被認為「教特別之謙德的宗教」的基督教傳入日本的事業。對內村來説，信仰成為不時對真理作哲學上考察的機緣。然而他並未將邏輯化這個作業本身當作自己的任務，《我如何成為基督信徒？》（1895 年）這本書在日本發行，*How I Became a Christian—The Diary of a Japanese Convert* 這個標題和內文本來都是英文。在堪稱為其自傳的這部著作裏，寫到經停留美國回國時為止，其緒言寫道「我想寫的是我如何成為基督信徒，而不是我為何成為基督信徒。所謂「回心的哲學」並非本書的主題。我只記回心的各種『現象』，提供素材給比我還累積了更多學問訓練的人，以便理論化」（同，83 頁），敘述其執筆的動機。

內村定義「吾人説基督教為真理」（同，206 頁），接着又寫道「真理和生命相同，幾乎很難定義，甚至是無法定義」。有關生命的真知識，只能靠着活着才能得到，解剖刀和顯微鏡不過顯示出生命的機制。真理亦同，因為「吾人只能透過遵從真理來認識真理」（同頁），我們不能用定義等方式來定義、判別真理，而是應該自行走向真理。

內村在《求安錄》（1893 年）明確地指出與這個真理的關連。在這本書裏他高聲指出「余初次接觸到基督教時，余便臣服於其道德之高潔與威嚴」（同，230 頁）。至主張「真理就是真理本身的證明。證明神之所以為神者除了神以外便不存在」（同，304 頁）。內村認為「相信物的自然才能有相關的知識。不相信宇宙存在的最大原因即神，豈能解宇宙之理？」（同頁），援引萊布尼茨，抱持「就心靈以外的事物而言能夠真接認

識的只有神。可以感觸來探索的外物皆只能間接得知」（同頁）的這個見
解，就信仰和迷信作如下區別。也就是說，「相信而真理愈見明瞭，此為
信仰，而至於愈加深黑暗，此為迷信」（同，305 頁），真理與人的自然性
調和，藉由了解其關聯，人便充滿喜樂，若人為潛藏在內心的罪所遮蔽，
即便以罪為侮，若不存在原諒罪的神，便無法賜予這個喜悅。內村表示
「學是人為的，是以不足以療癒我」（同，244 頁），決非否定學也就是知，
但卻是嚴格區別知和信。人必須自覺是有限且將死去的。這份自覺不斷
將內村導向只基於內在信仰崇高又以神為中心的基督教道德裏。

對內村而言，「基督作為品性的模範是最完整的」（同，307 頁），然
而自覺「余是有罪的」（同頁）的內村無法像基督一樣。若欲成為完全的
人，就要除去使人不完整的罪孽。贖罪的目的是使人完整，但是這並非
因教義而有。「余知獲得平安之道。然知道未必等同於入道。基督的信
仰將我從罪中拯救出來。然信仰又是神所賜之物」（同，319 頁）這個主
張在終極上是期盼基督再度降臨，這裏可以看到與巴特與布魯內爾的危
機神學的類比。

宗教信仰不得不與現實社會的人矛盾，這對內村而言是極為莊重的
事實。他和「教育敕語」對決在根本上也是因為這個矛盾。然而，他不單
單只是把信仰當作個人內在的事務，也主張連帶性。兄弟犯罪就等同自己
犯罪，由這個觀點來看，內村確信「人類連帶責任論作為基督教的教義，
是近世社會學的結論」（同，237 頁）。這使得他執筆幸德秋水《帝國主義》
的序文。

然而，即使是基督教內部，內村早就直接面臨到信仰與人類社會的
矛盾了。他在就讀札幌農學校時就知道所居住的地方有聖公會和循道宗
兩個教會成立，留意到教派主義弊害的他在 1901 年宣言無教會。為了

實現無論是誰都不設組織，不受政治權力等相應的支援，只接受神的命給，只透過聖經來創造共同，這個想法成為他的指引。沒有教會的運動即無教會運動，有許多重要人物參與。基督教傳教者塚本虎二（1885 － 1973），藤井武（1888 － 1930），成為東京大學總長的法律學者南原繁，後來成為東京大學總長的經濟學者矢內原忠雄等。

第二章

第二期

近代日本哲學諸面貌

——觀念論的潮流與講壇哲學

　　本書第一章介紹的思想家們，不只專注於哲學，也站在各自的立場對新時代的政治或教育、文化、社會問題抱持有強烈的關心。在當時的日本，他們堪稱是「文藝復興全才（Uomo Universale）」，不僅是哲學家或限於某一領域的專家，而是率先覺醒並走向近代化的啟蒙家。許多引領明治時代的人物，在政治、社會、文化等各方面追求新秩序，其共同特質是皆具備了廣泛視野。而這些在知性方面發揮領導特質的人們，為了確定新的方向，也必須不斷擴大自身的地平圈。然而，當明治時代接近尾聲，情勢便趨於穩定。搖擺不定的教育制度也隨着教育敕語的發佈，仿效德國的編制而逐漸整頓完備。明治時代便在這樣一個局面下過渡到大正時代。所有學問逐漸專業化、細分化，各個領域間的界線趨於明確。各個學問的水平都達到了一個相當高的境界，縱使是沒有自覺，在許多研究者身上還是可以看到依循新的政治、社會體制，全力集中於自身專長研究的傾向。這個情勢一直持續到第二次世界大戰結束。

　　哲學亦然。哲學作為哲學科和文學部內其他專門學科並列，不再

展現出嘗試給人類所有知識活動賦予意義的企圖，也不再顧及與其他研究領域間，甚至是與社會之間的相關性，哲學思索本應有的開展宛如被哲學忽略了。若提到這個時代精神狀況的特色，一般會想到大正浪漫主義，而這個思潮的旗手多半是大學教授。作為名詞或是稱謂的哲學或哲學家，意思就近乎不通世俗。即便如此，這個時代的日本哲學仍然留下了重要的軌跡：不只被動、單純地吸收歐洲哲學，也出現了建構獨自哲學體系的動向。不過，它整體而言仍然受到了西歐哲學動向的影響。在新康德學派影響所及下，首先吸收了德國的觀念論。一如列於本書末尾的著作年表所示，許多人都與康德哲學作了對決。這個時代出現了許多展開獨特思考的哲學家，如西田幾多郎、波多野精一、九鬼周造、和辻哲郎等人，他們在國內外留下強烈影響，以至今日。這些哲學家的業績頗具時代性，唯整體而言仍屬於一種講壇哲學，也就是象牙塔的哲學。不過，也有少數哲學家，如河上肇、戶坂潤（1900－1945）、永田廣志（1904－1947）、三枝博音，致力於投入政治性的抵抗運動。

第一節　西田幾多郎（1870－1945）和西田派的人們

　　從二十世紀前半開始至今，日本再無任何一位哲學家擁有像西田幾多郎這樣強的影響力了。他出生在金澤附近正對着日本海的宇氣村。在東京帝國大學師從布塞（Ludwig Busse，1862－1907）和柯貝爾（Raphael Koeber）等學習哲學，後於 1910 年至 1928 年間在京都帝國大學任教，承襲其脈而形成的西田派又被稱為京都學派。西田的思索展現出近代日本哲學的頂點，在實際上給其後的開展帶來了強烈的刺激。

1 西田哲學

西田的著作有許多地方深入探討了認識論或形而上學，因此一般經常將西田哲學認定為認識論和形而上學。然而，西田哲學所涵蓋的更廣更深，還處理了倫理學、美學、宗教哲學等問題。由於其面貌過於獨特複雜，所以把他的思想框限在狹隘的個別領域並不恰當，必須由其歷史的生成過程來描繪西田哲學，才能掌握其哲學全貌。

（a）《善的研究》與純粹經驗

《善的研究》（1911 年）出版當時給哲學界和其他的一般讀者帶來了非常大的刺激。第二次世界大戰敗戰後岩波文庫復刊，據說 1950 年這本書再度發售時，書店擠滿了人潮，瞬間便銷售一空。這本書的內容不是在解釋或介紹西歐哲學，而是強烈地在向讀者訴求一種嘗試，要同西歐哲學對決，朝獨自的哲學思想奮勇前進，並表明自我的哲學。對西田而言，問題的重點在於自我及其開展。他把這個問題廣泛地作為理論哲學的問題，特別是形而上學的問題來鑽研。儘管如此，他的著作總的說來還是對人生問題，也就是對生的形成有所貢獻。

《善的研究》的根本概念是純粹經驗。本書由四篇論文所構成，書名就是第一篇及第一章的標題，第一篇為著作整體的總論。根據西田的說法：「所謂的經驗意指認識原本的事實。是完全捨去自己的機巧，依照事實來認識。由於一般說的經驗其實也還是摻雜着某些思想，因此所謂的純粹，指的是一種真正的原本的經驗狀態。……所以純粹經驗和直接經驗是一樣的」（《西田幾多郎全集》第一卷，岩波書店，1987 年，9 頁）因此那是不分裂為主觀和客觀的「具體性意識的精確統一」（同，12 頁），於是「無論有什麼意識，只要是在精確統一狀態的期間，無論何時都是

純粹經驗，意即單單是事實（同，16頁）。

　　一旦有時間意識之類的其他意識介入，導致統一瓦解，譬如說過去的意識作動，會引發與現在意識的糾葛，純粹經驗的狀態會因此被分析、破壞。意義和判斷是失去了這個統一的不統一狀態。然而，這只不過是統一與不統一的程度差別，因為意義和判斷是藉由對於事物現象的複雜分析才可行，所以背後還是要有可令意義和判斷成立的統一意識。西田認為「當這個統一變得精確時，就成為完全純粹經驗的形態」（同頁）。決意或解決時便是其端緒形成時，然而這個狀態不僅止於內在的統一狀態，而是「不消說，決意就伴隨着實行，思想也必須具有某種實踐性意義，思想一定要體現於實行，也就是必須要達到純粹經驗的統一」（同，25頁）。就純粹經驗的事實而言，沒有意志和知識的區別。「知和意的區別是在主觀和客觀分離，失去純粹經驗統一狀態的時候發生」（同，36頁）。並且，西田還認為「所謂真的知性直觀就是純粹經驗中統一作用本身」（同，43頁），把它定義為「捕捉生命」（同頁）。而由此推導出「真正的宗教性覺悟」（同，45頁），最後在第四篇裏頭討論宗教。

　　第二篇的標題是「實在」。西田定義「所謂實在是只有我們的意識現象即直接經驗的事實」（同，52頁）。由於「純粹經驗中尚無知情意的分離，是唯一的活動，亦無主觀客觀的對立」（同，59頁），所以這個對立是來自我們對思惟的要求，而非直接經驗的事實。「真實在不是可以在正常情況下思考的冷靜的知識對象。是依我們的情意而形成的」（同，60頁）。一般認為自然是由我們的主觀獨立出來的客觀性實在，但這樣的自然是抽象的概念，而非真正的實在。他設想「自然是主觀的領域更甚於具體的實在，也就是去除了統一作用」（同，82頁）。自然裏頭不存在自我，是為外部依循必然的法則所推動。這個連結統一不是精神現象這

般內在性的統一，而不過是一種單純時空上的偶然性連結。即便如此，為求自然能作為具體的實在而成立，必須要具備作為統一作用的一種自我。在一棵樹、一隻動物的形態變化和運動裏，也存在可視為統一性自我發現的因素，由於「這個統一性自我不是與我們的意識無任何關係的不可知的某者，實在是我們意識統一作用本身」（同，87頁），所以「我們之所以能了解自然的意義目的，是由於自我的理想及情意的主觀性統一」（同頁）。

　　精神被認為是與自然對立的，若視精神為自客觀性自然分離出來的純主觀性精神，那也是一種抽象的概念。「精神雖然是實在的統一作用，但統一裏面必定伴隨着矛盾衝突」（同，95頁），所以苦痛由此而生。無限的統一性活動突破了這個矛盾衝突，催生了追求更大的統一理想的慾望。這個理想若是被達成，「快」便因此而生，唯人無法達到絕對的快樂，所以苦痛伴隨着快樂，快樂也伴隨着苦痛。西田將這個無限的統一即唯一的實在命名為神。然而，因為「所謂的神絕非得以超越這個實在以外者，實在的根基就是神，褪去主觀客觀的區別，使精神和自然合一者為神」（同，96頁），所以宇宙統一的神「只因其經常是無，故無處不可作用」（同，100頁）。

　　第三篇的標題是「善」，主要關心所在是人的行為。「行為乃其目的被清楚意識到的動作之謂」（同，102頁），由於是有意識的動作，在討論行為的意識現象時，便須討論意志。西田認為「意志不過是心理性或意識的一個現象，在其本體中為實在的根本」（同，111頁）。「意志是意識的根本性統一作用」（同，143頁），由於是為了己身的活動，所以「善是我們內在性的要求意即理想的實現，換言之就是意志的發展完成」（同頁），成為「人格的實現」（同，163頁）。由「善為自我的發展完成」（同，

145 頁）處，設想善的概念接近美的概念。「如同花在顯現花的本性時最美，人也在顯現人的本性時達於美的極致」，所以「善即美」（同，146頁），西田如是說。

　　善行為若要作為以實現人格為目的的行為，必須是由自身內在性必然發生的行為，一定要「遵從最嚴肅的內在要求，而非一時的情慾」（同，154 頁）。這是艱難辛苦的技能。然而，這個技能是「滿足自我的最大要求，實現自我」，「實現自我的客觀性理想」（同，155 頁），所以是與客觀的一致。西田認為「由這點來看善行為必定是愛」（同頁）。愛全部是一種自他一致的情感，而且真的善行為既非客觀遵從主觀，亦非主觀遵從客觀，而是主客相沒的活動。

　　如果真的善是了解真的自我，那麼真的自我便是宇宙的本體，因此「若了解真的自我，就不啻是與人類一般的善相合，而是和宇宙的本體融合，與神意冥合」（同，167 頁），在題為「宗教」的最終篇裏，西田定義「所謂宗教是與神與人的關係」（同，173 頁）。他認為所謂的人指的是個人性意識，對於這個人而言「真正的宗教是追求自我轉換和生命革新」（同，169 頁）。神不只是我們意識最大最終的統一者。西田更認為我們的意識是神意識的一部分，這個統一是來自神的統一，他舉史賓諾沙為例，主張「在神來講知即行，行即知，實在必須直接是神的思想或意志」（同，182 頁）。又提及奧古斯汀，由於「時間是由神所創造，神超越了時間，故神處在永遠的現在」（同，184 頁），所以神沒有過去也沒有未來，全都是現在。

　　1936 年西田於「再版時」寫下序文曰「由今日來看，這本書的立場是意識的立場，可以說是心理主義式的」（同，6 頁）。在 1917 年發表的《自覺的直觀與反省》一書裏，他回顧了自身思索的變遷表示，由純粹經驗

的角度經費希特事行的立場前進到絕對意志的立場，更在《由作動者到觀看者》一書後半，透過希臘哲學，突然轉變到「場所」的想法，在彼處獲得將自身想法邏輯化的端緒。他說「『場所』之考作為『辨證法上的一般者』而具體化，『辨證法上的一般者』的立場作為行為的直觀而直接化。本書所謂直接經驗的世界或純粹經驗世界云者，如今開始認為是歷史上的實在」(同，6頁)。這些字句顯示日後的西田哲學整體在理論和體系上的開展，其萌芽就在維持可能性的狀態下，潛藏於《善的研究》之中。

（b）絕對意志和無的場所

在《自覺的直觀與反省》(1913 － 17年)一書中，他把重點轉移到直觀上。本書正文以「所謂直觀是主客未分，知與被知為一體，現實依原有狀態不斷進行的意識。所謂反省是立在這個進行之外，反以觀之的意識」(《西田幾多郎全集》第二卷，15頁) 這段話為始。而我們的自覺能解明這兩個意識的內在關係。自覺是自己認識自己，思惟去思惟思惟，價值意識承認價值意識本身，並非心理學上能夠解釋，也不是可由認識論來思考的事實。這個自覺是「無法向我們直接說明的根本性事實」(同，21頁)，依照費希特將之視為「知的直觀」的看法，定義「如果自覺可以稱作直觀，那麼直觀就必須是價值意識承認價值意識本身，當為承認當為本身」(同頁)。在本書序中，他斷言自覺「就如同費希特所謂事行Tathandlung」(同，3頁)。西田給予康德哲學高度評價，和康德同樣精確區別理論理性和實踐理性，認為物本身不可能被認識，在想法上可以說是接近費希特的。

存在被視為精確的經驗事實，顯示的是依時間、空間等各種形式為媒介的外在性結合，而非意識內容的內在性結合，所以會生出「所謂意識

內容的外在性結合為何？那與內在性結合能有多大程度區別？兩者關係如何？意即時間和空間的結合如何？這和當為的意識是處於何種關係」（同，38 － 39 頁）等疑問。西田設想透過解明這些問題，將能發現意識和存在的關係，因而畢生心力都投注在釐清這個意識和存在的關係上。由本書所述，「如果說意識的內在性發展，意即意識的意義、目的被實現即是作動一詞的真意，那麼判斷就會依作動而被迫意識」（同，47 － 48 頁）由這段敘述來看，可以看出對於行為性直觀可能性的啟發。

　　在考察結合主客的自覺時，西田也關注到身體。由於「所謂我們結合我們的肉體來思考的『我』的精神，是被對象化的精神」（同，237 頁），所以「自我的意識內容也應不特別指『我的』，被意識的內容全是一般性的，只有伴隨着某種意識內容的發展作用的意識才能被命名為自己」（同，238 頁）。然而，在這個心理上的自己的背後，存在着論理上的自我，「意即先驗性的自我，構成物質界的就是這個自我，自然界作為其對象而出現」（同頁），因此他設想相信透過知識了解外界，透過意志來實現自我於外界，是因為我們背後存在着這個一般性自我，透過這個背後的自我，我們和自然界結合。

　　根據西田的說法，身體也是「意志的展現」（同，239 頁），但不只如此。他依循康德「不得不承認知識的局限」（同，278 頁），認為「在意志裏我們超越認識的世界統一實在全體」（同，268 頁），「意志的世界和知識的世界相比無限寬廣而且成為其根基，知識的世界、必然的世界依據意志而成立」（同，280 頁）。絕對自由的意志決非沒有內容的抽象概念，在此才可能與無限的實在相接，才能「接續到神的意志」（同，281 頁）。

　　作為絕對自由意志的真實在是「和無限的發展 egressus，同時也是無限的回歸 regressus，由一方面來看如同『當為即事實』一般是無限的進

行的同時，一方面則是能夠回歸到自由即其根本的『永遠的現今』」（同，284 頁）。有關這點，西田提到黑格爾，主張「知識是意志的對自 für sich 狀態。如果意志在是發展 egressus 的同時也是回歸 regressus 的話，那麼知識就表現了意志的回歸方面，認識對象的世界是意志將其面貌投射在鏡面者」（同， 300 － 301 頁），由真絕對的角度來看，發展就是復歸，所以會回到「知即行，行即知」（同， 301 頁）這個《善的研究》中關於純粹經驗的主張上。而這個主張也作為「即的哲學」成為西田哲學的標語。

為了回歸到自我的具體性的整體，絕對意志必須超越現實界，進入到藝術和宗教的立場。一般認為「可稱為形成作用 Gestältungstatigkeit 的藝術立場是在其本身之中包含了否定方面的具體立場」（同， 310 頁），由思惟的角度來看，這是內在且自由的直接性統一的觀點。由作為否定的認識立場到絕對肯定立場的接點，堪稱是超越時空的「永久的現今」（同，331 頁）的我們的意志本身，這作為「目的的王國」的公民，在各自立場上成為各種世界的結合點。西田設想在其背後的絕對意志統一整體作為一個體系，所以世界是神的人格性顯現，「真理的世界是神的思想」（同頁）。

有關時空的問題，西田在於 1922 年到 27 年間寫成，由九篇論文構成的《由作動者到觀看者》一書中，有更詳盡的論述。下村寅太郎介紹左右田喜一郎有一文〈關於西田哲學的方法〉（〈西田哲学の方法について〉，《哲学研究》127 号， 1926 年）特別談到其中〈作動者〉和〈場所〉兩篇論文，指出「這是西田哲學之所以冠博士之名稱為「西田哲學」，完成了體系建構的兩篇文章」（《西田幾多郎全集》第四卷〈後記〉岩波書店，1979 年， 433 － 434 頁）。

在〈場所〉一文中，西田特別強調「真無的場所」的概念（同， 220 頁以下）。作為推導出這個概念的前提，在〈作動者〉一文中，他考察了整

合所有的時。「時可以説是邏輯範疇和直覺形式的結合，時不單是流去
的東西，而必須要移動到時的背後去。時是一般性的，必須是特殊化自
我的形式，必須是在自我之中投射自我的鏡子」（同，196頁），然而這個
一般者皆屬主語，不會成為述語。這裏存在着純粹感覺中自我同一的特
性，透過投入時的範疇，經驗界中矛盾的統一方得以成立。由於「在時裏
頭，一度過去的東西會永遠過去，然而永遠消失的事物會永遠存在，在
時裏頭死是活的」（同，199頁），所以「時不單是流逝的，在時的背後一
定要有不動的事物，必須要有可稱作永遠的現今的事物」（同，200頁）。
經驗界透過其綜合統一而形成的純粹感覺，是作為經驗本身的直觀，把
所有的時投映其中的永久的現今，由此角度觀看作動者時，「作動就是物
認識自我，認識必須是作動的極致」（同頁）。

　　然而，在思考事物時，一定要有映照出思考的場域。首先，或許是
映照在意識之野，但對於意識現象和意識之野一定要加以區別。西田批
判過去以來的認識論是以主客對立的立場為前提，所謂的知是以形式來
構成資料的這個想法，然後從在自身映照出自我的自覺這個想法出發。
所謂的認識首先必須包攝在內部。當包攝與被包攝者合而為一時，就形
成了無限的系列，「這個作為一的事物被認為是無限地在自我之中包含質
料的時候，就如同是無限的作動，純粹的作用」（同，215－216頁），光
是如此還不算認識。在自我當中將某種東西更包攝於內部時，才是認識，
所以認識是在自我中映照自我。在此看到作為質料和形式相融合的類概
念的沒有對立的對象，這樣的對象也不在意識之野之外，而是依據場所
而被佐證。這是「真無的場所」。西田定義「所謂真無的場所必須在任
何意義中都超越有無的對立，使之於內在成立。在所至之處都打破類概
念性事物之處，看到真意識」（同，220頁）。這是由對立性無的立場進

到真的無的立場，也就是由照映物影的場所，也就是由映照概念性知識的相對性無的場所，進到物體所在的場所本身。他表示「不是捨棄所謂意識的立場，反而是要貫徹這個立場。真的否定必須是否定的否定，否則如意識一般也無意識無所擇之處，意識這個意義將會消失」（同，221頁）。並且，「意識一般的立場是包攝一切有的無的立場，所至之處皆不失意識的立場。然而那不是作為實在的意識，不是作動的意識，意識作用也不過是在意識一般的立場中所見的認識對象。在此，判斷作用是一個問題。判斷作用一方面是在時間上出現的事件，一方面必須背負意義。認為是超越了全然作用的意識一般，如何與意識作用結合呢？……所謂的意識一般是由對立的無轉到真無的門口。在對立的有的立場之中屬不可知的力的作用者，在對立的無的立場中轉為意識作用，透過越到真無門口的意識一般，成為廣義下的意志作用。所謂的判斷作用剛好可以在意識一般的立場中看到，判斷和意志可以視作是一個作用的表與裏」（同，233－234頁）。

當對象被視為意識本身時，其背後什麼都沒有。認識所能到達的程度僅止於此。而較判斷在更深的意義上了解的意志作用在此登場。「在知識裏頭是以有投射無，在意志裏頭是無中生有。意志的背後是創造性的無。生出的無必須是較投射的無更深的無」（同，238頁）。而且，真正的自由意志對於無限的反省方向和無限的潛在意義也是自由的，甚且作為將之包含於內在者，才能由無創造有。「真正的自由必須以無限的純粹作用為自己屬性」（同，240頁）。而且，「有在有裏頭時，場所是物。有在無中，而該無是被思考的無之時，先前是場所的東西就成為作動者」（同，242頁），所以空虛的場所也充滿力量，超越性的東西成為內在性的，那就是場所成為無，有成為無。

　　然而，如此一來，必須區別單是否定某些有的相對無和否定所有的絕對性的無。所謂相對的無有如空間，絕對的無是意識之野。意識現象在此殘留。在真無的場所裏，意識之野的潛在也消失而去。當這個場所也消失時，只有自身為無於自身內在照映自己身影。「由無創造有指的是連照射用的鏡子也一起照射」（同，248 頁），藉由照映存在於作用背後東西的鏡子本身也被照映出來，潛在也成為現實，質料也開始作動，透過如此思考，西田曰「由無創造質料」（同頁）。「創造不是在時間裏創造，而是看。是在真無的鏡子上映照」（同頁），正是叡智上的實在。人依據對立的無的場所中的意識作用意識自由意志，當跨越這個立場進入到真無的場所時，自由意志也會消失。只有內在且超越性的性質，才是物或力的本體，在真無空間被描繪的一點一畫也是活生生的實在。西田設想「若視這些東西為叡智上的實在，那必須是觀看者，而不單只是作動者」（同，250 頁），來構想世界。

　　發表於 1928 年的論文〈叡智的世界〉，收錄在《全般者的自覺體系》（1930 年）一書中，西田把全般者區別為三個階段，而指出了三個世界。首先，是由判斷性全般者所限定的自然，其次是包括判斷性全般者在內的全般者，意即為判斷性全般者的述語面所限定的意識界，還有包括這個全般者在內的全般者，也就是在我們的意識性自己的底層包含了超越者的全般者所限定的叡智性世界。自然界是被包覆的，相對地意識界則是包覆的。而包覆這個意識界的是超越思惟的叡智性世界。

　　為判斷性全般者所限定者，單純是被思考的，是判斷的內容，不會限定判斷的主體。相對地，自覺性全般者是限定了解自我者，是認識被認識，是認識的事物被認識的事物。在這個意義上在自身上矛盾，也就等於自身的存在本身矛盾。這個意義中最後的東西是意志，真的自覺不

在於單純的知性直觀，而是意志性自覺。「意志可以説是自覺的極致。被視為在自覺性全般者之中所存在的最後的事物」(《西田幾多郎全集》第五卷，133 頁)，為了意識性自己能夠超越自我進入到叡智性存在的世界，自己必須超越自己的意志。就意識性自己而言，意志是脆弱的直觀，是映照在意識裏的直觀之影。然而，在自己超越自己意志時，那就不再被意識，就此而言，無法想像會有叡智性自己。

自己儘管是超越性自己，也不具作為叡智性自己的內容，不過是叡智性世界裏的形式性有，無法視為真的有。其不具有的意義的內容被認為是價值，在意識面上被理解為當為。在此設想了行為性自我。「如同意志性自我超越知性自我的意識面將自身的影子映照於上，行為性自我作為物本身超越意識全般對象界的同時，也總是將其影子映照於意識全般的對象界」(同，157 － 158 頁)，在行為性自我的立場上還有主客的對立，但在知性直觀的全般者裏這個意識性對立必須被消除。客觀界必須全部被主觀化殆盡，西田説：「至於所謂藝術性直觀，可以限定起先在知性直觀的全般者之中真正有的東西，也就是直觀自我的內容。這裏可以看到作動」(同，158 頁)。

西田以這個知性直觀為線索思考叡智性世界。知性直觀不是自己合一於理型，也不是主客合一，而是自己直視自己，自己觀看自己的深處。「所謂的理型，作為觀看如斯自我者的內容，在超越性所思 (Noema) 的方向上不過是被觀看者」(同，160 頁)。若這被設想作知性直觀的全般者中最初的有，也就是形式性叡智性自己的話，那麼作為一種行為性自我就是建構性的。叡智性自我本身的內容只依藝術性直觀才能被看見。叡智性自我的「真的自己不在歷史的世界中生死。在歷史中生死者是所獲意識性自己，不過是叡智性自己的影像。我們的真自己在意識全般的

底處，尚藉由深化自覺的意義，居住在可以思考的叡智性世界中」（同，
163 頁）。由西田的這般敘述可知，他把道德的世界設想為最深刻的。道
德性實在「有如永遠未完成的藝術品」（同，165 頁），沒有內容的道德不
是真的道德。道德性自己視自己不完全而徹底追求理想，「當良心愈顯尖
銳，便愈感自己邪惡」（同，172 頁），所以為了跨越矛盾真正地看到自我
的根基，必須要進到宗教性解脫。就此意義而言，「道德性自己必須是行
為性自己」（同，166 頁），這裏可以看出行為性直觀這個他後期主要概
念的雛型內涵。

(c) 行為性直觀與絕對矛盾的自我同一

西田在晚年追求的是行為性直觀。這個複合的概念可作多樣詮釋，
而他把重點放在直觀上面。一般來說，直觀是一種主體因客體而觸發的
受動作用，行為是主體介入客體的能動作用，而湯淺泰雄在《近代日本
哲學與實存思想》一書裏指出，西田認為「在前期的《自覺的直觀與反省》
等著作裏，直觀也顯示了面向外部的能動或前進的方向」（創文社，1970
年，44 頁）。行為性直觀，就是由行為而來的直觀。

在〈邏輯與生命〉（1936 年）中，行為性直觀創造歷史性實在的世界。
所謂邏輯若看作是在歷史性世界中生成的形成作用，那麼真正的命題說
明的便是實在性事物。西田以主張「實在是邏各斯性的」（《西田幾多郎全
集》第 8 卷，274 頁）的希臘哲學為前提來進行考察。這個邏輯，不是作
動的自我無法進入的對象的邏輯世界。「歷史性實在的世界必須包含作
動的自己在內」（同，275 頁）。

吾人的自我在歷史性世界中作為一種矛盾的存在而活。因為活着
經常是一種可能罹病的狀態，所以可以說「疾病在生命之中」（同，281

頁）、「真正的生命包含了死」（同頁），只有這件事可以套用在所有生命體上。然而，「吾人的自我是生於歷史性實在的世界底層」（同，284 頁），所以具體性生命是歷史性的，同時也是社會性的。若站在知性自我的角度，那麼和我們對立的是作為自我的對象界的物質世界，但作為和身體性自我對立者，則設想了食物性自然的環境。我們走向死亡的彼處，同時也是出生的世界。而且生而為人是「沒有不意識性的身體」（同，285 頁），所以這個世界是歷史性實在的世界。人是身體性存在，也是以身體為工具而所有的存在。工具是物品，所以人的存在是身體性的，同時也超越身體。西田認為「結合身體和物的是技術」（同，293 頁）。自己是行為性的，在行為之處可見人的存在。「所謂的行為，是以工具創造物體」（同，295 頁），然「我們的行為全都是歷史性事件。我們依行為來觀看物，就是物體在歷史上出現。被創造的物是我們自己創造的物，離開我們自己，那本身在歷史性世界裏頭，在歷史性世界裏作動」（同，299 頁）。

　　包覆着絕對否定於內在的歷史性生命，一面作為絕對否定，面對了絕對的死，世界是死的世界，歷史性生命便作為這絕對否定的肯定而形成。所謂真的形成作用，意指作為歷史性生命作為歷史性實在世界的自我限定，作為永遠現今的自我限定而成立，來觀看自我，意即行為性直觀。「經驗性實在的世界是物體依據如斯行為性直觀被觀看的世界」（同，303 頁）。作動是依工具而作動，眼睛也是工具。眼睛是作為歷史性實在世界的自我限定來觀物，不是創造，而是發現。行為性直觀的世界是創造性的世界，「吞內包含絕對的無，無論在何處都形成自身的世界」（同，316 頁）。「我們的生命是自我矛盾的。矛盾由行為性直觀而起」（同，372 頁），實在是真正的，就此意義而言行為性直觀才是真的，所謂的真

是實在邏各斯的表現。西田抱持這樣的想法，由他來看，推導出「表現就是形成。是於歷史性實在的世界中在行為上的形成」（同，389 頁）。在〈邏輯與生命〉一文裏，西田所展現出來的思索根基裏有許多是可以對我們在面對生命倫理或環境問題時的基本動向上有所啟發的。

〈人的存在〉（1938 年）一文收錄於《哲學論文集第三》，西田在這篇文章裏發展出絕對矛盾性自我同一的這個概念。西田説「在歷史性現在，可視為行為性直觀者，必須是在表現作用上形成的。依絕對矛盾的自我同一而直觀性浮現者，必須為絕對否定所媒介，是由我們的死的底層所被看見的。而那又馬上作為客觀性表現將我們由死的谷底呼喚出來。」（《西田幾多郎全集》第 9 卷，18 頁），所以「可視為我們的身體者必須是既已作為矛盾性自我同一而行動。行動是觀看，觀看是行動」（同，19頁）。這個歷史的生命過程，真正是絕對辯證法式的。這樣一個因生命而有的自我，作為實在性自我是身體性的，依絕對否定而媒介而存在。然而，「只有依絕對否定，人才能得到真生命」（同，56 頁），所以真文化必須由此而生。這個製作的世界是歷史性現實性的世界。

歷史性現實不是由過去持續到未來。被創造的東西是已經過去的東西。由被創造方到創造方是一個絕對斷裂的連續，能夠形成這個斷裂的連續的就是我們的表現作用。西田定義「過去既已過去，未來尚未來。這裏必須有絕對的斷裂。而且時作為絕對矛盾的自我同一由過去向未來移動。我是限定自身的永遠的現今，説的就是這樣一個絕對矛盾的自我同一」（同，10 頁）。

西田的思索趨向宗教性，但未留意區別宗教和哲學。然而到了他最後的論文〈場所性論理與宗教性世界觀〉（1945 年），就發展為「宗教是心靈上的事實」，「哲學家必須能夠説明這心靈上的事實」（《西田幾多郎全

集》第 11 卷，371 頁）。這個事實必須是「生即為死」（同，396 頁），我
們的自我就存在於這個矛盾之中，由於自覺自我永遠的死，還認識自己
永遠的死，藉此才能真正了解自己是一個個體。認識作為自我永遠的死
的自我永遠的無，就是超越永遠的死，永遠地活。

　　死是相對性的事物對上絕對性的事物，「吾人的自我在對上神時是
死」（同，396 頁）。絕對藉由超越所有相對而絕對，藉由相對於無而真
絕對。若是這個絕對存在於我們的自我之外，我們便不會因此煩惱。不
過，當那攸關我們的自我存在時，且這個關連愈深，我們就愈痛苦。良
心超越我們的自我，由內在超越我們的自我。「光是如此，所謂良心的
呵責，便由生命底層撼動我們自我。在良心的呵責裏無所遁逃」（同，
413 頁），這也是因為只要自我是理性的存在，我們就會在良心上感到痛
苦，然而這還是自律和道德上的苦痛。在宗教性裏，我們才會開始認識
自己永遠的死，並且藉此永遠地活。自我在自我矛盾中擁有自我存在。
就矛盾性自我同一性而言，自我「貫徹自我的根源，是宗教性入信，迴
心」（同，422 頁），這由對象邏輯性自我的立場來看是不可能的，「作為
絕對者本身的自我限定必須稱之為神之力。信仰是恩寵」（同頁），神的
召喚聲在我們的自我根源中而生。在此，將自我存在作述語上理解的意
識作用在述語上的自我定義會逆轉。我們的真自我，早已不是單純一般、
述語性的存在，是在於「與主語性方向和述語性方向的矛盾性自我同一
上而言，針對自我述語處」（同，416 頁），超出理性、一般者性存在。個
體性自我在否定向來在自我意識內被定向的一般者時，自我存在作為具
備意志的存在而出現，知是自我克服一事就趨於明確。所有的宗教只依
面向自我宗教的回心而生，因為只有心靈的根基才是回心的場所，只有
場所的論理才能對心靈作哲學式的理解。

西田的思索在某些方面和費希特或謝林的哲學有關,在精確區分理論理性和實踐理性的這一方面來講,是康德哲學的繼承人。然而,不只如此。務台理作在題為〈社會與實存性個人〉的論文裏指出「西田先生的個不是作為歷史概念的個,一般認為應該是實存哲學性的個,或是作為宗教性實存的個。先生晚年的著作,特別是最後的論文〈場所性論理與宗教性世界觀〉(昭和二十年二月四日執筆,四月十四完成)裏,實存性的見地無疑是顯著的,先生在晚年對齊克果抱持深刻關心也是理所當然的」(雜誌《心》一六卷五號,1963 年,9 頁)。

談到西田是否理解到了齊克果的逆說式宗教性?實有疑問,由他年輕時就喜好禪來看,他的確是抱持很深的宗教性。這個傾向應該透過與鈴木大拙(1870 - 1966)深交而更加深一層。我們可以概述,西田的哲學始於認識論,經過形而上學和倫理學及美學,最終歸向宗教哲學。然而,無論是哪一種情況,自己及其發展都扮演了主要的角色。就此而言,他是一位徹徹底底的主觀性思想家。他的思索的開端,時常是第一人稱的自我。由此看來,西田哲學若與私小說類推,可稱為私哲學。正因如此,他才得以展開獨自的思索。

2 西田派的人們

受到西田影響的人很多,他們大致上可區分如下:首先有整體而言偏向右派,其後在京都大學任教,狹義上算是京都學派的一群人。田邊元、山內得立、高坂正顯(1900 - 69)、西谷啟治等人為其代表。而務台理作、下村寅太郎、柳田謙十郎(1893 - 1983)、三宅剛一等人為中道派。至於左派則有三木清和戶坂潤。這裏我們先談田邊元和三木清,其他人則放在第二次世界大戰以後動向的部分來談。

（a）田邊元（1885 － 1962）和種的邏輯

生於東京神田猿樂町的田邊元經第一高等學校理科，進入東京帝國大學理科大學數學科就讀，一年後轉科到文科大學哲學科，受到柯貝爾（Raphael von Koeber）的影響。畢業後，他在中學執教，一方面又在大學院研究，陸續在《哲學雜誌》上發表論文，1913 年就任東北帝國大學理學部講師。然而，1914 年的〈認識論中邏輯主義的局限 —— 馬爾堡派和佛萊保派的批評〉一文引來西田的關注，1919 年受邀擔任京都帝國大學文學部助教授，任教期間直至 1945 年 3 月。其間在 1922 年到 24 年間，田邊元留學德國，在柏林時於阿格斯・李爾門下，在法蘭克福時於胡塞爾門下，日日鑽研，停留期間也和海德格及奧斯卡・貝克等人相識。

雖然在東京帝國大學學習哲學，但這裏除了柯貝爾的人格和修養以外沒有吸引田邊元之處，所以移到京都後他的思索是受到西田的影響。然而，他又逐漸和西田哲學對決，藉以發展出自己的哲學。年輕時他關心自然科學和數學甚深，因此縱使宗教的關懷如何深刻地烙印在其哲學裏，最後還是走向懺悔道的哲學，他的思索嚴格來說還具有客觀上邏輯的前後一貫性。

「在對康德的人格及思想所懷的崇敬之念中，對自認以康德學徒自居的人們未遑多讓」（《近代日本思想大系》二三「田邊元集」筑摩書房，1975 年，3 頁）和從德國回國後馬上寫成的〈康德的目的論〉（1924 年）的開頭裏，田邊說道。有關康德哲學的研究文獻很多，但其大成的《判斷力批判》的目的論卻未受太大關注，這促使田邊完成此一論述。這裏強調的概念是意志的辯證性（Dialektik）。以康德為典範，美的合目的性是主觀性的，邏輯形式的合目的性僅止於自然的可認識性。作如此理解的田邊，認為「合目的性不單是知的對象，也是投射到知的信的對象」

（同，16 頁）。為了理解這個對象，需要意志的辯證性，但這個辯證法是
「必須完全否定自我一次，由即自 An-sich-sein 的階段轉移到他在（反自）
Anderssein 的階段。由適合自己與否來觀看一切的立場來前進，完全捨
棄自我一次，對於對象必須在其本身有意義者，以其本身為目的者的立
場來看」（同，31 頁）。在這個意志的辯證法之下，自由不是被賦予的事
實，而是應該實現的課題，由於「自由必須要有一半是包含了可將其廢
止的積極性事物的創造」（同，47 頁），所以文化和歷史必須作為道德的
對象界而產出。

在 1931 年寫成的〈黑格爾的絕對觀念論〉中，作為創造而措定的行
為問題全面浮現。田邊元認為，行為或是行這個概念必須看作是內在
性宗教行為之意，而非外在性現實世界的活動性。這個論述由德國觀
念論始於康德，無論其各自是否自我標榜，分裂成費希特的主觀性觀念
論、謝林的客觀性觀念論、黑格爾的絕對性觀念論分裂的這個一般論開
始。他認為「絕對辯證法的領域必須是作為歷史性精神世界的表現世界」
（同，68 頁），有關《精神的現象學》他認為「他（即黑格爾）把精神的具
體性形態稱作人倫世界」（同頁），就此而言，田邊元的思索近於黑格爾。
但是「表現必須必然是人行為的成果」（同，69 頁），而且「行為在窮極
之處是屬於個人」（同頁），所以「表現的主體是行為的自我」（同頁）。「個
別來講普遍性的自我自覺同時令絕對知成立」（同，72 頁），黑格爾認為
為了避免造成絕對知的體系崩壞，要把重點置於觀想性的立場，對此田
邊元強烈認同絕對知的宗教意義，發展出了以行為為媒介的善惡問題。

實現行為時自我透過身體而外化。在此情況下，作為個別的身體，
固執於自我，也可能是與作為普遍的他者對立的特殊。「自覺自我的同
一性、自我內留住性的絕對精神，以作為道德性墮落的自我性和作為惡

的特殊執着性的自我疏離的他在為媒介」（同，78頁），由黑格爾哲學演繹而出，田邊認為這個「絕對精神依超越、飛躍性的質性水平化，而非量性相對化，使善惡的對立歸於一樣，作為赦免及宥和的宗教性意識便當然浮現」（同頁）。就此點而言，田邊贊同謝林《對人類自由本質的研究》及《世界世代》裏的理念，曰「必須指出，不是單單將理性的否定原理作為絕對精神的契機內在於理性，而是承認是與全然無媒介對立的超越性、內在性事物，將這個所謂的黑暗的原理作為『神的自然』，正觀破了黑格爾的弱點」（同，87頁）。惡之所以轉為善，只因「作為自我根基的絕對的超對立性合理性，換言之就是對於絕對善的信賴」（同，91頁）的悔恨和懺悔之行而有。田邊元主張，根據這個行為，「所有的個別性作為和永遠與時間的接觸在一瞬間進入到絕對性普遍之內的統一」（同，89頁），這裏可以讀出他作為經「種的邏輯」最後所到達的懺悔道哲學的萌芽。

「種的邏輯」這個概念，在〈社會存在的邏輯〉（1934年）已經可以看到，在〈釋義種的邏輯〉（1937年）中，指出西田哲學裏辯證法的不徹底性。此時，自西田力陳無的場所以來，已經過了十年左右，其思索開始建構了體系，但田邊拋出了「就絕對無直接作為體系的根基，作為所謂無的場所，而被迫定立而言，那應該是有不是無」（同，114頁）這個疑問。「說到絕對無被迫在否定上媒介意指為何，絕對無完全是無，所以與之在否定上對立的就必須是有」（同頁），「絕對無反而以有為自己的媒介，只有在予以否定的作用中可以是絕對無」。絕對無無法直接成為命題，唯不存在於絕對否定的作用以外。田邊元認為，這個無不得被直觀，「所謂的觀無必須是頓悟無」（同，116頁），由他看來，西田的行為性直觀概念也是批判的對象。他力道猛烈地指出，「如果依無的場所上的有化來勉強將

行為性直觀作為體系的根基，其結果早已不是守護邏輯立場的哲學，不外乎是作為構想力產物的神話」（同，117 頁）。因此，行為性直觀的行動既非藝術性創作也非倫理性行為，不轉為社會的實踐。

有關欲指出依種的邏輯的概念在道德上給國家賦予基礎之理性根據的企圖，根據《種的邏輯的辯證法》（1947 年）的序文，是由於「我在昭和九年到十五年之間，志在自己稱為種的邏輯的辯證法的邏輯研究，以此在邏輯上探究國家社會的具體結構」（同，158 頁）。當時由於滿洲國成立，日本脫離國際聯盟，不久演為日中戰爭，外部情勢嚴峻，同時在國內又有青年將校引起的二二六事件遭到鎮壓，慶祝紀元 2600 年等，日本的社會情勢動盪。

據田邊表示，「所謂種的邏輯，意指對於立足於普遍及個別的觀想性同一性的自同性邏輯，作為對於依據個體自由的全體理性化的媒介，解明其本身否定性媒介的種的基體的轉換性，藉此以其實踐性自覺具體地立證辯證法的邏輯之意」（同頁）。然而絕對媒介的原理即在否定性上未真正貫徹，未達超越境地，未能脫離理性的同一性，於是落入田邊批判性眼光看待的黑格爾理性主義，陷入絕對化國家，令個人的自由同化至國家的傾向。和潛藏於個人自由中的根源惡相同，國家存在的根基裏也潛伏着根源惡。田邊元回憶道，為了能夠脫離這個根源惡，在個人面臨到作為依據康德的實踐理性的二律背反的倫理矛盾，必須在死而復生的悔改中進入到信仰的立場。與此相同，國家也缺乏了依循超越性的神的歷史審判，而必須懺悔的宗教性立場。也就是種未能貫徹懺悔基礎的性格。

黑格爾對於國家的看法止於「不是絕對媒介的辯證法，無非是同一性的發出論。他的邏輯僅止普遍的邏輯而非原本種性媒介的邏輯」（同，181

頁）。「黑格爾在往理性的自我突破即絕對批判立場的同時，執着於理性的自力，未達到他力轉換的行信」（同，182 頁）。因此種失去否定媒介的意義，被置於類的普遍的地位上，藉由被作為同一性普遍邏輯的絕對性基體，「神和人都喪失其本質，成為國家的傀儡而終」（同，187 頁）。

國家的課題是在種的階段不斷地在自覺上實現由死復活的這個轉換。這個復活是藉由否定本身的媒介而帶來的，所以國家必須在自身內部包攝自身矛盾，不斷地予以超越。這無法自力達成，只能憑藉絕對的他力。長期以來，田邊元「無法充分承認國家的自己矛盾」（同，245 頁），這個自我矛盾性才是國家存在的根源惡。為求其超克，需要作為類的普遍性的宗教性。田邊元的這個思想內容，已偏離黑格爾，不如說是採取了謝林的自由論中可以看到的「神的自然」或「諸力的分離」（同，234 頁）的方向。不久田邊元超越理性，走向懺悔道的哲學。這不只是因內在於田邊元思索的必然性而來的。第二次世界大戰中的政治狀況也成為他內在化的機緣。當時由國家主義所支配的日本政治動向強烈打壓，最終使他噤聲。然而，這種沉默對他本身來說，也是對國家的不忠，對作為一位哲學家無法有所發揮而感絕望，結果走上了懺悔道的哲學這條路。有關此點，本書將於第三章探討 1945 年以後的哲學的部分來處理。

（b）三木清（1897 － 1945）與講壇哲學的挫折

三木清生於兵庫縣，他來到東京進入第一高等學校就讀。在學期間他讀了西田幾多郎的《善的研究》，有志於在其門下研究哲學，1917年入京都帝國大學文科大學哲學科就讀，除西田以外還受到波多野精一和田邊元的深刻影響。1922 年到 25 年間到德國和法國留學，在海德堡於海因里希‧李凱爾特（Heinrich John Rickert）門下，在馬爾堡

於馬丁・海德格門下學習，其間和海瑞格（Eugen Herrigel）、欣津格（Robert Schinzinger）、格洛克（Hermann Glockner）卡爾・曼海姆（Karl Mannheim）、卡爾・洛維特（Karl Löwith）、漢斯－格奧爾格・伽達默爾（Hans-Georg Gadamer）等人也有深厚交往。在他們的影響下，三木致力於學習由亞里斯多德到、馬克思・韋伯、拉斯克（Emil Lask）、卡爾・雅斯佩斯（Karl Theodor Jaspers）、馬克斯・舍勒（Max Scheler）、卡爾・巴特（Karl Barth）為止的歐洲精神史。不久前往巴黎，加深了對帕斯卡（Blaise Pascal）思索的興趣。回國後三本於 1927 年任法政大學教授，1930 年 5 月被檢舉有金援日本共產黨之嫌，7 月起訴，拘留在豐多摩監獄至 11 月初。為此他被迫辭去法政大學職位，其後靠文筆業維生。

　　三木的文筆活動始於青年時代，在各報章雜誌投稿，他整理了於停留巴黎期間撰寫，發表在雜誌《思想》上的四篇論文，於 1926 年由岩波書店出版《帕斯卡的人的研究》。本研究給帕斯卡思索的中心構想也就是其人的概念作出了賦予特色的出色詮釋。根據三木的說法，「帕斯卡處理的人不是對象而是存在。這不像對於認識主觀成立的客觀，是在存在裏頭的特殊存在。……在邏輯學或認識論中討論的是在某種意義中作為理念的人，反之他要探討的人絕對是具體上的現實」（《近代日本思想大系》二七「三木清集」，筑摩書房，1975 年，37 頁）。我們身而為人，是自然裏的存在者，「自然裏的我們是「中間者」（milieu）」（同頁），這個 milieu 不是單純的環境，而是無與全之間的中間者。《歷史哲學》（1932 年），「（milieu）一詞意指『中央』，由此意味這個事物的『周圍』。某種物體若不成為中央，便不可能有環境」（《三木清全集》第六卷，岩波書店，1967 年，79 頁），在與主觀性事實的關係裏，客觀性存在全部可被視為環境。他也設想「人不單是主體性事實，同時也是客體性存在」（同，242 頁）。

在《詮釋現象學的基礎概念》（1927 年）中，三木的考察集中於事實存在，將海德格的詮釋現象學放在優於胡塞爾純粹現象學的位置上。現象這個詞的用途很多，據三本說法，是「自我自行表現的事物」（《近代日本思想大系》二七「三木清集」，83 頁），而這樣的事物就是「可被看見的事物」。「現象是在彼處的存在，也就是 Dasein」（同，85 頁）那是現實存在，或是簡單來說，就是存在，因此三木視存在為現象學的第一個基礎概念。第二個基礎概念是 Sein，由「Sein 即 Wie des Daseins 之謂」（同，87 頁），這意味着存在的「如何」，意味着存在的方法，簡單來說，是意味着其存在性。我們所見的存在不是無限定的存在，時常限定於作為某種事物，或是在某種看法之中。而「現象學的第三個基礎概念是 Existenz」（同頁），Existenz 存在於邏各斯之中，被命名為概念性存在或是存在的概念性。

據三木的說法，存在、存在性、概念性這三個基礎概念，是「現象學（Phänomenologie）的概念，而非現象本身（Phänomen）的概念（同，91 頁）。存在作為先在的因素本身擁有消滅性的契機。消滅性是作為現象的世界本身的性格，在白天與夜晚、生與死之間不停地游移。由於這個消滅性和物體於各別情況下被賦予的這個現象相關連，所以「存在經常自行擔負狀況性的契機」（同，92 頁）。我們既不是聽聲音本身，也不是看色彩本身。是作為白紙的白，作為門開聲的聲。存在的狀況性是以作為（als）的這個性格而出現。這更顯示出存在「的基礎在根本上是被邏各斯賦予的」（同，93 頁）。然而，邏各斯不只是突顯出存在，也具備了將之隱蔽的顛倒的可能性，所以虛偽性也是存在本身在根本上的契機。「所謂虛偽不外乎是被隱蔽着的這個存在方式」（同，94 頁）。

若由生本身來考察，因為「所謂生是世界中的存在」（同，95 頁），

人的存在不斷地有不安出現，是由於消滅性、狀況性、虛偽性的作用。他認為「生是其活動整體在不安動性處可在一般上被命名為關心（Sorge）的理由」（同頁）。關心是追求自我存在確實性（Sicherheit）的動向，但因為「物被關心限定才能賦予給我們」（同，100 頁），所以「關心在其存在性之中是不安的，那為了征服自己的不安，而進入到在邏各斯當中形成的公共圈」（同頁），埋沒在公共圈本身之中。

《唯物史觀與現代的意識》（1928 年）由〈哲學人類學的馬克思形態〉、〈馬克思主義與唯物論〉、〈實用主義與馬克思主義的哲學〉、〈黑格爾與馬克思〉等四篇論文構成，在第一篇論文開頭，他寫道「日常的經驗為邏各斯所支配，反之基礎經驗則不受邏各斯指導，反而自行指導、要求、生產邏各斯的經驗。這在由語言的支配獨立的這個意義上是一個完全自由、根源性的經驗」（同，102 頁），將邏各斯區分為兩個階段，由於「第一次的邏各斯還在其直接性中表現基礎經驗」（同，104 頁），哲學人類學就是屬於這個邏各斯的人的自我詮釋。這個自我詮釋受到歷史和社會性限制，矛盾在邏各斯和這個基礎經驗之間發生，於是要求新的邏各斯，不得不改變既有的哲學人類學。第二次的邏各斯以意識形態的概念來總括，「所有種類的精神科學或歷史性社會性科學屬之」（同，105 頁）。意識形態與第一次邏各斯的相異，後者是在直接性中表現了基礎經驗，對此前者是透過媒介者來理解基礎經驗。三本認為「成為這個媒介的是這個時代的學問性意識、哲學性意識，不外乎是我所謂的 par excellence 的『公共圈』」（同頁），主張「在如此媒介之中哲學人類學的結構規定了意識形態的結構」（同，106 頁）。

然而，尊重馬克思立場的三木並不止於這個立場。對於懷抱「將人作為在歷史之中行動者來考察」（同，117 － 118 頁）這個企圖的三木而

言，在第二篇論文裏指出最重要的還有存在的變革，而不只是意識的變革。因此他不可能停留在費爾巴哈這個依據感性上的確實性而有的認識的立場上。費爾巴哈在宗教批判中發現了人，認為人和動物的本質性區別在於意識的狀態，其考察並未擴及因與自然的相關而有的存在。費爾巴哈「並未理解任何有關存在的歷史性」（同，116 頁）。他達到將存在作為實踐上的活動性基礎來理解歷史與現實性的立場，基礎經驗得以顯示現實存在的全部結構。這之所以可行，是因為理論根源於近代無產者基礎經驗中的馬克思唯物論之下。三木主張「如今意識是矛盾的存在。馬克思主義式的唯物論必須解決這個矛盾」（同，127 頁）。

雖然三本確實對馬克思主義抱持關心，但不能就此輕易推論他是唯物論者。應該說他是試圖由哲學人類學的觀點來理解馬克思主義。1932年他出版了《歷史哲學》及《社會科學概論》。他在這兩本書嘗試的論述主題，一直連結到遺憾未能完成的大作《構想力的邏輯》（1939 － 1943 年）。

三本也由將歷史分為事件的歷史（res gestae）和事件的敘述的歷史（historia rerum gestarum）的這個一般歷史意識區分的探討，開始了對於歷史哲學的考察。前者是存在的歷史，後者是邏各斯的歷史，而三木又對作為存在的歷史，區分出作為歷史基礎經驗浮現事實的歷史，把作為事實的歷史放在歷史發展的根基上。「作為事實的歷史指的就是行為」（《三木清全集》第六卷，26 頁），行為也包含自由，「作為事實的歷史真正是自由的」（同，27 頁）。由作為行為來說，作為事實的歷史是現在的同時也包含了「面向未來的關係」（同，30 頁），在時間概念上是瞬間，所以這裏也包含了否定的契機。

在《社會科學概論》一書中，三本由批判社會知識的各種形態展開論述。在作為依據邏各斯的知識的科學外還存在許多知識的可能性，這些

知識只被以科學性認識這個面向來看待，很少由現實的面向來處理。根據三木的說法，意見（doxa）和神話（mythos）不能看作是邏各斯以前，而必須要作為與邏各斯不同的知識來考察。依照亞里斯多德在《尼各馬可倫理學》中的言明，「意見不是探求，既已是某種斷言」（同，296 頁），三木說「意見不是要探究，而是既已被賦予。……科學和意見不同，在於是否將探求包含於其中的存在方式的差別上，而非知識內容本身的差別上」（同，296 頁）。斷言成為問題，不在於斷言是判斷的否定或肯定，而是在於在原本意義上的真或偽不具備邏各斯式的性格，作出正的判斷，更甚於真。然而，三本的理解是「其本身也包含運動在內，作為可變性事物，偶然性事物而出現的社會及歷史的領域，是知識在意見的形態中最適於存在，或是其甚至可能是必然性的領域」（同，298 頁）。至於常識，三本也絕不看作是科學的前一階段，而是認為「特別是關係到社會性知識，擁有與關於自然的知識幾乎不能相比的重要性」（同，292 頁）。「在一定社會內部中自然生長的意見為現實的條件所促，在目的意識上被提起」（同，303 頁）就此而言被合理化。由此，乍看之下科學仿彿與意見結合了，但意見在根本上來講不會成為科學。在屬於科學本性的探求中不得設下局限，然而「成為構成由意見而為的研究的地盤基礎的，是存在於其社會形態與有機性關係的知識，是意見或常識」（同，304 頁），因此其探究僅止於由此生出的知識適應現存社會的均衡狀態或相應的範圍內。結果意見與其說是被科學化，不如說是被教條化。

　　這裏出現了一個意見和神話不同的問題。作為常識的意見是呼應了社會均衡狀態的知識形態，神話則是呼應批判性、危機性時期的社會矛盾或對立關係的知識形態。因此，「如同意見被迫發展到教條，神話也轉化成了烏托邦。在這個意義上，烏托邦正是 Mytho-logie」（同，310 頁）。

因為神話是由現實矛盾直接生出的再現，因此還能直接與社會性行動連結。三木設想「對於這個神話而言，特殊的時間觀念是構成性的，尤其是未來這個時間觀念具有重要意義。這時未來不是意味着某種遙遠的彼方，而是侵蝕到現在之中的未來，更不如說是被未來特別賦予輕重緩急的現在」（同，311 頁）。也和社會性均衡作意識結合的意見被賦予空間性的特徵，對於神話來講時間的觀念才是結構性的。

這個神話一旦變成神話學（mythology），也就是說，神話加上邏各斯成為烏托邦後，未來就只意味着單純的遠方而不確定。三本認為「構成這樣一個未來的形象在實踐上或理論上來講都應該是無意義的。其未來也早已不是現實上的時間」（同頁）。即便如此，科學仍然容易傾向烏托邦，「實際上，被稱作社會科學的事物若仔細一看，某種程度或是存在於神話上或是意見上的，都並不稀罕。這在現實上自然是必然性的。然而科學能夠存在於想要自覺及方法上統制這樣的自然必然性處上」（同，312－313 頁），因此這裏顯示出社會科學的存在理由及其課題。

三木未完的大著《構想力的邏輯》是由〈神話〉、〈制度〉、〈技術〉等三章構成的《構想力的邏輯第一》和〈經驗〉這個《構想力的邏輯第二》所構成。前者寫於 1937 年，又收錄了期間發表於《思想》的論述於 1939 年出版。後者為其續篇，至 1943 年為止陸續發表，編輯成書出版是在其逝世以後。三木原本預定將之繼續寫完。在〈經驗〉的附記裏，也作了下一章為〈語言〉的預告，遺憾的是這一章未能動筆。

在《構想力的邏輯第一》的序中，他寫道「雖然傾心於理性的、邏各斯性的事物，但對我來說主觀性、內在性，主觀印象性的東西是難以迴避的問題」（《三木清全集》第 8 卷，4 頁），站在「想起康德認為構想力有結合悟性與感性的功能」（同，5 頁），三木想到了構想力作為邏各斯

與主觀印象結合能力的邏輯。雖然站在「構想力的邏輯是行為性直觀的立場」(同，8頁)，藉由與技術作結合而不單是直觀主義，得以發展為現實性邏輯，因此這裏也包含了對於西田的行為性直觀傾向直觀更甚於行為的批判。

「構想力的邏輯不是站在所謂主客合一的立場，而是由超越主觀性、客觀性之處來思考，如此它才能是行為的邏輯、創造的邏輯」(同，11頁)，三本欲憑藉這個構想力的邏輯思考的是行為的哲學。一直以來，構想力幾乎都和藝術性活動放在一起談，三木則去除其限制，將構想力與行為全般作連結。因為行為就是創造事物，所以構想力的邏輯就是創作的邏輯。被創造的事物具備形體，形體作為被創造的事物，是歷史性的，在歷史上會改變，故構想力的邏輯就是歷史上的形體的邏輯。而且行為的對象是具體性的事物，所以行為在本質上為社會所定義。歷史的主體是社會性的身體，所以其歷史暨社會性的心情及其具體性活動性超出了形式邏輯的範圍。構想力作為行為的邏輯，是根源性更甚於理性，人類和動物本質性差異就關係到構想力的有無。

神話作為相互結合邏各斯和情意的能力而產出構想力。然而神話存在着陷入永遠的非理性和主觀主義的危險。對於這個危險的不安，必須由結合了主觀和客觀的技術來去除。技術須有制度，構想力的邏輯在制度之中作為形式的邏輯而突顯出來。三木在將經驗與形體作連結上也主題化了行為，在構想力的邏輯方面欲以語言為對象。

1945年3月三木因觸及治安維持法而被檢舉為嫌疑犯，8月15日迎接終戰，他卻在9月26日死於牢獄。他是一位認識到為戰爭與國家主義式政治的不安而動盪的時代的本質性問題及其需求的非凡思想家。儘管他對馬克思主義的詮釋有些爭議，但他經常優先關懷人的問題。而受

到三木的影響投身馬克思主義的人也不少。其中有三枝博音、本多謙三
（1898 － 1938）、戶坂潤、古在由重等人。

第二節　波多野精一（1877 － 1950）和宗教哲學

不少明治以後的日本哲學家在自己的思想體系中摻入了宗教的傾
向，但宗教哲學者卻不多。內村鑑三和新島襄、植村正久等人致力於日
本推廣基督教，卻未在系統性上對宗教哲學作發展。這可能是因為日本
不太具有將宗教問題作理論上客觀化的傳統。由此觀之，波多野精一的
特徵就是他是日本最早的宗教哲學家。他生於信州松本，在東京長大，
經第一高等學校在東京帝國大學學哲學，受到柯貝爾強烈影響。和辻哲
郎曾寫到，波多野被喚起了「對於高度、純度的渴望」，因此「對我本身
而言先生才是真正引導向哲學之師」（〈ケーベル先生〉《和辻哲郎全集》
第六卷，26 頁）。

波多野在 1901 年出版了《西洋哲學史要》，討論古代到十九世紀後
半之間的西歐哲學。在這個時代，他接受植村正久的洗禮，作為一位基
督徒，一生堅持其信仰。波多野在 1904 年到 05 年間到柏林及海德堡留
學，受到文德爾班和特爾慈的強烈影響。回國以後，他在早稻田大學及
東京帝國大學文科大學執教，主要授課內容是原始基督教，對此特別在
1909 年寫成了專論福音書內容分析的《基督教的起源》，不久在 1917 年
就任京都帝國大學宗教哲學的講座。

雖然他在年輕時就發表著作，但波多野的著作絕不算多。但是，
其內容的品質極高。讓波多野的名字永垂青史的，是《宗教哲學》（1935
年）、《宗教哲學序論》（1940 年）、《時與永遠》（1943 年）的宗教哲學三

部作。

　　宮本武之助曾説「根據《宗教哲學》序中所見「宗教哲學必須是宗教
性體驗的理論回顧，以及其反省式的自我理解」的主張，他的宗教哲學
是由承認「宗教性體驗」的獨立性和特異性而出發」(《波多野精一》，日
本基督教團出版部，1965 年，39 頁)，而波多野更將重點放在主體的體
驗上。

　　在這本著作中，首先波多野依據史萊馬赫，下了「宗教無制約地肯
定其對象的實在性」(《宗教哲學》，岩波全書，1935 年，1 頁) 的定義。
這個實在性不單以「應該」或「應有」或「但願」等表現而足，而是作為首
要關心事，總是「必有」的。這一旦由對象轉移到主體，登上了宗教性體
驗的巔峰，其他事物也不會阻止其步伐，由於宗教形成與道德及藝術區
別的獨特世界，所以「存在或實在性在這裏立刻作為價值 ── 乃至於無
上的價值而被體驗」(同，9 頁)。

　　有關價值問題，波多野也談到學問和宗教的不同。在學問裏追求的
價值為真理，存在或實在的概念作為範疇和述語佔有實現真理價值的重
要位置，這時問題所佔的位置不是存在本身，不過是存在這個概念，而
化為沒去價值性的認識對象。然而，宗教與此不同，存在或實在構成其
實現或所有應帶來歡喜 ── 無盡的歡喜 ── 和幸福的價值。「所有的再
現在與生及體驗賦予關係來看時，獲得作為象徵的意義這在實在的體驗
或意義的體驗都是不變的」(同，41 頁)，在宗教裏實在是關係到神及其
啟示的問題。波多野主張，這是由本質深處發出的本源性邏各斯，「人不
是藉由演繹和賦予根據，藉由邏輯性邏各斯被説服，而是承服於啟示自
己的實在性邏各斯的力量和權威」(同，37 頁)。

　　有關《宗教哲學》序文中所表明的方法論課題的解明，是由《宗教哲

學序論》所繼承。波多野在書中一方面以康德的實證主義為線索，首先試圖釐清宗教學和宗教哲學的不同。在着重事實的事實性，關心事實相互關係的實證主義研究裏，「在能夠作為事實來認識的事物以外並不存在實在」（《宗教哲學序論》，岩波書店，1976 年，6 頁），成為認識論式的相對主義。然而，因為「在宗教裏作為主體（自我）的對手立於與之關係交涉之處的事物，若由其存在的性格觀之，應該稱作絕對性的實在者。沒有其他事物在與宗教和其他區別的特異性上能較這個絕對性顯著。在宗教本身的話語而言那稱為『神聖性』」（同，9 頁），所以「相對主義在宗教所指向之處和其內在意義斷然不相容」（同頁），「實證主義式宗教研究就必然性歸結而言會引導向宗教的否定」（同，4 頁）。

雖然「不能承認宗教真理性的實證主義者也不得不肯定宗教的事實性」（同，11 頁），但他們只處理宗教的外部性，因此波多野認為，縱使討論了宗教的本質，「其本質論是預先否定宗教事實所有的內容，其內在所包含的意義，其所志之處而作動，也就是抱有從事事實研究之前就預先將事實化為無的成心和敵意，採取極為獨斷的無視於事實的態度」（同，14 頁），尖銳地指出「在理解宗教之際刻意不畏懼作極為露骨的矛盾，已不足為奇」（同頁）。

實證主義的確可以是自然科學的方法論，但作為着重事實內容的精神科學方法則不是全面適用。若只一味貫徹精神科學的內容方向，那麼事實性的理解會要求超越克服事實性，故其將演為「事實性完全不應超越的界限」（同，21 頁），「用最後一步斷然通過這個界限，踏進純粹意義的世界」（同頁）的哲學。如此一來，波多野就不得不判別錯誤的宗教哲學和正確的宗教哲學。他認為理性主義神學、超自然主義神學、辯證法神學皆不能定位作正確的宗教哲學。

　　波多野指出，由於理性神學（rationale Theologie）或自然神學
（naturliche Theologie）是以神為直接對象的神的學問，所以自亞里斯多德
以來，便被稱為神學。歷史上自柏拉圖以來甚或在先前便可看到，給後
世帶來最大影響的是阿奎那所寫的 *Summa contra gentiles*，因為其「論述
經常發自神的存在（實在性）」（同，24 頁），所以傾全力在證明對人類的
認識而言未知且不確切的神的實在上。這個傾向一直持續到被康德批判
為止。波多野尊重康德指出理論理性的局限，指出「康德相信藉由在認
識論上證明實在全面的不可認識性，才得以證明神的不可認識性以及理
性神學的不可能性」（同，27 頁）。然而，波多野認為「若借康德的話來
說，實在就是『物自體』」（同，28 頁）。宗教性體驗的對象在終極上來講
是神聖性，因為「神完全超越人的認識能力」（同，29 頁），所以波多野
認為「神的不可認識性是宗教特異性的必然性歸結」（同，31 頁），表明
了和康德的不同。然而，這是只據康德「理性的理論性使用」的觀點來批
判性地理解理性神學，若也關注到理性的實踐性使用，那麼或許會呈現
出不同樣貌。

　　史萊馬赫提倡的神學是依據超自然主義立場，以完全超越人類原本
認識能力的神的超越性為基本原理。這個立場看似滿足了研究宗教內在
性意義的要求。人類的認識因為有局限性和罪惡而必須由感性的知覺出
發，要受其制約和束縛。儘管如此，波多野認為必須注意到不省察啟示
的體驗內容及其意義中的信仰內容，「超自然主義的神學是直接將神作為
理論上的認識對象」（同，37 頁）。「存在於神與人（乃至於世界）之間的
不連續性是宗教性體驗最基本的要求」（同，52 頁），但若閃避正道往連
續性的方向迂迴，那麼超自然主義立場的神學也會陷入和理性主義立場
相同的謬誤。

　　因為宗教性體驗在本質上要求神與人類間連續性的斷絕，所以波多野也將批判的目光投向巴特和布魯內爾的辯證神學。這兩人在自然神學問題上訣別，兩者的主張或有不同，但在波多野看來，都必須下否定的判斷。即便是以神和人類間的連續性的斷絕為前提，因此被稱為危機神學，他們仍然犯了以啟示本身為理論上認識對象的謬誤。

　　波多野指出，所謂正確的宗教哲學，必須展現「宗教性體驗的反省式自我理解，及其理論性回顧」。所謂的體驗「是藉由在知的同時生，又在生的同時乃至於生而認識某些事物」（同，69 頁），是人的生存方式的最基本。體驗既已包含了自我理解的契機，當這個自我理解突顯出來，就會出現反省。「如此反省對於生和體驗既已潛在其中，作為露骨的展開構成了人性最獨特的特徵」（同，70 頁）。自我本身作為體驗的主體，構成了自然的生，然文化和宗教又在其上被建設出來。波多野設想「宗教的本質是存在於與主體（自我）和絕對性實在者的生的共同之中」（同，90 頁）由他看來，「宗教的本質要求在生的關連中的中心地位，並予以正當化」（同，91 頁），所以作出了結論，指出「以純淨的人性之眼所及來仰望在真理澄澈的光芒中顯現鮮明輪廓而聳立的這個生的最高峰，——這就是宗教哲學」（同，91 - 92 頁）的結論。

　　《時和永遠》一書的重點是放在體驗與時間的關連上。若欲看到時間的根源，就必須要踏進根源性的體驗世界裏。「主體是活於『現在』」（《時と永遠》，岩波書店，1943 年，3 頁》，然而「現在作為不可欠少過去和將來的契機包含於己身之中。現在不停地來，不停地去。來是來自將來，去是往過去而去」（同，四頁）。這個不停的流動推移就是時間，現在是依其內容不斷地更新。波多野說「現在作為主體的生的充實和存在的所有，無法離開內容而單獨成立。不如說充滿於內容的存在才是現在」（同頁）。

對於「來往何處來」、「去往何處去」這個提問，波多野認為不能單純地回答「無」或「非存在」。無或非存在本身是無法被體驗的。「作為回想的內容放置在主體前面的其實是依反省而客體化的某種事物，其形態不是過去而是現在」（同，5頁）。過去會消失，會陷入非存在，然而因為透過反省來衡量消失的體驗，「得以進到無本身的思惟或理解」（同，6頁），因波多野定義時間正是「現實上的生，意即自然、文化上的生當中主體的基本性結構」（同，9頁），「時間性是人性最本質性的特徵。主體的存在是相對於他者的存在。這在與他者的關係交涉中成立及維持。然而放置一切存在基礎的是自然的生」（同頁）。由於「只要存活於自然的生，主體便在獲得存在的同時又喪失」（同，11頁），自然的生當中的生成消滅顯示出時間的不可逆性。時間的克服在永遠性中被發現，為此要求文化上的生或宗教上的生。

文化上的時間性以自然上的時間性為基礎而形成，「文化上的生當中主體的解放及自由是依『客體』而行」（同，18頁），所以主體的存在完完全全是相對於他者的，主體性完完全全是自我主張，而其客體藉由成為觀念性的存在者，主體與客體分離、對立，使得反省可行。主體作為我或自我，發現顧盼前後左右的舒暢和寬裕，「一邊享受自由和獨立，向貫徹自我存在的主張邁進」（同，19頁）。這個自我實現就是文化上的生的基本動作，因為「突顯隱蔽者，由實在性中心向觀念性存在的明亮周邊對外部表現自我的動作」（同，20頁），所以波多野依據萊布尼茲指出「文化上的主體性存於自我表現」（同頁）。這個具體的姿態是歷史，「文化上的時間只作為歷史上的時間而成立」（同，35頁）。

「文化建設於自然上的生的土台上，故文化上的時間性處在來自於自然上的時間性的全面影響下」（同，45頁），然而「因為存在於徹底的觀

想的主體使勁表現自我完全隱蔽於客體的陰影，不在表面上浮現自我實現的姿態，所以就此而言時間性是脫離的」（同，43 頁），和歷史性時間不同的客觀性時間（或宇宙性時間）於是形成。這是作為客觀性實在世界的性格、形式、法則等成立的時間性，不是構成主體自身性格可以生存的時刻，而是被觀看的時刻。主體昇華為文化性的生，一旦自我的統一性全體性觀念一發出，死便逐漸成為問題，但對於文化性意識不存在精確意義下的無，死也成為不可能精確的事物。波多野指出，「在文化的世界裏只有生沒有無」（同，81 頁），「死是自然性時間性、時的不可逆性的徹底化。不單是主體在任一時刻的現在，而是全部的現在意即生的全體的毀滅，沒入於無者為死。……在根源性意義中的將來消失了，這就是死」（同頁）。至此為止，文化上的生欲戰勝，時間上的生卻窮途末路。時間性的克服必須是文化性的生居於其上的自然性的克服，然而在此他者仍然停留在潛在性自我。問題是作為替代的他者及其關係的愛的樣態。

「愛是主體與他者的生的共同」（同，137 頁），這不是作為渴望的愛，而必須是神愛。渴望主掌着文化上的生，以自我為原理，所以「是以自我性的擴張而成立」（同，143 頁），神愛則是「以他者為原理作為出發點的生的共同」（同，152 頁），其本質中存在着超越性。在神愛裏，他者是定義者，自我成為被定義者，這個他者必須是「不保有可能性自我的性格的真實的他者」（同，157 頁）。這樣的他者就是神，在此波多野站在「通往宗教的轉捩點」（同，158 頁）。

波多野說神在絕對上的實在性必須用「創造的觀念」（同，162 頁）來表現。神不受任何人事物的牽制或催促，「徹頭徹尾自由地設置他者的存在」，所以這名為「無中而有的創造」（同頁）。「在宗教裏創造特別是作為將人性主體由毀滅深淵解救出來的神愛而被體驗」（同，163 頁），一

且神的作動因文化性活動而形象化並被再現,「無就不是精確意義的無,而不過是存在的一種方法,就這個情況而言是作為可能性乃至於質量的理想型態」(同,166頁)。波多野一方面認為這是貫徹了文化主義的希臘人的想法,也認為無是「作為被克服的契機而被包含在有之中」(同頁)。因此,「絕對者在一舉使無和加以克服的有之中,且只在如此成立的共同之中是絕對者」(同,167頁)。神的創造的愛也依無的克服給人性主體賦予主體性。波多野斷言,「永遠性在神愛裏頭且依神愛而成立,然而,藉由賦予愛即自身也成為愛的主體,或許更該說如此由無盡的恩惠被創造,人性主體的永遠性和永遠性的生會獲得圓滿」(同,171－172頁)。

為了人性主體依神愛由無被創造出來,且主體能夠維持其主體性,波多野引出了象徵這個概念。「象徵是使得與實在性他者交涉成立的原理」(同,175頁),無論是自然的生或是文化的生,生的象徵性都是不徹底的。無論是哪一種情況,自然的生都因其徹底化而自我毀滅,而毀棄象徵性。波多野主張把主體由自然的生即時間性危機解救出來的,必須是象徵性的徹底化,把這個「徹底的象徵性放在神愛、創造的恩惠中來看」(同,176頁)。只有對於神愛呼籲的應答,以及因受惠而生的嶄新自我的新態度,才是信仰。信仰不是作為自我實現的人的技能,而是對於神愛放棄自我的神的技能。在此,「象徵化是對於絕對者能夠保持主體性的唯一路途」(同,188頁)。

波多野認為時間性根源是作為「由對神順從脫離,對神聖者的不順從反逆」(同,209頁)的罪。然而,他的宗教上的生的概念似乎在此傾向哲學式觀想的方向。這應該是由於他貫徹了宗教哲學的立場。他雖然強調救贖與救濟以克服脫離和反逆之罪,但卻看不到懲罰罪惡的觀念,

在波多野對信仰的理解，看不到恐懼和戰慄。

　　波多野門下弟子有石原謙、田中美知太郎等展開優異思索的人們，本書將放在 1945 年以後的哲學來討論，這裏只先討論天主教的兩位重要思想家。

　　首先，岩下壯一（1889 － 1940）和九鬼周造和和辻哲郎同一時期在東京帝國大學文科大學哲學科求學，也受到了柯貝爾的指導。他以文部省在外研究留學生身分前往巴黎、倫敦、羅馬等地，在義大利接受敘品為天主教祭司後回國。岩下是日本最早的天主教哲學家，雖然是西歐中世哲學研究者，他本身着重的是傳道和救癩設施等社會活動。

　　吉滿義彥（1904 － 45）中學時代在鹿兒島接受基督教洗禮，就讀東京帝國大學期間，受岩下神父的影響改信天主教。自 1928 年起兩年間，他在巴黎求學於雅克・馬里頓門下，回國後在上智大學執教。吉滿由於早逝，而未能建構屬於自己的哲學體系，但他卻追求了在根源上向神的恩寵及真理敞開的人文主義。

第三節　教養哲學與人格主義

　　若要給大正時代到昭和初期間的知性動態下個定義，那麼我們可以說那是一個教養主義的時代。肩負旗手角色的是左右田喜一郎、朝永三十郎、桑木嚴翼等人物。把西田幾太郎的絕對無的哲學命名為西田哲學的，就是左右田喜一郎，他的專長是經濟學，但在新康德派全盛時期留學德國攻讀哲學，在其影響下加深了對文化價值的關心。他所提倡的文化主義是「以文化價值的哲學為基礎承認一切人格、文化的人文主義，人格主義」（〈文化主義の論理〉1919 年，《近代日本思想大系》三四「大

正思想集 II」，筑摩書房，1977 年，6 頁），因此以尊重個人的人格性
為根基。在此可以看到對於依據明治以來追求日本近代化富國強兵政策
而有的文明開化政策的批判，也論述了文化國家的理想，由當時日本的
實際情況來看，這是偏離現實，過於傾向理想了。就這點而言，在桑木
嚴翼身上也可以看到同樣的傾向。朝永三十郎是榮獲諾貝爾物理學獎的
朝永振一郎（1906 － 79）之父。他的著作《近代「我」的自覺史》（1916
年）副標題為「新理想主義及其背景」，裏頭看到了文藝復興以來「我」
的發展，在《康德的和平論》（1922 年）裏頭也將康德哲學詮釋為文化哲
學。

　　的確，對於這個時代具備教養的文化人之間明顯可稱作「巴那斯派」
的清高傾向，當然會讓人不禁想批評他們是「住在象牙塔的人們」。然
而，我們也不能忽視文化理念和踏實的修養或研究相結合拓展了視野的
這個事實。在哲學方面也促進了歷史文獻學的研究。關於康德的研究出
現了許多的業績，非但如此，教養的目的是人格性的發展，也反映出依
據扎根於人格主義的文化主義而有的獨特哲學性業績。許多的代表者
們，是柯貝爾的門下生。

　　人格性的形成和解明行為的問題兩者是不可分離的，其本身是倫理
學及美學的對象。倫理學的目的是端正行為本身，在美學裏頭，作為行
為成果的作品是重要的。有關這些領域，日本在和歐洲思想接觸以前就
抱有獨特的強烈關心。他們有時是作為美學意識，有時是作為人生觀，
由各自的觀點，而且不對兩者作精確的區分，依據纖細感性而形成理
解，並展現成果。近代對於歐美文化的吸收在邏輯上把這個傳統的美的
倫理性思考內容推導至體系化的方向。早在明治時代，岡倉天心和大西
祝就展露出這個傾向。這個努力為大正時代的教養主義及人格主義所繼

承，深田康算（1878－1928）、阿部次郎、高橋里美、植田壽藏（1886－1973）、九鬼周造、和辻哲郎、出隆、谷川徹三（1895－1989）等人的業績裏也可以看到成果。

人格主義的提倡者阿部次郎（1883－1959）也在東京帝國大學柯貝爾門下學習哲學，1921年以後在東北帝國大學執教鞭。他富有文學才能，受到夏目漱石的影響，作為文筆家而活躍。1914年到15年間發表的《三太郎的日記》，採用隨想形式，由堪稱是近代教養人典型之一的青年三太郎的煩惱、悲傷、喜悅等內在哲學式反省的告白所構成。這本著作給年青世代帶來偌大影響，長達半世紀以上。他於1916年出版了《倫理學的根本問題》，接着又在1917年出版了《美學》，這些業績是依特奧多爾・李普斯（Theodor Lipps）在哲學上的見解發展而成，其意義在於把李普斯哲學介紹到日本。阿部本身的哲學思索的發展要等到《人格主義》（1922年），唯本書也可以看到留有來自李普斯的強烈影響。

這部著作是以前年發表的期刊論文〈作為人生批評原理的人格主義觀點〉為基礎。這裏定義人格主義為「以人格的成長和發展為至高無上的價值，在這個與最重要價值的關連裏，奠定其他所有價值的意義和等級」（《近代日本思想大系》三四「大正思想集 II」，113頁），為了要釐清人格的概念，書中列舉四個目標。首先，人格與物有別。人格是所有的主體，相對地物只是所有的對象。第二，人格不是個別意識經驗的總和，而是構成其底流給予支持，予以統一的自我。第三，人格在不可分的意義上是 individuum（個體），是一個不可分的生命。第四，人格在以先驗性要素為內涵的這一點上與後天性的性格有別，用康德的話來說，這不是單純的經驗性性格，其特質在於包含了叡智性性格。要臻於人格，不是強調與他的對立，而是「回歸到自我的本質」（同，116頁）。對於人格

的提昇而言，各種文化事業的復興是不可或缺的，為此「社會之富亟需充實」（同，121 頁），人格主義的倫理性要求，未必需要作為制度的共產主義，但絕對需要「視財產為公共性產物的觀念」（同頁）。人格主義必須是引導出經濟及文化復興的機緣。在 1922 年到翌年間，阿部留學歐洲，回國後投注心力在日本文化上，其成果彙整為《德川時代的藝術與社會》（1931 年）一書。

高橋里美（1886 － 1964）在東京帝國大學時也師從柯貝爾和井上哲次郎、波多野精一等人學習，其後和阿部次郎一樣在東北帝國大學任教。他把新康德哲學及現象學引進日本。他的著作《包辯證法》出版於 1942 年。他認為「辯證法有些部分是與大乘佛教或宋學的思考一脈相承的」（〈包辯證法〉，《現代日本思想大系》二四「哲學思想」，筑摩書房，1965年，141 頁），在此高橋發現了辯證法可以在日本被接受的理由。他企圖發展包辯證法體系的根基裏，也隱含了和西田哲學對決的態度。包辯證法是辯證法的「包越性根源」（同，164 頁），「辯證法本身的包越性揚棄」（同，165 頁），所以他設想「包越性的整體性是使時間真為時間，使歷史真為歷史，使現實真為現實，以日常性真為日常性，以有限者真為有限者，同時其本身也永遠是無限的」（同，177 頁）。高橋也在西歐思想的影響之下，嘗試在日本文化裏展開他獨特的思索。這個傾向在九鬼和和辻身上更加顯著。

1 九鬼周造（1888 － 1941）與美學

九鬼生於男爵家，在東京帝國大學學習後，從 1922 年到 29 年為止在德國和法國停留，在李凱爾特及海德格、柏格森等學者門下攻讀哲學，和沙特也有深厚交往。回國以後在京都帝國大學執教，他最特別值得一

提的功績是將實存哲學，特別是海德格的實存哲學介紹到日本。

　　1933 年發表的論文〈實在哲學〉收錄於 1939 年的論文集《人與實存》裏，在開頭九鬼定義「所謂實存哲學（Existenz philosophie）是思考通往一切哲學問題的通路在於實存的哲學」（《九鬼周造全集》第三卷，岩波書店，1981 年，50 頁）。若想釐清實存的意義，則首先要從釐清存在的意義來出發。因為「存在這個概念是最普遍最單純的概念」（同頁），所以給存在賦予定義是不可能的，這「彷彿是我們無法衝撞跨越的一道牆」（同，51 頁）。若是不能從正面積極定義存在的話，縱使作為消極地由裏面出發的定義，即便「所謂存在不是非存在，不是無」（同，52 頁），若非存在是存在的否定，而存在的概念不清楚，則非存在和無皆不可能清晰。就算是否定一切存在的非存在，只要以任何形式定立，便化為有也就是存在，因此九鬼認為「絕對無這個概念會出現永遠的現今或神或絕對愛般的積極性意義」（同，56 頁），摸索着解明存在本身的路途。

　　存在，意即「有」裏頭，「存在以鉛筆所繪的三角形」時的有，以及「所謂三角形是由三條線圍成面的一部分」時的有，這兩個意義是有區別的。前者是直截了當地在絕對上措定對象，反映出現實性存在，後者則以相對性關係來措定「三角形」這個主語和「以三條線圍成的面的一部分」這個述語，以表可能性存在。可能性存在顯示本質，是超時間且普遍性的，作為狹義存在的現實性存在是時間性且個別性的。九鬼寫道「相對於可能性存在，可以將現實性存在稱作實存」（同，76 頁），這裏首次用日文來表達實存這個概念。

　　在人類存在當中實存的意義顯露得最清楚，是因為「在人的存在裏存在的方法自行決定，同時也自覺其決定」（同頁）。各個人類的存在由於自覺性的決定力而擁有各別且獨特的樣態，個體這個意義在人類存在

裏，其角度更顯尖銳。正由於人類在真正的意義上可以將現實性存在也就是實在作為自己的東西來創造，人類存在才是勝義的實存。雖說如此，那不單是個體性自我性的。自我性個體本身具有超越性，具有社會性。九鬼主張「無法想像存在着不具世界的自我性個體，不具社會的自我性個體。而個體有世界有社會，同時也不得不沒去普遍的一樣性之中」（同，76 － 77 頁）。

　　九鬼的功績在於依實存哲學和現象學展開獨特的思考。《偶然性問題》發表於 1935 年，這裏繼承了無的問題。由於「所謂偶然偶有之意存在在自己之中不具十足的根據」（《九鬼周造全集》第二卷，9 頁），所以偶然是包含了否定的存在，是可以無的存在，在偶然性方面存在則直接面對着無。「越過存在往無而行，超越形而往形而上而行，是形而上學的核心意義」（同頁），然而形而上學理應是以「真的存在」為問題的，因為「真的存在」只在與「非存在」的關係中形成問題，所以作為形而上學問題的存在是被包含在非存在也就是無的存在。因此，「偶然性的問題，在無法離開對於無的提問的這層意義上，精確來講是形而上學的問題」（同，10 頁）。相對地，其他的學問只將存在或有的片斷作為被賦予的存在及有的片斷視為問題，有關無，或是有與無的關係，則漠不關心。

　　數學的機率論只處理偶然的情況，然而其意圖不欲在偶然性之中以偶然為偶然來理解，也不欲在偶然性意義本身中解明其意義本身。「機率論的關心就在於存在於一個事象的生起與不生起的所有可能的情況，以及這個事象生起的偶然情況之間的數量上的關係」（同頁），偶然本身無法計算。縱使量子力學式的理論關心偶然性，但其不確定性原理也只是單單將偶然性承認為原理而已。然而，九鬼認為，因為「所有的學問都由於欲究明事物的必然性乃至於蓋然性關係的理由本身，在原理上無法

離開偶然性的問題」（同頁），所以到了作原理性反省的時候，所有的學問在原本上會直接面對偶然性問題。偶然性對學問上的認識形成局限，一切學問在其根基與形而上學產生關連。九鬼認為「然而，必須認識到這個局限對於理論性實存性存有端初的意義。經驗上的認識必須由認識的局限即偶然性出發，經常為這個局限所制約。給經驗賦予齊合與統一的理論性體系的根源意義，是在於理解他者的偶然性並在其具體性中往一者的同一性同化、內化上。真的判斷必須在偶然－必然的相關之中立足於事實的偶然性以偶然的內化為課題。思惟的根本原理即同一律不外乎是內化的原理。……依據同一律的內化必須是作為依同一律而有的內化，在事實上必須是受邂逅的汝的偶然性所制約的具體性內化。這裏存在着與學問的部門上的獨立和學問體系的階段組織之間的基礎。」（同，256 頁）。

　　在《偶然性的問題》中九鬼對邏輯上的知識設定局限，試圖闡明知識的根源，遺憾的是，他並未能發展其體系。然而，他在普遍妥當的思惟外發現人形態本質的這個獨特傾向，已經早先於《偶然性的問題》，顯露在 1930 年發表的《「粹」的結構》顯露出來。在序文中，九鬼寫道「活生生的哲學必須是能夠理解現實的。我們認識到存在着『粹』的這個現象。然而這個現象具有何種結構？所謂『粹』究竟是我民族獨特的生存方式之一，但原原本本地理解現實，並且在邏輯上以語言表述應得體驗，是本書所要追求的課題」（《九鬼周造全集》第一卷，3 頁）。九鬼拋出問題要問「粹這個現象具有何種結構？」（同，7 頁），考慮到「粹」作為語言成立一事也是事實，而首先釐清了語言和民族的關係。在「意義及語言和民族的意識存在間的關係，不是前者集合形成後者，而是民族的生存存在創造意義及語言」（同，8 頁）的這個前提之下，九鬼關注到「粹」這個

語言意義是否具備着在外語也可以發現的普遍性的這個探討。無論是法文的 chic，或是 coquet 或 raffine，各自形成了「粹」的一個表徵，然而，卻無任何一語可蔽「粹」這個意義的全部。「粹」這個日語是民族色彩鮮明的一個字詞，九鬼作的結論是「要言之『粹』作為歐洲語言只單有類似的詞彙，未能發現價值全然相同的詞彙。因此，無妨將『粹』看作是東洋文化，甚至是大和民族特殊存在樣態的一個明顯的自我表明」（同， 12頁）。

　　若是繼續探索這個「粹」，那麼就必須單單將「粹」作為種概念來處理，追求以將之作為包括的類概念的抽象性普遍為志向的本質直觀。「作為意義體驗的生存的理解必須是具體的，事實性的，特殊的『存在領會』」（同， 13 頁），所以在問「粹」的 essentia 之前，首先應該問「粹」的 existentia。「生存」的研究不能只是形相上的，而必須是詮釋上的。從而必須要有一個作業去涵括式地釐清意義作為意識現象而開示的「粹」的表徵。其第一表徵為「媚態」，第二表徵為「魄力」，而第三表徵為「總結」。由於「第一的「媚態」構成其基調，第二的「魄力」和第三的「總結」兩者定義了民族性、歷史性的色彩」（同， 21 頁），所以「在『粹』的這個存在樣態中，『媚態』由於基於武士道理想主義的『魄力』和以佛教的非現實性為背景的『總結』，一直被限定到存在完成為止」（同， 22 頁），由此「粹」便在終極上成為無目的無關心的自律性遊戲。九鬼定義「所謂『粹』是依據我國文化的特色道德式理想主義和宗教性非現實性之間的形相因，質料因即媚態完成自我存在實現的產物」（同， 23 頁）。

　　相對於內在性意義，作為「粹」的外延性意義或結構，他指出了「高尚」、「奢華」、「素雅」。由「粹」的形相因是非現實性理想性來看，若欲在視覺上表現「生存」，便不得不採取細長的形體。「細長的形狀在顯示

肉體衰弱的同時也談靈的力量」（同，44頁），想要表達精神本身的葛雷柯，盡是畫些細長的畫。若作為藝術性表達來表示「粹」，那就是條紋，而且不是橫紋，而是細直紋。在色彩方面，則是「由白過渡到黑的無色感覺階段的」（同，61頁）灰色或是「由紅經橙以至於黃的亮麗色調，帶點黑色再減少飽和度的」（同，62頁）茶色，甚至是作為藍色系統的深藍或御納戶色正要喪失的同化作用的顏色。透過這個分析所得到的抽象性概念契機雖指示「粹」的幾個具體的的方向，但卻無法依據被分析的個別的概念契機來形成「粹」的存在。「『媚態』也好，『骨氣』也好，『了結』也好，這些概念都不是『粹』的一個部分而不過是契機。因此在作為概念性契機集合的粹和作為意義體驗的粹之間，存在着無法跨越的間隙」（同，74頁），九鬼斷言，這個乖離性的關係，也就是「明確意識到意義體驗和概念性認識之間不可通約不盡性的存在，又將邏輯性言表的現勢化作為課題無窮地追蹤處，正是學的意義的所存之處」（同，75頁）。「『粹』的研究只作為民族性存在的詮釋學而成立」（同，78頁），然而對應到「粹」的詞彙不存在於西洋的這個事實，就是在西洋文化裏生存這個意識現象作為一定的意義在民族性存在中不擁有場所的證據」（同，80頁），所以作為學問無法成立。然而，在九鬼的時代裏早已幻化的「粹」，現在其幻影面貌似乎也已經從我們周遭消失了。

2　和辻哲郎（1889－1960）與倫理學

　　和辻是一位多才多藝的人，學生時代和阿部次郎、安倍能成、小宮豐隆（1884－1966）、谷崎潤一郎（1886－1965）等人一起在夏目漱石身旁走動，埋首於文學活動。他隨即專注於哲學，選擇尼采為畢業論文的題目，但被認為就哲學而言不合適，不得不立即變更。這作為他最早

的著作《尼采研究》於 1913 年出版。兩年後又發表《索倫·齊克果》，年輕的和辻寫下的這兩本書在日本長期保持了有關十九世紀兩位劃時代性思想家的研究著作的水準。

其後和辻又寫出堪稱為其告白之書的《偶像再興》(1918 年)，開頭他回顧自身歷程，自白「偶像之所以必須被破壞，是因為它失去了象徵性效用而僵硬化所致。若僵硬化則不過是沒有生命的石頭。或者不過是固定觀念。然而這個僵硬化不是在偶像本身發生的現象，是發生於擁有偶像者心靈的現象。對他們來說偶像必須被破壞。然而偶像本身依然不失其象徵性生命。對他們而言雖然是有害的，但對於了解其真效用的他者來說可能是有益的。因此偶像再興對生活是有意義的」(《和辻哲郎全集》第 17 卷，岩波書店，1963 年，9 頁)。偶像本身完全不變，改變的是過去一方面擁有偶像，不久又在心底將之破壞的自我。這裏和辻看到了與自我在內在裏的戰鬥，和唯美主義者肩負當為的倫理家之戰。

和辻畢生受日本古代文化吸引。他之所以被稱為日本的文藝復興人，一方面是因為擁有符合全人理想的多彩才華，不只如此，他的關心美學的面向甚強，更甚於宗教。我們也不能否定他的內在時常內含 Aesthet。在 1919 年出版的《古寺巡禮》中，他針對奈良佛教寺院的建築和佛像展開精采論述，而且那純粹是一種依據美學觀點而為的作業。

和辻於 1925 年到 35 年間在京都帝國大學，其後至一九四九年為止在東京帝國大學任教，負責倫理學講座。其間他也建構了自身的倫理學體系，然而未曾消減對日本及亞洲的關心。其成果之一，便是《風土──哲學人類學的考察》(1935 年)。他於 1927 年以文部省在外研究員身分留學德國，在柏林停留了約一年半。他在那裏閱讀了海德格的《存在與時間》，書中試圖由時間性來理解人的存在的結構，和在由日本到

歐洲的航程中的風土見聞所造成的文化差異的經驗互起作用，令和辻深切感受到由空間性的一個視野來探究人的存在的必要性。在序言裏他寫道「將人的存在的結構作為時間性來理解，這個嘗試對自己深具意義。然而在時間性作為如斯主體性結構被發揮出來的時候，為何空間性在同時沒有同樣作為根源性的存在結構而被發揮呢？自己一直抱持這個疑問。……不針對空間性的時間性仍非真正的時間性。海德格只將人的存在作為人的存在來理解。這由人的存在的個人性、社會性的雙重結構來看，不過單是抽象性的一面。在此人的存在在其具體性的雙重性來被理解時，時間性和空間性相即而來。海德格哲學裏充分地具體展現出來的歷史性也因此顯露出真相。同時，其歷史性也明顯是與風土性相即的」（《和辻哲郎全集》第八卷 1 － 2 頁）。

　　這裏隱含了構成和辻倫理根基的「關係」的理念。在風土問題所負有的超越性意義方面，書裏首先指出作為「在他人發現己身，在自他的合一中返回絕對性否定性的這個意義上超越」的人與人的「關係」，也就是作為發現自他的地盤的關係（同，18 頁）。其次，這個關係的時間性結構必須帶有歷史意義，甚至作為第三個超越在風土上地出到外面，人必須在風土中發現自我。在個人的立場上，這是身體的自覺，然而就具體性人的存在而言，這反映在共同體形成的樣態，意識的方法、從而到語言及生產方法，房屋的結構等等。抱持這個想法的和辻發展出季風、沙漠、牧場三種風土類型。

　　在風土上屬於季節風區域的是東亞的沿岸一帶。所謂的季風指的是由熱帶大洋吹向陸地的季節風，其特性是暑熱和濕氣的結合。特別是濕氣難耐難防，但人類之所以不對抗自然，和辻主張「是因為濕潤意味着自然的恩惠」。的確濕氣和太陽帶來的熱給大地所至之處都造成了植物

和動物生育的繁榮。這裏自然是生，死則在人類這邊。然而，與此同時，大雨、暴風、洪水及乾旱等以銳不可擋的力量也襲向人類，所以這個地區的人的結構是必須接受的、忍耐順從的。其這裏不易發現對於變化的主動性氣力和意志的緊張，也缺乏歷史的意識。

和辻不寫砂漠，而寫作沙漠，這是為了將之作為 desert 的同義語，來表示阿拉伯、非洲、蒙古等地的風土。日本沒有沙漠。所謂的沙漠，是沒有水又乾燥而無生命，既悲慘又令人厭惡的地方。但是，和辻認為這個淒慘的厲害程度不是來自物理性自然的性質，而是來自人類存在的方式。「乾燥的生活是渴。也就是尋求水的生活。外在的自然只以死的威脅要逼迫人，但是不會給等待者予水的恩惠。人必須和自然的威脅戰鬥，追求沙漠的寶玉即草地或泉水而前行」（同，49 頁），然而，發現出來的草地和泉水可能成為人群相爭的場所。為了生存，必須獨佔泉水，排除其他人類集團。沙漠的人們首先對他對自然或對人類，都必須是對抗性戰鬥性的，然而在自我集團的內部則有穩固團結且是行動性的。遊牧生活就是最佳寫照。和辻認為「部族神的信仰也因沙漠生活的必然性較其他任何情況都來得強烈。其特異性使部族神為人格神」（同，58 頁）。

和辻認為牧場不存在於日本。牧場是 Wiese 或 meadow 的譯語。然而，「Wiese 是生育家畜飼料即草的土地，一般來講是草原」（同，62 頁）然而日本的草原則無利用價值，是被捨棄的土地。和辻透過把牧場稱作 Wiese，欲突顯歐洲風土的特徵，就地理來說，應該是在南歐，也就是地中海地區。和辻定義這風土是「濕潤和乾燥的總合」（同，65 頁）。因為「這裏沒有自然的恩惠，因此沒有必要忍耐順從自然等待恩惠。同時自然對於人的威脅或許是必須使人對抗自然不斷地採取戰鬥式的態度」（同，80 頁），所以人們才能發現餘裕，發展各種活動。雖然也因競爭和權力

慾望產生摩擦，但因創造力、知識慾望而生的理性活動也變得活潑，藝術性創作也有可為之處，由其後的歐洲文化所繼承。唯在這三種類型之外，《倫理學》裏也加上了亞美利堅和乾草原（《和辻哲郎全集》第 11 卷，168 頁及 183 － 7 頁），唯和辻本身未曾造訪這兩種類型的地域。

　　和辻在《作為人間學問的倫理學》（1934 年）一書中詳細定義了人類的關係。倫理由倫和理兩字構成，由於「倫這個漢語本來意指夥伴」（《和辻哲郎全集》第九卷，8 頁），因此和辻強調了倫作為共同形態的意義，因為「夥伴」不只是由複數的眼光來看人，也是指受人與人之間的關係和因這個關係所定義的人們，按例這裏可以看到某種秩序，所以演繹出人倫這個表現。並且，由於「理是堅持是道理」（同，12 頁），所以「熟化成倫理時也看不到什麼意義的擴大。只是藉由理來強調倫所既已具有的意義而已」（同頁），「所謂倫理作為人共同態的存在根基，實現為種種共同態。那是人的關係之道是秩序，因為有它關係本身才得可能」（同，13 頁）。由此，可以作「所謂倫理學是欲解明人間關係，從而人間共同態的根基的秩序、道理的學問」（同頁）的定義，但在此人和人間關係以及共同形態等等問題仍未被解決，所以必須去追究「人為何？」「關係為何？」的問題。

　　「人間」這個字詞雖然很籠統地被對應到 anthropos、homo、man、Mensch 等字義，同樣的用法也可以用在「人」這個詞。再加上「間」，就成為「人間」，可以設想成是對應到 zwischen den Menschen 或是 das Zwischenmenschiche 之意，但和辻不輕易同意這種看法。由「人」這個字詞含有的多樣表現內容來思考，「人間不單只是人之間，而是自、他、世人之處的人之間」（同，16 頁），人間是帶有「世間」和人的雙重意義。和辻認為「人間即非單純的人也非單純的社會。在人間之中這兩者在辯

證法上是統一的」(同，20 頁)。

　　和辻主張，人作為個人性和世間性這兩個性格的統一，「在行為的關聯上一方面是共同態，一方面其行為的關聯是作為個人的行為來進行。這是生而為人的存在結構，從而在這個存在的根基裏還有行為的關聯的動的統一。這也就是在倫理的概念中被釐清的秩序和道」(同，27 - 8 頁)。如此一來，會浮現倫理應是「存在」的根基而非當為的一個問題，對此由於個人的行為不只是個人性的也是共同性的，所以設想擁有超個人的根基，而不單只是個人性主觀性的，他指出了「我們認為 Sein 和 Sollen 都可作為由人間存在演繹出來的東西來處理。人的存在是兩者在實踐上的根源」(同，35 頁) 的這個解答。藉由強調作為關係的人間，和辻試圖與近代歐洲的哲學性倫理學對決。

　　和辻獨特的體系在《倫理學》(1937 - 49 年) 有了進一步發展。這部大作是由〈人的存在的根本結構〉、〈人的存在的空間性、時間性結構〉、〈人倫性組織〉、〈人的存在的歷史、風土性結構〉四章所構成。在整體序論的開頭裏，他寫道「試圖將倫理學定義為人間之學的第一個意義是為了跳脫出近世將倫理單純視為個人意識的問題的謬誤。這個謬誤是依據近世個人主義式的人間觀而有」(《和辻哲郎全集》第 10 卷，11 頁)，和辻高聲宣告要展開依據關係性的倫理學。對人類存在的問題，實踐行為的相關問題而言，和辻主張「倫理問題的場所不是存在於孤立性的個人的意識，而是存在於人與人之間的關係。所以倫理學是人間之學。若不是作為人與人之間的問題則無法真正理解行為善惡、責任和道德」(同，12 頁)。他認為「海德格將人的存在定義成存在於世間的時候，他用作跳箱的是現象學的志向性的思考」(同，19 頁)。這是一般現象學上的存在論，洛維特從這裏抽離轉移到人類學的立場。因為「這個人類學不是處

理個別的人，而是處理自他的關係，也就是人的相互關係」（同頁），所以和辻對洛維特的立場表示贊同。然而，就算洛維特所提 In-der-Welt-sein 的 Welt 有人的意義，由和辻看來，「In-der-Welt-sein 必須是共同生活的分析」（同，20 頁）。

在和辻的倫理學裏，是以個人與整體相互否定的結合為前提，被否定的個人作為單獨者存在的疼痛不會在前面浮現出來。在此他強調和諧的人際關係。至於人的根源，這的確對他而言也是作為個體的自我否定，也就是絕對否定。然而，這個否定不是無，而是空空的「空」，「這個空是絕對的全體性」（同，26 頁）。這個絕對空的理念已經可以在和辻的博士論文《原始佛教的實踐哲學》（1927 年）中看到，這裏設想的是人倫世界展開的和諧。和辻的見解推導出空的和諧，極其樂天。然而，這也顯示出和辻對人的理解的根本面貌。他一方面強調人的關係，卻未在實存上去理解構成關係的個體的人。這裏不存在否定的痛。金子武藏的〈體系與方法〉（《理想》1961 年 6 月，湯淺泰雄編，《和辻哲郎》，三一書房，1973 年收錄）一文對和辻的倫理學有非常出色的解說，這裏也拋出了「在轉移到人倫組織之論時，為何不從個體開始呢？」的疑問。如此看來，和辻的倫理世界可以說是人的質性定義（Sosein）的世界，而不是現存在的（Dasein）的世界。在他身上看不到作為實存的人的現實性和其命運的否定的問題，國家被承認為自覺性綜合性的人倫組織，被國家這個組織壓垮的個人悲劇遭到隱蔽。

和辻的確以自己的獨特觀察而發展了出色的理論。《風土》及《古寺巡禮》等是其代表性著作。然而，在這些著作裏看不到具體的人類生活。對於《風土》執筆的機緣之一，而且在主要著作《倫理學》裏數度列名的海德格，也未見在停留德國期間要求會面的跡象。在停留德國期間，和

辻花了三個月多在義大利旅行。他依據其時寫給夫人的書簡，彙整成為
《義大利古寺巡禮》（1950 年）一書。和過去的《古寺巡禮》一樣，可以在
裏頭看到由古代到中世，以及文藝復興期義大利造型藝術的精采描寫。
然而，卻看不到在歌德的《義大利紀行》裏頭那樣對於活生生的人類的關
心。即便和辻納入了 Aesthet，本質上也是探究 Sollen 的。

　　在撰寫《倫理學》時，和辻的關心已經趨向價值倫理學。他以〈實質
性價值倫理學的構想〉為題在 1932 年發表的有關 M・謝林的價值倫理學
的論文，和〈康德的「人格」及「人類性」〉等文一同收錄在 1938 年論文
集《人格與人類性》裏頭。然而，採取人倫立場的和辻，不只沒有建構價
值體系，結果也退去了價值的立場。就這點而言，金子武藏在〈體系與
方法〉一文中有批判性的見解，指出「欠缺人倫者其實多欠缺價值。因為
只要人倫是關係，是夥伴，那麼通姦也是關係小偷的同夥也是夥伴，這
些反倫理性並非欠缺『人倫』而是欠缺價值」（《和辻哲郎》205 頁）。慎重
起見附帶一提，金子並非斷定倫理學應該是價值倫理學，而是欲點出和
辻倫理學專採人倫立場，在邏輯性上是不徹底的。

　　和辻倫理學終始關心是作為關係存在的人。他亦明確自覺其局限，
這可在他於 1949 年早春出版的最終講義窺知。井上忠指出「然而，就
在『和辻倫理學』的完整面貌被突顯出來時，教授又改變了說法。以上所
述結果不外乎是作為這個世間人的存在的關聯的倫理。跨越人生這個舞
臺，人究竟會身在何處？關於這個問題，我完全同意波多野精一老師『宗
教哲學』所指出的內容。有關作為超越倫理者的人間存在的問題，各位，
要去閱讀波多野氏的著作」的結語（〈和辻教授最終義的事故〉《和辻哲郎》
301 頁）。和辻倫理學的舞臺具體來講只限於人存在的世間，把其最大的
範圍置於國家，對於自我滅絕的苦惱則未予關心。然而，由於 1945 年的

敗戰，和辻的倫理學也被迫轉換。

3　出隆（1892 － 1980）・哲學與政治

　　出在東京帝國大學起先學語言學，又轉向哲學，其後在哲學科任教。他的著作《哲學以前》（1921 年）受到西田哲學的強烈影響，當時許多學生是他的讀者。他的專長是希臘哲學，他不只進行了古典文獻學式的細緻研究，也經常抱持「哲學為何？」「哲學應該如何？」等疑問，具備了既廣又深的問題意識。

　　他的論述〈殺哲學者〉（1941 年，收錄於《ギリシアの哲学と政治》，岩波書店，1943 年）宛若是獻給追求真正哲學的蘇格拉底的挽歌。一般來說，提到希臘文化指的就是雅典文化，提到雅典文化便想到雅典這個城邦的全盛期。然而，出指出「所謂雅典國家繁榮的文化繁榮，在因果上未必是並行的，也未必是同時性的」（〈哲学を殺すもの〉，《現代日本思想大系》二四「哲学思想」，筑摩書房，1965 年，121 頁），也提出了其文化是否說得上繁榮的疑問。柏拉圖或亞里斯多德在雅典講學著述是在盛世過去之後，所以出認為「不如說那是苦悶的文化，是文化的苦悶」（同頁）。問題在於「繁榮」這個表現方式的意思內容。

　　在出看來，蘇格拉底的哲學可以說是「作為繼承了在東方愛奧尼亞興起的學問的理論精神，雖不是直接與國事有關的實際性政治活動，但是留意到忘卻吾一人寢食使我雅典人民為善為正的國家性活動，自覺國家國民之所以為善為正的道理，按照這個自覺良善且正確而活的努力」（同，128 頁）。蘇格拉底的問答活動是透過以有道理的話語的邏各斯把每一位雅典公民都說服到有真正正義的自覺的實踐，以將雅典國從不正與頹廢拯救出來為使命。然而，由於「他的哲學為現實的不正所逼，無

法將之說服遏止的他也被殺害了」（同，131 頁），結果蘇格拉底的哲學早在雅典喪失生命。即使雅典繁榮，雅典人卻背對了哲學。蘇格拉底的哲學成為世界公民的哲學，但這化為偏離了現實國家的「個人哲學，給與個人將其與世獨立視為理所當然的理由，讓他們安居於這離存心懷孤高，是自我慰藉的心術」（同，135 頁）。換言之，「『哲學』在其最早的人蘇格拉底這一代就與雅典政界絕緣了。雅典連同蘇格拉底一併殺了「哲學」，由此掏空了其後的哲學」（同， 136 頁）。

　　出企盼哲學真正的復活。出高調地宣言：「哲學和政治不被允許永遠不相干涉。在殷切期望哲學政治性的同時也期望政治哲學性。我們的政治不能像殺了蘇格拉底封印了柏拉圖直言的雅典那樣。同時我們的哲學也不能只停留在逃避直視現實給現實直言，沒有理論又沒有力道的個人倫理上」（同頁），在第二次世界大戰後，他為了解決哲學與政治的矛盾而嘗試實踐。為此他在 1951 年辭去教職，有志從政，卻遭遇挫折，晚年醉心於亞里斯多德研究。出的行動也未嘗沒有滑稽的一面，一旦意識到現在對哲學為何作根本性的提問，作政治性社會性對決的存在也會消失的狀況，就令人深刻感受到出所提出問題的珍重性。

第四節　社會哲學與河上肇

　　明治時代初期中江兆民把盧梭的思想介紹到日本，建構了自由民權運動的理論基礎，在當時政治情勢打壓的環境下，要發展近代社會哲學實屬不易。唯物史觀，特別是馬克思主義理論，被政府認為是使國家陷入危險的因素。河上肇、吉野作造（1878 － 1933）、山川均（1880 － 1958），其妻山川菊榮（1890 － 1980）、荒畑寒村（1887 － 1981）、福本

和夫（1894 － 1983）等人居於領導地位。然而，這些人都不以哲學為專長。河上是經濟學者、吉野是政治學者、山川夫婦、荒畑、福本等人是社會運動的領導人。他們各自由獨特的觀點來探究國家與社會問題點，終究是社會主義的信奉者，而且一般來講是基督教社會主義的信奉者，或是馬克思主義的信奉者。

　　然而，其他完全不同的方面也關注了唯物論和馬克思主義。1930年代，儘管對於思想自由的打壓更強，專攻科學論和技術論的人們還是依據學問的根據開始批判日本的政治情勢，實踐了伴隨了內在信念的活動。他們專注於唯物論研究，與國家主義的法西斯採取對決的立場。在這個領域活躍的人們，首先該舉出的是戶坂潤。他於 1931 年接任三木清擔任法政大學講師，和岡邦雄（1890 － 1971）、永田廣志、三枝博音等人一起創設唯物論研究會，出版機關刊物《唯物論研究》。在打壓增強下，辭去了教職，以思想不穩的理由遭到檢舉，受到禁止着述的處分，而死於獄中。有關三枝博音，本書將放在第二部第二次世界大戰敗戰以後來談。

　　有關科學論和自然哲學，屬於西田派的人們也完成了傑出的論述，這些人物同樣放在第二部來討論。

　　這裏想提的是河上肇（1879 － 1946）。他志在成為政治家而進入東京帝國大學法科大學就讀，學生時代受到內村鑑三的強烈影響。1908 年他成為京都帝國大學講師，翌年成為助教授，自 1913 年留學德國兩年。他學問研究的道路以資本主義經濟學為始，經馬克思主義經濟學，最終發展為馬克思主義哲學。其哲學使命使得他於 1928 年離開教職，專注於實踐性的社會活動。作為日本的社會哲學暨馬克思主義者，他有了獨特的發展。若要談他的業績，就不能不考慮到他的人格。古田光在其著《河

上肇》之中，寫道「河上在近代日本思想發達史上的意義絕不單以他是有傑出的『學者』一言可盡。不如説河上作為『思想家』所具有的最大意義，正在於他不單是所謂的『學者』」（東京大学出版会，1959 年，2 頁）。

雖然是河上的主觀，其良心的行動及極為獨特的強烈性格，在思想自由遭到打壓的時代裏，突顯出他在日本近代思想史中烙印了羅曼蒂克的情緒性及心情倫理性傾向的傑出人格性。身為經濟學者，河上首先鑽研國民經濟學及農業經濟學。然而，在其研究活動和自我自身存在之間感到矛盾的他，在 1905 年突然加入無我苑這個無我愛運動的團體。然而他和其中心人物伊藤證信對立而脫離，這個經驗使得他其後在《獄中贅語》中表明「宗教上的真理視什麼為問題？答案是，宗教上的真理關心的是意識意識本身，把心映照在心上」（《日本の名著》四九「河上肇」中央公論社，1970 年，90 頁）。加入無我苑的時候，河上翻譯了艾德溫・賽里格曼（Edwin Robert Anderson Seligman）的《歷史的經濟説明・新史觀》，這本書使他萌發了對馬克思主義的關心。然而在《自敘傳》裏，他寫道：「待我終於正確理解唯物史觀，已年過五十」（同，129 頁），所以這中間已過了二十多年。

自 1920 年起，河上肇開始講授唯物論，在這之前他是以近代國民經濟學為立足點。這些事他都寫在《貧乏物語》（1917 年）裏。這本書是以隨想的形式斷斷續續地刊載在《大阪朝日新聞》上，在成為單行本的時，還加上了亞當斯密的肖像。經濟學是誕生在英國的學問，他以統計指出當時在世界上屬富裕國度的英國有許多窮人，而主張利他主義的經濟學，實際上河上的關心就集中在是否為利他主義的倫理學這個地方。河上寫道：「斯密本來是倫理學者。這位倫理學者在作為一位倫理學者從事經濟問題研究時，由於他承認經濟上利己心的活動，所以在某種意義

上，把經濟上所有的人的行為都推到倫理問題的範圍之外。如此他建立了得以在倫理學以外作為一個獨立科學存立的經濟學，自己成為其始祖」（同，377 頁）。他嘗試藉由肯認利己心的經濟學，追求其根源即倫理學，明確自我主張利他心的立場。

使得河上本身向唯物史觀的轉向更加明確的，是 1923 年《資本主義經濟學的歷史發展》以後，有著作《經濟學大綱》（1928 年）、《資本論入門》（1928 年）等陸續問世。這之間有馬克思、列寧、布哈林、德波林等名家的著作被翻譯出來。然而，他並非試圖排除先前學問的立足點，而是欲建構綜合兩者的新哲學體系。綜合這個傾向是他思索的特質，但這也引起了批判。批判首先出現在櫛田民藏〈社會主義是面對黑暗還是面對光？—— 河上肇著《資本主義經濟學的歷史發展》〉（《改造》1924 年 7 月號）這篇論文上。翌年，福本和夫在《馬克思主義》一月號上刊載了其對河上的批判。河上積極地接受這些批判，在其後《自敘傳》中指出《經濟學人》的匿名筆者「『這個時代的河上的馬克思哲學，似乎大多還是囫圇吞棗的。認真埋首馬克思主義是福本和夫要等到否定河上學說以後』的批判大致正確」（同，138 頁）。為了詳細理解馬克思經濟學，河上在進行哲學研究時，依西田幾多郎的推薦，也自三木清受到了黑格爾辯證法研究的指導。（《近代日本思想大系》二七「三木清集」「年譜」，筑摩書房，1975 年，521 頁）。河上不久由馬克思研究者踏上馬克思主義者之途，與學術資歷告別。

對河上來說，極為重要的哲學性假說是科學真理與宗教真理並不相排除的這個見解。他認為：「科學上的真理和宗教上的真理不是必得選擇其一，意即在同一領域中的同一對象間彼此爭奪是非的性質，兩者並非處於以一方為是就必須認定他方為謬誤般的排他性關係」（《獄中贅語》、

《日本的名著》四九「河上肇」,中央公論社,88 頁)。理解科學上的真理是藉由觀察外物來理解真相,掌握宗教上的真理是藉由迴光返照來理解心靈本身,兩者都同樣是依人的意識作用而有的認識。「所謂迴光返照」,就是直接把意識的作用推回意識本身(同,99 頁),不是映照外物,而是向外界尋覓,相當於淨土真宗所説的自力拋棄的「無事」,如此一來「所謂『無事』不外乎就是『他力』」(同頁)。

　河上承認宗教上的真理,但他也區別了宗教和宗教上的真理,對於主張「映照在人的意識的物質世界「人的意識本身也是物質作用」以外,並不存在神或佛。神或佛無論善惡都是人的意識的產物」(同,104 頁),認為「誕生於人心的諸神,都是人的無力感的產物」(同,106 頁)的河上來説,宗教上的真理也不過就是和其他各種真理具有同樣效果。至於宗教上的真理效果,「總的來説無知(不了解、想不到、不熟悉等等)生出不安與恐怖。反而知識是藉由去除這些不安與恐怖,生出平安與歡喜」(同,104－5 頁),甚至認為「宗教上的真理是以解明我「心」本體為任務,我們之所以理解它,是因為可以解明自身。因此,人獲得它的時候,黑暗的雲霧就會破開,散發出無限的光明」(同,105 頁)。

　河上沒能完成科學上的真理和宗教性真理在辯證法上的整合統一。由於在無我的自我意識這個意識中,個別的真理只是互相反映,所以其整合僅止於主觀上的心情倫理。就這點來説,他也與和西田或其弟子們站在典型日本式思想家的共同行列中。他值得評價之處應該是把馬克思主義放在日本思想家視野裏這一點。他對於宗教抱持很深的關心,但也沒有放棄自己作為社會科學家的立場。宗教上的真理對他扮演了很重要的作用,儘管如此,他對於既存的宗教仍展現了否定的對立立場。

　問題是現實階級社會中宗教的樣態,理解宗教上的真理,欲將之傳

達給人的宗教偉人，在本質上和政治權力無疑是沒有關係的。然而，河上也批判階級社會中宗教的真理「被權力者所利用，被當作是永遠令民眾（被壓抑＝被壓榨大眾）的反抗沉睡的工具」（同，109 頁），而且「如果宗教上的真理滲透到階級社會，那麼便無可奈何地會同權力階級妥協，不得不轉化為民眾鴉片的宗教迷信」（同，114 頁）。對他來說，宗教上的真理是人的內在性所造成的宗教性問題，因此是人心的問題，就此而言與社會問題在層次上本就不同。社會問題不應由內在化，而應由科學的認識來解明。河上作為學者的精確性，就從他作如此主張，在各種真理間劃出界線之處可以看出。

第二部

第二次世界大戰敗戰以後

第二次世界大戰敗戰以後

　　一直到第二次世界大戰敗戰為止，日本一路走來都未曾懷疑過明治以來的近代化路線。走在這條路上，日本在甲午戰爭、日俄戰爭中雖然與大國為敵，但卻接連獲得勝利。由戰爭經驗所衍生出來的各種問題，卻由於接連的勝利，在一步步強化帝國主義體制的近代化浪潮下淹沒了。歐洲各國的近代帝國主義活動由於第一次世界大戰而大受衝擊，日本結果在精神上被迫與西歐的理性主義對決。這個傾向早在十九世紀後半的實存主義和唯物論中看到，第一次世界大戰後也成為西歐精神史的主流。在日本雖可看到對於歐洲精神危機上的批判態度，但在近代化路線中尚未嘗到挫折經驗的日本，還沒能體認到歐洲思想底層所隱含的危機意識的根源。

　　危機意識在忽視其原因和動機之時，扎根其中的反理性主義潮流也只會被看作是單純的哲學新潮。實存主義及其根底是為了克服虛無主義，這層思考中不可或缺的是了解人的基礎其實並不穩固，是種無根的漂流。的確，當時日本也可以看到對於自我或虛無感到不安的論述。然而在第一次世界大戰作為戰勝國的日本，即使對無感到不安，卻遠未深入到存在的不安當中。在形式上採取議會制，在以天皇為頂端的軍部獨裁國家主義旗幟下，軍國主義體系逐漸增強，國家踏破不安感往前突進，昭和天皇甚至就陸海軍大元帥之位。結果人們認為或是被迫認為種種的不安可在這個體制支配下被吹散。唯物論的傾向由於獨裁主義式政治而受強烈鎮壓，在治安維持法之下被迫在社會上消失。要等到第二次世界大戰以後，這個局面才有所轉變，第一次世界大戰後歐洲成為主流的思想潮流在日本最終也開始具備實質影響力而產生作用。

日本長期以來的社會價值隨着敗戰而失去力量，人們陷入了前所未有的精神困境。固然日本在明治初年也曾遭遇令人束手無策的混亂，但這是新秩序展開前的階段，即使社會體制有所改變，但國家組織仍然形成應有的嶄新領導力。相對地，第二次世界大戰結束時國家和社會秩序則完全失去了力量，人們共同深切感受到世況的寂寥無助。這時思想界開始出現了一個動向，要重新探討人類存在的本質，摸索其終極憑依。這個動向不只是追求純然價值的轉換或是新價值的混沌絕望，而是對於所有秩序的絕望，對於自我的絕望，甚至是對於存在本身的絕望。

於是，日本的哲學不再與虛無主義對決。這種對決就某種意義來說是一種自我覺醒的過程。在國家敗北以前，人們未曾想過要探索自我，只是照單全收既有的組織，懷抱着與自身自由剝離的意識而過活，至少他們不得不這麼做。構成這種不自由的制約，不單是依據社會、傳統、保守的形態，縱使部分來說是隨意的，私慾的，然而意圖由改變自身來配合社會情勢，卻把自己逼入了自我疏離的狀況。另一方面，由於國家敗戰，自由的自我也開始覺醒，自己不得不經驗自我的無拘束與無憑依，結果他們的意識就偏向要在自身實存中追求自我的根據。彷彿每一個人都在探討哲學，作哲學性摸索，哲學書籍也大為暢銷。一方面實存主義被認為是不可或缺的；另一方面，人們期盼社會改革，在馬克思主義中可資使用的意識型態。除了這兩個思潮外，美國的實用主義也發揮了指導性的作用。

在這個情況下，大家最企求的便是找回自我。就人而言，有什麼困惑是比迷失自我還要嚴重的？社會整體高漲的這種迷失感。因此，就算是馬克思主義者也對實存主義抱持深刻的關心。這個傾向在戰後經 20 年左右一直持續到六〇年代末。這個時期的實存主義的表現可以看作是來

自沙特。除了《存在與虛無》等哲學書籍以外，他的文學作品也陸續被翻譯出來，擁有許多讀者。社會參與（Engagement）一詞與抵抗法西斯思想相結合，他的虛無主義否定基督宗教，轉向無神論的人本主義。若是更加縝密地考察形成沙特思索根底的虛無主義，追尋他存在概念的歷史，那麼將會發現其思想扎根於齊克果和尼采的哲學。這兩人被當時日本的知識份子認定是現代哲學家。他們與近代理性哲學及德國觀念論對決，並加以克服。卡爾・特奧多爾・雅斯佩斯、馬丁・海德格、加布里埃爾・馬塞爾、米蓋爾・德・烏納穆諾等也是當時極受關注的思想家。

然而，到了六〇年代，當學生紛爭爆發，哲學又出現了新的局面。其發端就是日美安全保障條約的改定。六〇年代後半，學生抗爭幾乎波及日本全體。學生們實質的關心和看法未必一致，但推動着他們的，卻是同樣懷疑「大學的意義和目的為何？」「應該如何？」等等的根本性提問。這個問題的根底裏，存在着對於明治以來富國強兵政策影響下教育制度的批判。第二次大戰後，日本採行民主主義體制，學生們則主張現實上國家的權力厚顏地打着民主這塊招牌。他們要求的不只是教育制度的改革，還有人性內在意識的變革。可以了解到學生們在這個時期的提問包含了對人而言是永遠課題的內容。

日本在十九世紀末建構教育體制時是以德國為模範。在進入大學就學前的預備階段，設立了相當於德國文理中學（Gymnasium）高年級階段的三年制高等學校。能夠進入這個高等學校就讀，也就決定了這個人的將來，高等學校就是具備了這樣一個重要性的菁英教育場域。女性則不得其門戶。羅伯特・辛津格（R・Schinzinger）曾指出這類學校重視語言和哲學教育，對學生們而言是寶貴時期。

然而，第二次世界大戰後，日本依據機會均等的理念，改為仿效美

國的教育體制。整體的教育水準雖高，但遺憾的是到了高等教育的階段，改革的成果就出現偏差。在舊制高校對於學生而言是寶貴體驗的哲學教育失去場域，為新制高校的社會科取代，使得學生們失去了在青春時代發掘哲學關心，自行在內在和情緒方面深化哲學思索，並作邏輯性發展的訓練場所。在學生抗爭最高潮的六〇年代，這個改革也開始有所影響。與此同時，精神的知性世界中也發生了某種轉換。理性世界終於挫折，取而代之的是開始談論作為身體存在的人。為了談論第二次世界大戰後的精神世界，第二部將以這個時期為界，分為與既存體制對決及追求解放的第一世代，以及立足點由理性轉移到感性的第二世代和第三世代。

第三章
第一世代・對決與解放

　　當戰爭結束，每一個人開始把思索轉向自我的內在，便提高了找回自由自身的願望。那是一個物資缺乏的時代，出版所需的紙張不足，但為回應人們對於恢復自我的想念，一方面作為戰時無法自由發言的反動，出現了許多收錄於卷末著作年表中的出版物。一個代表事例就是田邊元發展出了存在主義的思考。他開始展開好似是和過去自我對決的思考。這個思考活動在和辻哲郎身上更是明顯。這個時期主體的、存在的關心最被突顯。務台理作不只投身存在哲學的問題，還由此發展了自有的人本主義。不過，一到了六〇年代，存在主義的潮流便增強了以胡塞爾現象學為源頭的傾向。

　　世人禮讚言論自由，唯物論者也積極地開始活動。他們探索國外馬克思哲學的動向，主打勞動和和平的問題。在這層關連性上，最應注意的是三枝博音。他由唯物論的視野來解明人與技術之間的關係，又探究了在東西文化間展開的實質交流。另外還有松村一人（1905－77）和古在由重等人的活躍。把目光轉向社會問題的人們也展現出存在主義的傾

向，甚至藉由採取和存在主義對決的立場，提高了對於存在主體性的關心，例如真下信一（1906－85）、梅本克己（1912－74）等人。也有人雖然站在觀念論的立場，卻又增強了唯物論的傾向。其中特別值得一提的，是上一章已經談過的出隆。

　而哲學的考察也慢慢地轉向東洋思想，出現了和當代情勢對決的立場。其代表人物為川田熊太郎，而繼承了他「比較哲學」主張的是中村元。也必須考慮到受美國佔領的影響。首先是實用主義，其次則是邏輯實證主義也被引進到日本。由於田中王堂（1868－1932）及帆足理一郎（1881－1963）的活躍，實用主義已經在日本刻畫了痕跡，現在則是以新的觀點來吸收。客觀上，實用主義與其說是被理解為哲學的一個流派，不如說是被作為美式民主主義的哲學來吸收，重新置重於杜威的理論。而分析哲學在第二次世界大戰期間由歐洲廣泛地移動到美國，然後和邏輯實證主義一起被介紹到日本。分析哲學家和馬克思主義者之間針對形式邏輯和辯證法的價值展開了劇烈的對決論爭，問題意識也更形尖銳。寺澤恒信（1919－98）發表了《辯證法的邏輯學試論》（1957年），這本書創造了科學論發展的契機。而馬克思主義則是方面早期的馬克思研究有所進展，聚焦在《經濟學・哲學手稿》上，問題集中在馬克思的哲學人類學。城塚登（1927－2003）在1955年撰寫了《社會主義思想的形成》，在1970年改版時改題為《年少馬克思的思想》出版。

　基督教信徒也享受到了新的自由。其中是與內村鑑三無教會派有淵源的人們，特別是南原繁特別活躍。他在1959年發表了《費希特的政治哲學》和《自由與國家的理念》。在法哲學領域中特別值得注目的業績是碧海純一（1924生）的《法哲學概論》（1959年）。南原繁受到費希特及德國哲學的影響，而碧海是由分析哲學的觀點來展開考察。

此外，也有一些哲學史研究雖然和時代意識的連結比較薄弱，但產出了更可說是不變價值的業績。田中美知太郎和石原謙作為古代中世哲學研究者的地位不容忽視。他們在近代哲學方面的出版品無法盡數，特別是關於康德出版了許多的研究專書。此外藤田健治（1904－93）發表《近代哲學原理的瓦解與重建》（1957 年），留下了以近代理性挫折為主題的謝林研究。

第一節　自我對決

日本思想界長期以來的價值觀因第二次世界大戰的敗北而瓦解，這迫使他們必須與過去的主流觀念對決。田邊元和和辻哲郎等老哲學家也不得不與自己發展出來的獨特思想體系嚴正對決。西田幾多郎、三木清、戶坂潤等人的生命在 1945 年告終，從某種角度來說也許算是幸運。

1　田邊元和懺悔道的哲學

田邊元也展現了和西田哲學對決的態勢，這也證明了他受到西田的影響極深，過去更身為西田派的代表人物。1945 年 3 月他退休離開京都帝國大學，隱居於北輕井澤的大學村。這位發展出「種的邏輯」的哲學家，在戰爭末期幾乎都沒有任何公開著述，默默地埋首於自我的內在。

待到戰爭結束，言論表達重獲自由，田邊就陸陸續續地出版了《作為懺悔道的哲學》（1946 年年）、《實存與愛與實踐》（1947 年）、《基督教的辯證》（1948 年）、《哲學入門 哲學的根本問題》（1949 年）、《瓦樂希的藝術哲學》（1951 年）、《數理的歷史主義展開》（1954 年）、《相對性理論的辯證法》（1955 年）等著作。也有許多論述是關於社會哲學和政治哲學的，他主

要的關心是在於宗教和藝術問題。《作為懺悔道的哲學》是他給過去沉默的數年畫下休止符的最初成果，在這本書的序文裏，他寫道：「……我陷入窮途末路地步又自我放棄的懺悔……迫使我將非哲學的哲學作為懺悔的自覺……」（《田邊元全集》第九卷，筑摩書房，1963年，4頁）。

一般看來，懺悔是超越了邏輯性思考，同過去的自我一刀兩斷的悔改。在田邊來說則是窮途末路這個絕望的自我否定。這個突破無法用自我的力量來達成，必須放棄理性的自我，由絕對他力的作用來作動。田邊認為，懺悔道是「哲學作為理性批判不可迴避的命運所導向的必然結論」（同，46頁）。的確，康德雖然批判理性，但不是批判理性的批判。在此田邊主張的懺悔道是絕對批判。在哲學史上的推移來看，一般對懺悔道的理解是由笛卡爾的「我思（Cogito）」經謝林的根源惡，再發展到齊克果的絕望。懺悔道所追求的哲學復活，才是哲學的再生。精神裏的找回正在於超越。懺悔道必須要超出自力的直觀，令理性由死復活。這個復活是在突破自我後才能單靠絕對他力來完成理性的自我放棄。

田邊指出，所謂的自我否定，是否定可以肯定及否定一切的自我，所以是絕對的否定，是絕對無的一個設定。如此懺悔道作為「絕對無的顯現」（同，50頁）而浮現。在此絕對他力和自力一體化。在這個關連性上可以看出後期謝林哲學積極哲學的啟示思想。田邊認為啟示思想在救濟理念裏是不可或缺的，他的考察也和齊克果的逆說式辯證法的行為概念賦予關係，明顯地反映出偏向存在哲學的思索。然而他對於海德格哲學也畫下了局限。對於海德格被投企的自覺，他認為「其自覺止於自力的行為就是存在哲學的局限」（同，76頁）。海德格一方面受到齊克果的影響，對對於構成齊克果存在本質規定的懺悔理念則全無參與。然而，田邊本身也未停留在他所接受的齊克果的立場。齊克果的辯證法對田邊

而言是令存在與無的對立存續下去的，由「是那個還是這個？」所主導的操作。這個時候的無，不是絕對無，而是一種相對的無。絕對無超出存在與無的對立，而可以成為形成由一切否定而來的綜合的絕對有。這不可能是存在論中的對立。只有懺悔的作用才能令人確信這個無。由此可知，田邊的思考是親鸞「在他力信仰中發現指導教化」（同，236 頁），但是和西田一樣，他的哲學關心主要更加集中在自我的問題上。

死和愛的主題對田邊來說更顯重要。在《實存與愛與實踐》一書中他解明了死亡和復甦的概念，在《基督教的辯證》一書中，他集中討論催生出精神共同體的愛的問題。1950 年他針對瓦樂希的《年輕的女人 (La Jeune Parque)》撰寫了優異的評論，並於翌年出版了《瓦樂希的藝術哲學》。他終其一生的主要關心是宗教和藝術。其重點逐漸由理論性視野轉移到實踐性契機上，最後完全集中於主體、內在的作用。藉由轉向對於在沉默中度過的戰時數年間的自我反省和對社會情勢的深思，對他而言，日本的敗北可以說是一種解放，使得他能夠公開發表藉由內在反省的所得到的收穫。

2 和辻哲郎的日本文化史研究

第二次世界大戰中和辻持續撰寫《倫理學》。迄 1945 年為止出版了大著的上卷和中卷，他也因敗戰而生的價值轉換陷入無計可施的驚慌。為了寫完這部作品，和辻必須建構自身的倫理學體系。首先，和辻和自我作內在對決，又修正、局部改寫過去以來發表的部分論述。

和辻的國家觀並不只有一個面向。一方面和辻是將國家理解為人倫體系，認為在這底下包含了個人，個人遵循國家的命運。然而，另一方面又積極地評價歐洲近代國家所到達的啟蒙和個人的解放。他或許並未

解決對於國家在觀念上的矛盾。最終,《倫理學》在 1949 年完成了,最後一節他以〈國民當為的問題〉作結。和辻認為日本「明治以來的國民道德論餘留的弊害較功績多。當時他力陳不應以封建道德來為天皇存在賦予意義,而是應該透過整個國民歷史來闡明天皇存在的意義,俾能在近代國家有所發揮。」(《和辻哲郎全集》第一一卷,393 頁)為了由反省出發在根本上革新國民道德論,「首先必須闡明國民統一的重要性」(同頁),其次指出「必須更具體地養成對公共性事物的服務奉獻,以及為國民全體性奉獻的心理準備」(同,394 頁),他又指出一個問題:「該如何呈現這個公共性事物中的統一,也就是國民的統一呢?」(同,395 頁),這三點是相互關連的。在對於公共性事物的服務奉獻中,國民作為一個人倫性組織得以形成自我,而天皇作為這個統一的呈現者其地位是不變的。和辻認為不能放棄日本的傳統。

　　也不能逃避在對外上的「世界史視野中重建國民性格的問題……以及每一位國民之間關聯中國民當為的問題」(同,401 頁)。「若不是國民因語言、風俗或其他文化的共同性而形成共同體的立場,形成鞏固的人倫性組織,進一步在這些國民間形成組織,世界國家便無法成立。顯示出這樣一個世界國家動向的,是過去的國際聯盟以及目前的聯合國」(同,402 頁),聯合國是否展現出邁向世界國家的步伐?有關此點疑問仍多。和辻認為,所謂世界國家主權是個別的國民國家放棄主權才得以獲得,而為了達到這個目的,必須致力於「理性又自覺性地形塑世界性經濟組織」(同,403 頁)。並且,他還主張「要求他者承認自我的獨特性,必須同時伴隨承認其他國民獨特性的態度。只有國民愈能理解其他國民文化的獨特價值並予尊重,才能夠從事自我的獨特創造」(同,408 頁)。被設想為一個世界的統一,並不和個別國家的內在統一同一層次,而是

追求更高層次的統一，這應是永遠的追求目標。

　　1949 年和辻自東京大學教授退下來以後，畢生埋首於日本文化研究。和辻在壯年時期便發展出印象極其深刻的風土理論，對他而言致力於日本文化研究是理所當然的，他在傳統的重視上抱有非常強烈的意志。他對於日本敗北的內在對決使他自覺日本人知識狀況的貧乏，為了探索適當的解決方式而展開了行動。其成果結晶就是《鎖國－日本的悲劇》(1950 年) 一書。在由「日本民族因太平洋戰爭的敗北曝露出不堪姿態」(《和辻哲郎全集》第一五卷，15 頁) 這段話起頭的序說裏，他雖未力陳日本民族的劣等性，但是認為「試着深切反省其缺點及弱點，精確理解吾人的不足之處，在克服缺點上是必要的工作。簡單來說其缺點就是科學精神的貧乏。一群蔑視理性思索，受偏狹狂信左右的人們，把日本民族帶到了現在的悲劇境地。但是在這個現象的背後，存在着只信賴直觀事實，不重視依推理力來理解的民族性格」(同頁)，他認為遠因就是鎖國體制。在題為「世界性視圈的成立過程」的前編，討論重點是近代初期歐洲各國對於印度等海外的動向。扮演先驅重要角色的是葡萄牙的亨利王子 (1394 － 1460)。亨利又被稱為航海者，但他本身卻從未出過海。他由歐洲最南端的薩格里什城望向往西南延伸的無邊大洋，依據邏輯、實證性的學問研究或技術成果來指揮部下航海和探險。藉由經驗來作實證推論的事理，這個知性的動向顛覆了希臘以來被視為權威的見解，並導致了日後歐洲發現新大陸，進而世界拓展成今日的地球規模。

　　這時日本並非沒有往海外發展的動向。然而，所謂「倭寇」的活動和亨利王子向海外發展卻有關鍵性的不同。「兩者在因關心貿易而行動的這點雖然一樣，但葡萄牙人運動的動力是航海者亨利王子的精神。無限探究的精神和公共的企業精神在此相結合。然而日本的運動則缺乏精神

的貫徹，以及無限探究和公共性」（同，236 頁）。日本人在知識上並不遜色。在沙勿略引領下受洗的彌次郎非常優秀，甚至在印度的果阿邦令教師托雷斯驚豔，沙勿略之所以決定向日本佈教，應該是因為在馬六甲遇見彌次郎。然而，當時的日本並未培養出優異的知性素質往無限探究和公共性方向發展的土壤，

　　當時的狀況在《鎖國》的後半有所發展。十四 —— 十五世紀的日本是室町時代。流傳至今的日本文化，意即能樂、茶湯、連歌等等開始在這個時代形成。歌舞伎和淨瑠璃等是在下一個時代形成現今形態，然其萌芽在這個時代便可看到。由此看來，那是一個極富創造性的時代，也出現了倭寇這個與海外交流的現象。然而，這裏頭缺乏根本上的科學性探究精神和公共利益的觀念。日本在十六世紀確實有接觸、吸收歐洲文化的機會，但並未看到進一步展開、發揮創造性的明確方向性。日本的統治者們致力於獲取國內支配權，不欲開啟全球性視野，不同於亨利王子。他們只關心歐洲文化是否對支配者自身的目的和好奇心有益上。和辻說：「並非欠缺文化性活力。只是無限探究的精神、拓展視界的精神尚未覺醒。或者在覺醒途中就遭到抹殺。精神意義上的冒險心在此萎縮。由於恐懼基督教以至於鎖國，就是缺乏冒險心、精神上的怯懦所造成的」（同，546 頁）。結果英國的清教徒遠渡新大陸開始經營殖民地，又西進開拓美洲大陸以致太平洋岸，更遠渡太平洋來到日本，而日本人在這段期間卻與近世的動向隔絕。林羅山（1583 － 1657）所代表的朱子學在江戶時代作為指導精神支配了社會。若不是日本陷入鎖國的狀況，和辻認為「至少學者會吸收法蘭西斯・培根和格勞秀斯等人的思想，進而引導日本人走向新的創造性。日本人具有禁得起這些新知的能力」（同，547頁），但由於陷入長期孤立，「日本似乎失去新時代的創造性活力，現在

我們則被迫面對其後果」（同，548 頁）等語為本書作結。

　　同樣的想法在〈被掩埋的日本〉中也可看見，這也是收錄各式論述的論文集（1951 年）標題。這篇論述的副標題是「基督教徒到來時代前後的日本思想狀況」，和辻在文中贊同歷史學者原勝郎（1871 － 1924）室町時代是日本文藝復興時代的說法，指出那個時代有能樂世阿彌（1363 － 1443）、畫家雪舟（1420 － 1506）、禪僧一休和尚（1394 － 1481）等個性獨具的傑出理論家展開了自由的思想探索。接觸、吸收歐洲文化的思想狀況非常充分，「然而由於出於文化以外因素的鎖國政策，以及歇斯底里的迫害，而徹底地消除了日本人在這個時代所受歐洲文化的影響」（《和辻哲郎全集》第三卷，397 頁）。中江藤樹、熊澤蕃山、山鹿素行、伊藤仁齋、再加上新井白石、荻生徂徠等等，由這個人材輩出的情況可知當時日本的思想界堪與歐洲為伍。和辻認為「就排除了外界刺激的這個意義而言，鎖國無疑是日本的不幸，但更大的不幸是在國內壓迫了自由探究的精神，使得保守、反動的偏狹精神跋扈」（同，407 頁）在他看來，從明治時代到敗戰為止，都還留有林羅山朱子學思想的強烈精神支配，在日本人身上看不到積極的創造性活動，着實令人慨嘆。然而，這個情況在迄今為止的半世紀之間究有幾分改善？不禁令人質疑。

　　和辻透過歷史的分析，揭露出明治以來日本文化革新所遺留的問題。日本的敗北使得和辻較過去更勤於探究歷史，這恐怕也是因為這場敗北對於和辻本身來說同時意味着精神危機。他專注、致力於日本文化的成果，留下了《日本倫理思想史》（1952 年）、《日本藝術史研究 I 歌舞伎和操 瑠璃》（1955 年）等作品。

第二節　與既存的所有對決

1　西田派的人們

　　1945 年 6 月，西田幾多郎結束其生命，眼下日本就即將敗戰。他的弟子們在戰後立刻在精神世界中居領導地位。京都大學確實是日本哲學的聖地，即便如此他們仍然被迫和既存價值觀作對決，各自顯示出面向自身的內在分析傾向，展開了極為多樣化的局面。

(a) 西谷啟治 (1900 − 90) 與禪的立場

　　西谷早在 1927 年就把謝林的《人間的自由本質》譯成日文，致力於探究謝林哲學。然而，西谷思想的根本傾向是宗教哲學。他誠實地吸收了西田的想法，也受到田邊和波多野的影響。西谷在累積了以謝林哲學為主的西歐哲學學識的同時，也致力於禪找到心靈寄託。敗戰以後，西谷發表了《神與絕對無》(1948 年)、《亞里斯多德》(1948 年)、《虛無主義》(1949 年) 等作品，而要等到《禪的立場》(1986 年) 時才更明確表現出其立場。

　　這本書以《何為宗教？》為題出版於 1961 年的《宗教論集 I》成對，被視為《宗教論集 II》，由 1960 年到 77 年間撰寫的有關禪的多篇論文所構成。每篇論述都把重點放在自我開化上。無論是蘇格拉底的「認識自己」或迪卡爾的「我思故我在」，或是奧古斯丁的宗教懺悔也好，西谷認為「遇到自我存在安心立命的場所，以得所謂安心立命，這是透過探究自我的道路而完成，而非在宗教信仰的形式中，因此其安心在直接證實自我存在真確的同時，也意味着了解自我的自覺」(《禪の立場》，創文社，1986 年，13 − 4 頁)。

　　然而，西谷認為迪卡爾的懷疑僅止於「方法的」懷疑，「是使盡渾身的懷疑，是自我與其他一切全化作整體一個問句的原本意義上的懷疑，而非禪裏面所說的大疑」（同，15 頁）。禪裏頭的「己事究明」是以這個大疑為出發點。為加以探究而以「直指人心，見性成佛」（同，18 頁）這個禪的立場為線索，設想阿賴耶識為原點，發現與迪卡爾等西歐思想中意識或心的看法有所不同。阿賴耶識「構成吾人心靈的基底，同時也是宇宙的意識，或是宇宙的無意識的性質」（同，23 頁）。在他的理解認為無意識也具有生命的概念所包含的存在論意義，所以在作為感覺或感情、衝動或慾望等能力，甚至是知能所生的潛勢性根基的同時，也包含了世界中被視為普遍的「生命」層面。也就是說，「阿賴耶識不只是所有生命，也是所有人類身心各種活動和其不斷變遷的根本原因，也是他們身心本身的生成與消滅，也就是生死的根本原因」（同，24 頁）。

　　人類身處現實世界又要追求解明自我，是由於作為意識的自意識的存在，作為了解世界與自我者，在世界中為身處世界裏的自我感到不安。為了消解不安要追求安心，因此必須要探究自我。西谷寫道：「存在本身所牽連的不安和不確定，帶着無限的相。這是生死存在的實相。此一實相的緣由就在於吾人存在依憑的阿賴耶識，阿賴耶識是具有無限之相的生死之根」（同，35 頁）。

　　西谷將由現實的社會情況所生的疑惑與不安理解為虛無主義。他收錄在《禪的立場》中的論文〈現代文明與禪〉一文裏，開頭就形容「現代的虛無主義意指現代人類不再有自身心靈的平靜之處，失去了安心立命的方向」（同，161 頁）。這個現象始於「現代虛無深淵之開闊」（同，164 頁），西谷認為其「一個主要徵兆是由自然科學和社會科學立場來看被視作進步的所有種類的事物，與這個進步的促進成比例的人間疏離，引起

了人類自我外化的傾向，使個別的人類蒸發了『人性』，使各種人際關係迅速瓦解的一個窘境。另外一個是人間環境被奪去自然性，在事物與自然的『自然』深處扎根的關係消失了」（同頁）。

近代科學中的研究者必須埋首於對象認識，不能主動地質問自我，因此自我便停滯於黑暗中，就像是迷失一般。這個虛無主義般的狀況對於構成人類核心的自我存在而言，應該稱作絕望。因為「現代的虛無主義完全是與現代特有的各項問題相繫的，但這個虛無主義作為在各種問題底層廣泛普及的本質性問題性被挖掘出來時，就顯露出突破了歷史上的時代性限定的根源性」（同，172頁），所以虛無主義這個現代裏固有的歷史現實的問題亦然，其根源性探究作為一個哲學課題，會永遠、現在進行式地被視作一個經時代變遷亦無所改易的超時代性問題。

作為自我迷失的結果，人類成為不知「真面目」的陰險個體，然而西谷也丟出了「人間究竟是否存在真實？若有究竟又在何處？」的一個疑問（同，177頁）。如果說真實等不會被發現，那麼人類互相的信賴關係也不可得。有關信賴關係的根據，也就是作為信的根據，人類一直以來都自宗教裏求。西谷認為「說到底，虛無主義過去以來就是作為宗教信仰立場絕對的真，又從哲學性的觀想立場認為被提示為真理所有一切皆可疑，也就是宗教和形而上學的立場本身失去了信賴」（同，188頁），他認為超克這個狀況的線索就是禪。

西谷也指出了潛藏在科技等所有近代理性背後的「蒙面的虛無主義」（同，167、197頁），儘管如此人們仍迅速地被推向與他人和自我疏離的方向在未察覺暗黑的虛無主義而度過歲月並突然來到二十一世紀，而現在就被迫面臨到嚴峻的後果。

(b) 山內得立（1890 － 1982）和引理的哲學

　　山內也是西田派的主要成員之一。他畢業自京都帝國大學哲學科以後，經東京商科大學教授，自 1931 年到 53 年退休為止在京都大學執教鞭。他從事現象學、實存哲學、希臘哲學等研究，留下了《現象學敘說》（1929 年）、《存在的現象形態》（1930 年）、《體系與展相》（1937 年）、《希臘的哲學》（1944 年）、《實存的哲學》（1948 年）、《實存與所有》（1953 年），甚至是他發展出獨特思考內容的《邏各斯與引理》（1974 年）等許多著作。

　　在《邏各斯與引理》的序中，他寫道「西洋文化是邏各斯體系，相對地東洋文化則是根據引理（lemma）的方法。邏各斯發展成為邏輯，引理也發展出一個邏輯性。……引理也有兩種，一個是以四個引理（tetra-lemma）構成大乘佛教的邏輯，其他是作為困局（dilemma）形成中國老莊思想的邏輯」（《ロゴスとレンマ》岩波書店，1974 年，vii 頁），將東洋思想作為引理的邏輯來理解，與從亞里斯多德到海格爾的西歐思想作對比。

　　邏各斯是來自 λέγω，引理則是來自 λαμβανω，一如字面是「理解」之意，所以山內定義「這不單指抽象的認識，還是具體的直觀理解的方法」（同，68 頁）。問其歷史由來，可以追溯到釋迦與同一時代的六師外道這個學派之一「刪闍夜」，據說這個想法由刪闍夜教將佛陀時代的思惟整理為四論。「所謂四論是（一）肯定（二）否定（三）既不肯定與不否定（四）既為肯定亦為否定的四個論」（同，70 頁），又被稱為四個引理（tetra-lemma），山內是把重點放在第三即兩否的引理上。透過設置兩否的邏輯，第四的兩是的引理就成為可能。山內在大乘佛教創始者龍樹（150 － 250 左右）的「中論」的劈頭第一偈「不生不滅、不常不斷、不一不異、不來不出」中發現根據。龍樹的立場不是由生滅的世界出發，

而是由不生不滅的邏輯出發，「着重否定生，也否定滅的立場」（同，72頁），這也就是第三個引理。不只否定肯定，也否定否定的這個兩否的邏輯，更成為否定所有的絕對否定的邏輯。在此山內發現龍樹的特徵，四個引理不單是四句分別，是以第三的引理來斷句，認為「第一和第二是世俗的邏輯，第三和第四屬於勝義的邏輯」（同，73頁）。

西歐學問在於解明事物因果關係，一旦釐清這個必然關係，便能獲得解決。作為在這個邏各斯的立場看不到的關係，龍樹建立了緣起的關係。他認為由於緣起的關係是「依據他等待他而生起」（同，142頁）的相待性關係，「在相待性中佔據主位的是相互依存性而非個別事物的自性」（同，152頁），所以「緣起為無自性，至少必須是沒自性（同，142頁）。」

緣起是世俗的邏輯，由勝義的立場是將之視為空。山內認為「就世俗來講緣起是實的關係，在勝義上是空的」（同，173頁）將空視為絕待者。在引理的立場上，所有事物都是相待的，所以絕待者也必須依賴相待者，絕待和相待是應該彼此等待的。但是，由於絕待者「絕待故不依存任何事物，是在於其本身依據本身作為本身而存在」（同，109頁），在相待的立場上不考慮到這樣的絕待，並且是不可能的，絕待者為空為無。然而還不止於此。「引理的邏輯是有關於非存在的，關於無，即於空的邏輯」（同，179頁），所以山內將大乘佛教的邏輯作為勝義的邏輯即引理的邏輯來考察。「大乘佛教的『中』是肯定的不是中間的，是在於否定立場的中，不是類於中而是中本身。不是位在肯定與否定之間，而是浮現於否定肯定，也否定否定之處的中」（同頁），所以中是在全面性否定本身之中被發現。由這個全面性否定來看，「所謂的空意味的不是那裏沒有那個，而是既無有也無無」（同，180頁），「這指的不是『物』而是『事』。

既無有也無無的這件『事』」（同，181 頁），只有由從這個「既無有也無無」的第三個引理，才能夠設想到涅槃。山內引用了龍樹「中論」第二五之中的一句話：「涅槃非有也非無」（第十偈）（同，239 頁）。

有關困局，山內在老子的思想中探索其積極意義。「困局是引理的一種，例如就邏各斯上來講縱使是背理也不能因此就說是不合理」（同，353 頁）。但是困局不是四個引理。山內認為「印度人的思惟方式是四個引理，中國人則是兩個」（同，370 頁），這和邏各斯的邏輯在根本上不同。「無為即有為，這在邏各斯的立場裏是不被允許的。這是矛盾律所嚴格禁止」（同頁）的，引理的立場就是打破這個法則主張逆說。「逆說是困局，是引理的一種方式」（同頁）。

儘管山內是站在全球化的觀點來展開思索，並與近代歐洲理性主義對決，將目光投向亞洲，但遺憾的是影響力並不大。他本身思索的立足點只向印度或中國的古代思想去尋求，就帶動時代的意識來講則有所不足。

（c）三宅剛一（1895 － 1982）與人間存在論

以科學哲學出發的三宅剛一，在日本戰敗後，在海德格的影響下，也接近了存在性的思索。他於西田門下學習以後，1924 年到 54 年間在東北大學任教，負責科學概論，其間留學德國，求教於胡塞爾與海德格。其後轉到京都大學，退休以後又轉到學習院大學，於 1965 年退休。在1940 年寫成的《學的形成與自然的世界》中，三宅探究了自然哲學由古代到近代的根本問題，在《數理哲學思想史》（1947 年）中也展現出了同樣的方向，他主要的關心逐漸集中到對人類存在的設問上。1966 年出版的《人間存在論》序中，他談「我認為環顧人類且包含其可能性在內的現

實，就是哲學當中的根本」(《人類存在論》勁草書房，1966 年，1 頁)》
這個課題終其一生推動他前進。

　　三宅在序論中説：「問到人類為何時，若是已經先預設了「人類就是
如此如此」的答案，那麼這個提問便限定在作為存在之物的人類上」(同，
4 頁) 這個限定是廣義的，包含了體系上的限定，是對象上的限定。然
而，若將人類作為對象來限定，將無法理解人類的生和存在。人類的現
實，人類的存在是否可以在對象上作限定呢？若是理解人類本身，那麼
對象必不能從研究者以外去尋求，研究者本身必須是自身研究努力的對
象。三宅又拋出了一個疑問：「在哲學的歷史中，存在物 τό ὃυ 作為一般
的學問，構想、形成了一般存在論。但是人類的存在是否因為這個存在
論而被充分解明了呢？」(同，5 頁)。

　　「作為將人類的存在放在存在物整體的體系之中來思考的方式，較具
代表性的有亞里斯多德的宇宙論體系和海格爾的歷史體系為代表」(同，
6 頁)，其中三宅認為位於其中的是英國 moral philosophy 中人性論的人
間論。「亞里斯多德的宇宙論是目的論的世界」(同，7 頁)，這個世界帶
有階層性有限宇宙的思想，無生物、植物、動物及人類在階層中各自有
明確所佔位置。這個宇宙像的基本前提由於哥白尼的地動説及伽俐略的
機械運動論而被否定，因此人類存在意義的探究迎向危機和轉機。為了
發現克服沒有中心的無限空間的不安戰慄的支點，迪卡爾、史賓諾沙、
帕斯卡等人帶動的十七世紀理性主義形而上學認為其線索是數學。但
「『數學的理性不是事物本質的認識』，不過是『觀念間的關係』」(同，8
頁)。他以實證主義批判「這樣的認識再怎麼有進展，都不可能開啟通往
自然的，況且是人類存在本質的理性詮釋的道路」(同，9 頁)。

　　在存在於實證主義根底的唯名論中，可以看到以意志為中心的人類

主體及外在自然對立的想法，這形成了近世人類對於自然的根本態度。從洛克到休謨的英國經驗論在方法上肯定牛頓式的物理學，將這個方法適用於人類精神，欲樹立 moral philosophy。若能了解精神現象的一般性格及法則，則作為「人類學問」的哲學便能成立。然而這是將人類的性質和作用的特性一般化來作思考，在此並不承認人類本質的歷史性。基督教是以啟示及終末論來賦予人類歷史特性，那在本質上是救濟史的問題。但是，現實的歷史並不包含在救濟史裏頭，這裏牽連着世俗的歷史。三宅認為「在歷史框架中給人類存在賦予意義的想法本身是由基督教式的終末論信仰蛻變而世俗化或反而是世界史被救濟史化。是海格爾哲學為其賦予體系」（同，15 頁）。

　　海格爾的思想是近世歷史觀的全面檢視，他認為「歷史是時間形式的自我外化，自然是空間形式的自我外化」（同，20 頁）。這個見解已經先被費希特的自我辯證法及謝林的自然及歷史的 Deduktion 率先採用了，海格爾的意圖是「宗教與國家的合一」（同，21 頁），在歷史裏探求人類存在的根據和意義是不可能的，為了去除這個歷史體系的缺陷故須做方法論上的考察。海格爾的理性精神的哲學體系中漏掉了人類的現實本身，他對海格爾批判是：「費爾巴哈認為漏掉的是人類感性的共存面，而齊克果則認為是自我存在即實存。馬克思讚賞海格爾將人類的現實作為一個過程，是人類本身勞動的結果，現實的人在歷史之中成立之說。然而人類是立足於自然間自然關係的自然、社會性的存在者，正如海格爾所謂一般不是依自我外化的否定而返回自我意識，必須成為作為自由生產者的主體、社會性人類的實現」（同，24 頁）而三宅還基於以後期謝林主張的能傳達當下存在的只有經驗的前提，指出「理性哲學只指出存在的『什麼』quid sit 即本質，卻不告知『其存在的這件事』quod ist 意即

存在於當下 die Existenz」，抱持「理性顯示出在經驗中發生的事物內容意
即 das Wirkliche，但不告知其存在一事 die Wirklichkeit」（同頁）。慣例
上經驗 Erfahrung 限於關係到外界物體存在的外部感覺或關係到人類內
部運動及變化的內在感覺（所謂內官）的經驗，三宅認為就謝林看來那是
不當的，他評價「意志行動的精神主體（die hanndelnde und frei wollende
intelligenz），因作為其行為的顯現而屬於經驗。在此謝林想將經驗從過
去以來的經驗論的限制解放開來，欲看『全面經驗』，這本身具有重要意
義」（同，25－6頁）。但是在謝林來講這尚非由思辨立場而來的自由，
經驗是作為神秘的信仰經驗，與神的自由作動啟示相結合。

　　三宅認為，費希特的現象學環元就是由這個傳統性見解完全解放，
暴露出在自然之生中被掩蔽的關連。三宅曰：「費希特在後年（從 1929
年，撰寫〈形式性及先驗性的邏輯性〉起），特別強調了成為個別對象的
明證地盤的「經驗」地平，作為所有對象定立明證的基礎」（同，28 頁），
然而「這裏所謂作為經驗地平的世界，是作為吾人在其中生存的世界，
是生的世界（die Lebenswelt）。這個世界完完全全是經驗的世界」（同，
28－9頁）。這個生的世界被稱為「伊甸」中自然形構的世界，更進一步
深究出來的結果，呼應於此加在自然的生的「存而不論」（Epoche），其
「還元」也不得不更加急進。還元經常在半途停滯未臻完成，只要向世界
志向性統一的環元有所進展，則世界便會被理解為意義的統一。由於這
是意義，所以要談的就是關於作為根源性意義賦予的超越論式主觀的構
成。雖然「只要吾人在世界裏作為與在世界內存在的事物互動的自我而
覺醒，我們便離不開意義」（同，30 頁）然而，三宅又提出了疑問：「在
世界中發現或是我們在那裏遇到的事物，是原本在志向上被 konstituieren
的意義形象嗎」（同頁）？

「人們面對自我，善加審度自我現實時，其現實將是如何？作為理性
形成主體的自我不知死亡。這就算是人類存在的一個理想的可能性，也
不是現實」（同，32 頁）作如是想的三宅面對死亡的問題。「死是人類有
限性最清楚的形式，有限性會作為在活着的人類的自我形態、可能性的
自我，在作為既已頹喪的事實性的理想形態中本質地顯現」（同頁），尖
銳地探究了這個人類存在理想形態的是海德格。三宅已經在 1950 年出版
了《海德格的哲學》，在《人間存在論》之中，他針對這點有簡明扼要的
敘述。現存在雖然是自我，但不是自我，而是 das Man 的這個可能性，
關係到現存在的自我理解的本質形態，更依如何理解世界與世界間（不
是「此在（Dasein）」）存在物而被定義。因為海德格把齊克果的「非此即
彼」作為實存分析的主導性觀點，所以三宅認為這招致了「人類存在的現
象學考察有所偏差，世界內存在的理論遺漏了身體的問題，有關歷史，
本來的非本來的這種看法是過度單純化歷史現實的結果」（同，33 頁），
必須要面對身體。

在談身體性主體時，必須思考具有身體的我究竟如何存在，這光是
思考作為由外部所見的客體的身體亦無法得解。三宅欲作身體性主體的
現象學考察時，將目光轉向在主體顯現的世界，也就是吾人周圍究竟如
何。「周圍的根本特徵具備了『此處』、『彼處』、『前方』、『遠方』這樣一
個遠近法的結構」（同，57 頁），三宅把這樣的世界稱作感性的世界。感
性的世界若無作為感性主體的身體則不可行。三宅也以馬塞爾的想法為
依據，指出「『此處』在我的身體之『中』，浮現於我的所有事物，被定位
在其周邊。感性的世界以『此處』為中心具有中心周邊性的結構，就是世
界出現在具有身體的各個個別主體上」（同頁），所以這是現象的經驗性
現實的本質結構，「不具身體的我無法於世界中現實存在」（同，58 頁）。

對我而言，身體不是一個對象，也不是單純的道具，毋寧說我是我的身體，但「我是我的身體，只限於我具感情，或是感受（sentir）感情的時候」（同 59 頁）。

三宅又在關注柏格森的同時，認為「世界對吾人的浮現方式，⋯⋯在空間時間上以『此處』、『此刻』為中心或是頂點作遠近法式的擴張，就是我們經驗性現實世界被設下境界方位」（同，64 頁），他認為其周圍世界不只是浮現，還「具有某種表情」（同頁）。主體意識對於這個表情的形態不是知覺或記憶，而是「名為心緒之物，是奇特的感情體驗」（同，65頁）。並且，根據他人也在其周圍承認具有他人自身的周圍的相互性，將可能「承認相互共同性的世界」（同，68 頁），具有這個相互共同性的間主觀性是社會的間主觀性。

身體和勞動的問題可以由此被考察。「作業的我進入到與他人的作業關係，作業的共同性」（同，71 頁）。三宅在爬梳沙特指出「在今天只有馬克思主義是在歷史上同時可有結構性的唯一的哲學人類學」（同，81頁）的《辯證法的理性批判》，回到了道具和勞動的這個主題。「道具的世界是具有手的人類的世界，道具不只是我的東西。我使用他人生產的道具，以他人所為的同一方法，或是甚至與他人共用道具。道具的世界是與他人共存的世界」（同，94 頁），使共存成為可能，開創其場域者為語言，所以三宅的思索進入到語言這個問題。語言不只作傳達之用，而是透過使用語言和文化及傳統相接觸，以特定的方法來解明社會的生。「語言的交流方式建構了人的共同的生的面貌」（同，98 頁），而縱使人類的現實是歷史、社會的，歷史和社會的性質並不是立刻合拍的。三宅說歷史是過去性的，「但不是單純的過去性，而是牽涉到在面向未來的動態準備中改造之處的過去。這個形成的時間是現在。歷史若無『現在』這

個特別之時則不可得」（同，110 頁）。人類作形成作用的行為，成為「對未來的意圖性和社會作用性的兩個契機」（同，122 頁）相結合而出的共同生活形態，在此三宅發現了國家。就此而言三宅是接近海格爾的。

在《人間存在論》的最後，三宅針對後期的歷史理解批判西田哲學，他確信為了解明「西田怎麼看歷史世界的個物？」（同，220 頁）、「如何能夠理解作為永遠的今日的自我限定『個物性的事物』分為個和種？」（同，221 頁）等未解決的疑問，必須要由人類的現實性來出發。

這個確信日後成為三宅哲學發展的核心。在《道德的哲學》中，他表明「科學有進步，但人類的自我理解看不到單純的進步」（岩波書店，1969 年，166 頁），經《藝術論的嘗試》（1974 年）後，他在《時間論》中令時間的變化與永遠對峙。他表示「為技術所支配的人類社會，招致共同體感情的稀薄化。縱使必要的充足可依勞動來給予，也不能得到精神的滿足」（《時間論》岩波書店，1976 年，84 頁）在斯賓諾莎的《倫理學》中所見的個物與永遠的關連中可以看到一種神秘觀，藉由設想「永遠是超越時間的，但就被認為在時間上存在的事物而言，永遠本身的自我限定無非就是個物的本質與存在」（同，96 頁），往西田哲學接近。關於西田在〈永遠的今的自我限定〉這篇論文中談到「時必須是無限之流，而其方向必須是絕對無法翻覆的永遠之流」（《西田幾多郎全集》第六卷，183 頁），三宅指出裏頭可以看到修辭上的怠慢（《時間論》103 頁），但他的理解是「這作為宗教的悟道是具有意義的」（同，112 頁）。由「無常是變化繼承的，脫此境地則成涅槃」（同，116 頁）來看，三宅也達到了龍樹否定時間全般的大乘佛教立場了。

（d）下村寅太郎（1902－95）與文藝復興文化

　　前面所述幾位西田派的學者，最終都可以看到走向佛教思想的傾向，但下村則有不同面貌。他的出發點是數理哲學及科學哲學。他在 1938 年發表了處女作《萊布尼茲》，又公開發表了《自然哲學》（1939年）、《科學史的哲學》（1941 年）、《無限論的形成與結構》（1944 年）等，在 1951 年寫下《西田哲學之道》，又在 1954 年與末綱恕一等人組成了科學基礎論學會。但是，下村主要的著作為《布克哈特》（1983 年）。在這本著作之前發表的《李奧納多・達文西》（1961 年）及《文藝復興的人間像—— 以烏爾比諾的宮廷為中心》（1975 年）這兩本書，是在布克哈特《義大利文藝復興的文化》影響下撰寫而成的，可以說是為了主要著作而有的預備研究。

　　正如序言「有志於把布克哈特放在布克哈特來理解，自然就是探索他的全貌，必然要理解其美術史、文化史、世界史所有業績的內在關連」（《ブルクハルトの世界》岩波書店，1983 年，vii 頁）所述，下村的意圖在於嘗試建構布克哈特的世界面貌。為此他亦有必要瀏覽一般不常被閱讀的著作，至完成為止耗去十年的歲月。「他（布克哈特）與卡爾・馬克思生年相同，這也顯示出他的歷史座標」（同，21 頁），這個歷史座標就是 19 世紀這個平庸的時代。下村認為，「發端於法國革命，接續拿破崙時代而生的反動時代，對此而有的民主主義式的反抗，作為其結果的大眾支配時代來臨的預想，被機械化及技術化的社會，淪為『事務』的生活，—— 這些所有對布克哈特而言，未來將是既無休憩也無救贖的憂鬱時代與環境無可迴避的到來，是歐洲傳統文化深刻危機的時代 —— 這個尖銳的歷史洞察導向他的悲觀主義，成為他歷史觀的基調」（同頁）然若由空間來看這個歷史座標，便和他身為瑞士巴塞爾的公民有關。由地理

來看，瑞士位於北歐與南歐之間，位處歐洲世界的中間，處於能以不偏不倚的世界主義者立場來作世界史考察的地位，這對於布克哈特的歷史展望除了給予積極性的制約外，同時也給予了消極性的制約。他的著作是用德文來寫的，但無論是作為一位歷史家或思想家，他都不單是德國的，而是從其傳統解放了出來。他所醉心的德國文化是「歌德的德國」，而非「俾斯麥和華格納的德國」。下村指出「布克哈特排除了『歷史哲學』和『美學』」（同，77 頁），這是因為他深深地體驗、理解了歷史和藝術。對布克哈特而言，歷史和藝術的理念和本質都是謎，是很神秘的。因為「偉大藝術的存在具有其本身的根底，是不為周圍所左右的根源性事實，這在根本上來講是無法被說明的神秘」（同，97 頁），所以是否出現擁有任何內容的藝術，只有撼動藝術家靈魂的機會才能決定，如此偉大藝術作品才得以形成。

　　後年，布克哈特接觸到了巴洛克作品，下村認為他不介入美學理論和理念論，「而只直接透過藝術作品的觀點，致力於直觀作為內在於此的高層次精神形式的美的理想。對他來講，藝術的形象是由普遍性的歐洲精神誕生出來的花，是具有歐洲文化統一結構的活現自發性精神的展現」（同，113 頁）。和巴洛克相遇的關鍵是古代的帕加馬和近代的魯本斯。下村表示「對布克哈特來說，帕加馬就意味着克服『情感』造成的『精神氣質』。……在此作為希臘精神最後的歸結而發現了『希臘化時代的巴洛克』，接觸到預料之外末期希臘精神的視野。這使得他確認到『巴洛克』的存在。近代能相對應的就是魯本斯（同，118 頁），推論這裏存在着布克哈特最後的主題《魯本斯的回憶》誕生的內在必然性。

　　「文藝復興」的這個修辭就算是襲用自米什萊，在布克哈特來講其概念內容是不同的。在《義大利文藝復興的文化》一書中構成他文藝復興詮

釋核心的是「個人」、「個性」的理念。「中世的人不過是階級、團體、家族的一員，社會在階級上是固定不變的且由傳統所支配，人和文藝復興一同發現自我，成為了個人」（同，226 頁）。下村指出，「布克哈特不了解古代的復活是文藝復興的原動力，將之作為伴隨個人覺醒和發展的產物來處理」（同，227 頁）。這個覺醒是新生，是由新生命的賦予而有的連續性，這裏可以在根底看到世界史的連續性。然而，那不是作為單純發展而被理想化的連續。這裏可以看到沒落卻強大的悲觀主義。在他死後出版的大著《希臘文化史》，積極地表現出這個想法的。

這本著作是據巴塞爾大學的授課講義寫成，其間耗費了數十年的準備。在開始於 1872 年夏季學期的課程裏，可以在聽講者之中看到 1869 年 4 月赴任而來的尼采的身影。布克哈特的《希臘文化史》的特色是：希臘人的悲觀主義不是末期的現象，而是在根本上構成了希臘人世界觀、人生觀本質的基調。這個指摘明顯是對傳統希臘詮釋的挑戰，也影響到尼采的希臘詮釋。下村推測、強調布克哈特的意圖，指出「無法對生死問題尋求宗教解釋的希臘人，其生活支柱是悲觀主義」（同，418 頁），因此「他認為希臘人即使不依靠宗教也能對生與死有所自處，這顯示他們堅毅的宗教心，悲觀主義是希臘人從他們自身體驗昇華出來的對於人生的積極意志。……這不是脆弱的悲觀主義，而是強健的悲觀主義（Pessimismus der Starke）」（同頁）。

下村認為把基礎放在個人與個性上的布克哈特之所以強調人的立場，是因為「出自宗教形而上學的立場對於獨立的近代人立場，尤其是對於人的生的關心」（同，454 頁）。忍耐、努力、行動的人專以自由為本性，在布克哈特所謂的文化人，而且「歷史是精神的開展。然而其『精神』不是壯大的『世界精神』，而是在地下忍耐、努力、行動的鼴鼠」（同，

462 頁）。藝術作品和文化產物本身皆具獨特性格，其性格是擁有背後、背景的個體，是普遍性精神的證明，是作為其象徵的個體，因為「其本身具有普遍性事物和內在關聯，和單由外在形式上的類似性和同種性歸納出來的抽象性法則性是無關的」（同，478 頁），在其象徵裏頭，潛藏着只由直觀被發現的本質形式。

在這部大著的卷末，下村說：「本世紀（二十世紀）最大的問題是既成世界史概念本身的根本性變革。歐洲世界史已非世界史。我們需要真正的全球世界史。問題在於其統一性的原理」（同，636 頁），這裏可以看到他本身對於歷史動向問題意識的一斑。摸索全球世界史整合性原理的這個課題，到了二十一世紀終於逐漸具體浮現。在歷史上，這個原理不是過去以來在某處曾是支配性的精神，而是尊重各自的歷史文化背景，培育相互協調的精神性。

2 務台理作（1890 － 1974）和第三的虛無主義

生於長野縣的務台理作從東京高等師範學校畢業後，在長野師範學校擔任心理學教師，他因在學中閱讀《善的研究》而懷抱着在西田門下學習的強烈意志，一年後進入京都帝國大學文科大學哲學科就讀。1926 年到 28 年間他留學德國，主要在胡塞爾門下學現象學。日後他曾敘述「西田哲學的確是日本人首次自身思考、實踐的哲學。是在自我意識體驗中扎根，然後汲取養分的思想哲學。……然而這也意味着西田的思想是極為日本式的思想，而且也很大程度地背負了和日本近代思想共通的弱點。這個弱點就是：具有思想以前非合理的無媒介的實感，以及在其上組合而成的高度思想兩者間不帶相互激烈的緊張，極為日本式地輕易疊合。因此外來思想和日本傳統思想間的激烈對決被省略掉，前者在吸收

的過程中既已向日本思想傾斜，日本思想也在外來思想中發現本來的親近性，可以說是在共謀的形式中相疊合的一個弱點」（〈学究生活の思い出〉1959 年，《務台理作著作集》第五卷，こぶし書房，2001 年，297 － 8 頁）。

　　他還尖銳地指出，「一般而言日本人在引進西洋思想時總是忽視其歷史狀況聯繫中的思想結構，而作部分切割的引進，因此失去思想的性質而不過只是單純的知識及其積累。思想本來是活生生的，經常在一般民眾的生活意識中扎根，為了這個思想的對決和成長必須經常由彼處供給能量。這個能量若不被汲取出來則將導致思想枯渴，淪為知識 ── 沒有肉體的知識」（同，300 頁）作為知識來引進的思想失去其結構和生命，與現實間不存在緊張關係，也不具因應現實問題的能力。務台的這個見解確切地指出、糾正了日本哲學研究作為一個知識有所進展，但卻看不到獨特哲學思想展開的現象。

　　然而，務台並不單批判西田哲學。應該說他本身的思想模式長期以來受到西田哲學的影響，所以不得不與西田哲學對決。西田哲學沒能解決攸關個人自由和民族主義的問題。未能看穿在當時民族主義背後存在着法西斯踐踏個人自由的力量在作動。務台在心裏決定「面對、理解這個問題，只有積極讓作為思想的人文主義成長才是，愛師、尊師」（同，301 頁）。

　　對務台而言，「所謂最具體的存在，只有歷史及其辯證法的發展，以及人類受歷史影響的同時仍推動着歷史的主體性」（《哲学概論》岩波書店，1976 年，17 刷，iv 頁），他的關心只集中在歷史與人。這個二重性的綜合，不能夠脫離人類的實踐性，但由於這裏也不能缺乏人的實存性，所以務台把人類看作是「歷史性和實存性的綜合」（同頁）。由與近代專

門科學的進展狀況間的關聯來看哲學的現狀，他認為「哲學本身看來就像是正走上李爾王的所有財產被女兒分刮殆盡而身無一物、寂寞流浪的同樣命運」（同，9 頁）。務台認為，現實的社會體制、組織存在着許多矛盾，但只要科技照樣地肯定現存的社會現實，哲學便不得不對社會現實全面地提出問題。「這些問題必定要觸及人類、社會、歷史的存在根源」（同頁），也就是要問「人類的存在為何」（同，11 頁）。

務台提出這個問題的出發點是現實的人性。現實的人在歷史情境中具體地存在。人類的存在於突顯極限的情況下以明確形態出現。「死、孤獨、絕望、敗北、苦惱、汗、血、飢餓、罪、爭奪等等突顯出人類的極限情況，人類的實質存在便曝露於此。極限情況皆是現實的，未被觀念化，所以實存也同樣地不能被觀念化」（同，15 － 6 頁）。有關這個人類存在的理想形態，務台區別了主體和主觀。主觀性一語在近代哲學中具特殊意義，是由實體性一語獨立出來，以至於有以下兩個意義。其中一個是個人的，不適用於全般，不過是一種主觀的意見，因此和客觀性對立。另外一個則屬於人類的意識結構，隨着之於對象的意識增加其比重，強化了主觀主義或是主觀性的立場。

相對地，務台定義「所謂主體質，雖然離開了形而上學使用上的實體性意義，但同時也多少具有自主、實踐性的意義，在這一點上成為和主體性有區別的詞彙」（同，196 頁）。所謂主體性其中也包含着主觀性，唯其定義的確立並不完全受其影響，而是意味着在受他者影響的同時也定義他者的能動、實踐性作用，因此主體性存在若無他者便不具意義。這個承認關係是「(1) 承認他人主體性。(2) 令他人承認自我主體性」（同，211 頁），主體性是由藉自我意識來客體化所有存在而開始的，甚至是「(1) 我承認他人造成的我的客體化。(2) 令他人承認由我的主體性

來客體化他人」（同，212 頁）。

這個定義本身和他者都是作為實存者而在，又顯示出在兩者間深刻斷裂的實存性條件下的一個極限狀況。自我被孤立化，是因為實存具有狀況內存在，又肩負與狀況對決的這個關係，所以這個實存性條件也可以是賦予人性的條件。站在「所謂賦予人性就是我們負有身而為人的一切責任」（同，229 頁）的這個觀點上，務台發展出了現代的人文主義，這是「作為思想和行動的人文主義」（《現代のヒューマニズム》1961 年，《務台理作著作集》第 6 卷，207 頁）。這中間包含了一定的世界觀思想，是包含了據以行動之可能性的實踐性人文主義，就此而言，和止於觀照式教養或個人主義式的人文主義有別。

務台把這個人文主義稱作第三人文主義，指出「關於近代人文主義，若把文藝復興式的人文主義視作第一，其後近代市民社會個人主義式的人文主義視作第二，那麼把現代的人文主義稱作第三人文主義應該是很適當的。第一是貴族式的人文主義，第二是布爾喬亞式的人文主義，而第三則是人類人文主義或社會主義人文主義」（同，221 頁），他認為應依推動者來清楚區別三者。而且他又指出人文主義在東洋和日本都看得到，所以第三的人文主義這個稱呼未必妥當，定義人類人文主義「首先是立足於依據達爾文進化學思想的自然史觀上。其次則是未來的歷史推動者，站在轉到物質的、知識勞動者意即生產人之手的信念上」（同，222 頁）的這個定義。

務台時常使用「全體的人」的這個形容，意指「我們人類作為人類原本具有可能性（這也是在自然史的漫長過程中獲得的）的整體」（同，267 頁），如此，「長期以來都把現代的人文主義喚作人類人文主義，其實改稱為全體的人的人文主義亦無妨」（同，271 頁）。

人類人文主義倫理的最大目標是人類的幸福，為臻其實現必須保障和平。「幸福是目的，平和是達其目標的手段」（同，282 頁），但人類和平的實現並非許多人彼此攜手便能獲得保障的。這也牽涉到信條、思想、意識形態的不同，以及國家或民族的問題等等。一般來講，民族的解放必須是和平實現的前提，但因此也產生解放戰爭這個違反和平的行動，和平運動裏頭潛藏着許多困局。務台認為，世界和平成立的重要條件是民族的獨立，「但那是因為民族獨立不單是一個民族的問題，而是人類共同體的問題。因為這與其說是一個民族命運的問題，應該是有關人類命運的問題」（同，292 頁）。對人類人文主義而言，和平的實現的確是永遠的努力目標。若是不誠懇地理解、接受這個目標，縱使是人類共同體，也將和絕對和平的理念一樣，有化為無內容幻想的危險。

「人類人文主義立場下的幸福倫理，……應該是新發現出來的歷史性概念」（同，285 頁），作如是想的務台提倡「過去以來倫理的範圍淪為個人的道德意識、以良心問題為主的主觀性倫理領域，以及以個人和家族、個人和區域社會、個人和社會生活、個人和國家間道德為主的客觀性倫理領域，這裏又新加上人類倫理的範圍而大有擴充」（同頁）。其後經過了半個世紀，在科技化增大了各種威脅同時，所有事物和現象的影響規模都是全球性的當下，我們應該重新認真面對、思考務台的呼籲。

3 京都學派以外的存在思想傾向 ── 金子武藏與飯島宗享 ──

存在思想是日本敗戰後的一個主要思潮，風靡之至，也及於文藝整體。單就哲學來講，金子認為近代人的誕生是為確立主體性離開中世蘇格拉底主義的階序支配而有。如此一來，世俗性便受到重視，也必須理解經濟生活的意義。金子把目光轉向萊昂・巴蒂斯塔・阿伯提的《家族

論》，其中「無憚於宣稱經濟是神聖事物」（同，59 頁）一處中，看到了市
民道德的新宣言。在《家族論》裏強調「尊重契約」（同，61 頁），近代布
爾喬亞的世俗性也由此確立。金子也提及寫下《廷臣論》一書作為十五－
六世紀人際關係秩序的卡斯蒂利奧內，在廷臣方面可以看到在人類卓越
中自我培育是重要的這個堪稱近代人間像典型的見解。

　　金子又提到，在文藝復興的同時，也展開了一般來講被視為揭開了
近代序幕的宗教改革。路德藉由廢除僧侶的身分區別，設想普遍性的祭
司主義，導向「外形上來講居於一種階序之中，內在上確立了出於其外
的主體性，誕生了近代人」（同，47 頁），他不承認反抗權。金子認為承
認反抗權的是加爾文和加爾文主義者，其中可以看到羅倫佐・瓦拉《自
由意志論》的影響。被視為義大利人文主義中異類的瓦拉「以透過文獻學
考究被認為是教皇世俗權基礎的文件《君士坦丁的捐贈》，證明其為偽書
而聞名」（同，73 頁），金子認為瓦拉的《自由意志論》「針對預知、預定
和自由的關係給予加爾文重大提示」（同頁）。

　　對於文藝復興時期人間像的探究，引導金子走向存在主義。金子指
出，「存在主義是在齊克果反抗海格爾的德精神而誕生的產物」（《倫理学
概論》岩波書店，1957 年，50 頁），給作為背負罪惡的人類「事實賦予
契機的齊克果堪稱是現實主義者，這個作為現實主義的事實感令他攻擊
海格爾」（《実存理性の哲学》弘文堂，1953 年，4 頁）。就現實主義這點
而言，站在唯物史觀立場的馬克思也攻擊海格爾，但若把立足於感性人
類存在的馬克思主義視作積極的現實主義，那麼站在罪惡存在前提的齊
克果，就是消極的現實主義。

　　金子藉由存在理性的這個獨特概念解明雅斯佩斯哲學，他應該也留
意到要藉此補足和辻倫理學。在倫理學是人類行為理法之學的這個前提

下，金子在《倫理學概念》中，展開論述定義人類實踐行為的價值理法，依據人格性原理而被構想的人倫理法。然而，因為人格性是行為的主體，所以人倫的理法與價值的理法被賦予關聯。一旦現實中的這個關係實踐性地據行為的觀點來被理解，這裏就必須加上時空的理法，這裏便浮現作為存在的單獨者個體的一次性。金子將之作為「現在－此處」，定義「現在－此處的確是一個狀況，但不是單純的狀況，而是一個極限狀況」（《倫理學概論》48 頁）。在理法的展開後，又展開了倫理學方法論的論述，提示出倫理學與各學問的關係，倫理學的基礎概念以存在理性為前提被推導出來。

這裏欲舉出飯島宗享（1920 － 87），作為京都學派以外的存在哲學家的代表。他是出隆的弟子，但也受到金子的強烈影響。飯島留下的著作不多，卻充滿着獨特性。在《論考・成為人 —— 存在的人間論》（三一書房， 1983 年），他在這部著作裏認為「在無法發現得以期望的永遠性的情況下，對時間性的絕望更形突顯的末世意識」（同， 19 頁）為特徵的現代當中，「將近代性主體所欠缺的事物作為近代性意識總體的問題來提問」（同， 29 頁）是現代哲學的問題，如此則需要「針對近代意識中無法理解的理性，重新提問應該以何為真正理性的作業」（同頁）。這個作業存在性地令人類與自身相關，令對於理性的感性以及對於邏各斯的情感各自復權，在因這情感而有的理性相遇會導向作為時的充實的生的充實。在成為他遺稿的《關於自我》（1989 年）裏，也摸索了在社會中生存的存在者之生的理想形態。

4　波多野精一的流派 —— 石原謙和田中美知太郎 ——

有關宗教哲學及古代哲學研究的發展，不能忽略波多野精一的影

響。首先應該舉出的名字是石原謙（1882 － 1976）。由於他就讀的是東京帝國大學，所以就形式來看並非波多野的弟子。然而，若是沒有和波多野的相遇，石原或許無法貫徹其基督教的研究。《歐洲基督教史》堪稱為其生涯大著，在該書序中他寫道「我畢生鍾情於基督教研究，是因為對於教導我其方法及理念的兩位恩師的追憶。一位是當時任教於早稻田大學，在我研究生時代給予指導的波多野精一博士，他帶給我的刺激使我昇華了少年時代以來的夢想，對於歷史故事的興趣提升到史學，特別是思想史、宗教史的學問研究的志向」（《キリスト教の源流》岩波書店，1972 年，26 頁）。而另一人是在留學德國時蒙受指導的海德堡大學教授漢斯・馮・舒伯特，在他的課堂及討論中理解到了基督教史的研究方法及觀點。結束德國留學回國後，石原任教於東北帝國大學。

　　《歐洲基督教史》由《基督教的源流》及《基督教的發展》兩卷構成，披露出石原對於由古代到路德的基督教史的堅實基礎知識。他的基督教史研究是以「透過歷史來解明所謂基督教為何的這個提問」（《キリスト教の源流》23 頁）為目標，其主要目的是為了他本身的基督教理解，以一般世界史為背景，試圖討論作為精神史的基督教思想史。而且在其根底中潛藏着宗教的真理不是因為知性作用，而該作為信仰的內在力量在活生生的虔敬中被發現的觀念，顯示出其基督教史就是救濟史的這個色彩。因此，他並未碰觸到典禮生活的變遷和異端運動。石原在年輕時讀史萊馬赫的《宗教論》，在波多野的鼓勵下翻成日文，其影響及於後世。

　　在東北帝國大學學哲學的真方敬道（1910 － 87）也是石原的弟子。在他出版的遺稿《中世個體論研究》（1988 年）中，真方展開了關於在舊約聖經到湯瑪斯・阿奎那的精神史中可以看到的行為和作為信仰主體之個體的討論與研究。在亞里斯多德思想中只有本質和存在的知識論乃至

於邏輯上的區別，而「未臻於本質與存在的事象區別」（《中世個体論研究》南窓社，1988 年，39 頁）相較，法拉比在其著作《珠璣智慧》中將本質和存在的區別深化到事象區別，這個傾向作為個體與存在的問題為阿維森納所繼承，在阿拉伯哲學中進一步發展。真方認為湯瑪斯的個體論是在希臘、阿拉伯哲學和基督教思想的交錯中形成的。

在東京長大的田中美知太郎（1902 － 85）之所以選擇在京都帝國大學哲學科就讀，是因為「知道波多野精一教授用希臘原文開設了柏拉圖和普羅提諾的討論課，只有京大才可能用這種方式學習」（〈関東大震災のころ〉，《哲学入門》，講談社学術文庫，1976 年，38 頁）。由於波多野的健康狀態不佳，因此授課本身未必能夠滿足田中，但嚴謹的研究態度想必是充分地被繼承了下來。若是沒有田中，那麼日本有關基督哲學嚴謹又正確的研究，特別是柏拉圖研究或許會呈現不同面貌。他不只留下了《邏各斯與理型》（1947 年）、《善與必然之間》（1952 年）、《柏拉圖 I － IV》（1979 － 85）等著作，也翻譯了柏拉圖的著作。其業績在文獻學上的表現非常精煉出色，也始終保持了作為哲學者的自覺。在他於《邏各斯與理型》的〈後記〉中「哲學者應該關心的第一要務，只有釐清真實，追求善。所謂的原創，不在於思想的罕有，指的是由自身胸中滿溢出來。我以作為現在人們以為已經畢業的古人柏拉圖的亞流，舊式柏拉圖主義而遭嗤笑一事為傲」（《邏各斯與理型》，岩波書店，1947 年，340 頁）的這個確信之下，田中終其一生展開了他的哲學研究。其成果《柏拉圖 I － IV》是他研究的最高峰。

這四部作品由「生涯與著作」、「哲學 (1)」、「哲學 (2)」、「政治理論」構成，田中在第四卷整理爬梳了柏拉圖哲學中哲學與政治的關連，也宣示了田中自身的方法論。基本上這與《邏各斯與理型》〈後記〉所述內容

並不矛盾，他表示「我絕不允許在詮釋柏拉圖時只追求新奇。然而，儘管如此，當縝密爬梳柏拉圖的文本，整理其整體意義時，就要從各種詮釋的可能性中，挑選一個過去以來未嘗試過的其他事物。這是新的冒險，當然也伴隨着躊躇，但有一試的必要。開拓可能性，試着走到走得到的地方，在研究上多少有其價值」（《柏拉圖 IV 政治理論》岩波書店，1984年，vi 頁）。然而，這不可以是自由恣意的詮釋。若是如此那麼就只是主觀性的自滿，不是真正智慧之愛的滿足。田中認為「雖然『作為嚴密之學的哲學』被提倡來對抗過去主觀性的哲學，但其嚴密性是以數學為模型的。然而只以數學作為嚴密性的模型，是一種偏見，古典語言學也被認為擁有和數學匹敵的嚴格性」（同，viii 頁）。因此，田中認為「哲學無法被教導，所以最好是透過古典語言學的訓練以接近哲學」（同頁）。確實，就哲學來講光是如此仍不夠充分、圓滿，但將之補足是個人的工作，是獨自的努力。

就田中看來，在柏拉圖的思想裏沒有政治和倫理的區別。因為「對於柏拉圖來講，國家不是只作觀察的自然物，而是予以加工儘可能使其臻於完美的人工物」（同，387 頁）所以「理想國不只是地球上國家建設的模範，也能夠成為人類自我建設的模範。國家本非由木石所生，而是立基於人類的精神氣質而成立的」（同，380 頁），擁有國家是人類的必然，但那是因為「人類不是只靠個人便能成事，而是由於有許多不足而彼此互助合作」。柏拉圖的見解是，國家的立法之所以必須以正義等德目為目標，是因為藉由法律的制定，得以由「因一人或少數支配而生的虐政或惡政的苦痛經驗中來限制權力的行使」（同，197 頁）。在《法律》一書中，「德的整體被認為是法的目的」（同，324 頁），因此哲學與政治在原理上必須一致，但現實上政治和倫理有分裂的傾向。

公民的德行也是多樣的。所謂的德是卓越性，在醫療、航海，或是用兵及農耕都各別需要卓越的專業知識和技術，政治是否也需要專業性呢？就如同道德專家並不存在，政治也不需要專家。但是就和即使任誰都會讀寫，都其中仍有特別擅長講話、文章特別優美的人一樣，既有傑出的德行家，也有傑出的政治家。關於《國家》裏頭的見解，田中表示「讓傑出的政治家成為傑出的政治家是一種智慧，過去以來那就是德的一種，或是各種德行的最初型態」（同，113頁）。

這個德應該是位居支配地位者的德性或是人性。「在每一位公民都能成為統治者與被統治者的民主國家裏，對於全體市民都要求高度的道德，若是能嚴格地遵守這個要求，就會出現許多公民失格者」（同，49頁）。若是不能釐清這點，那麼不適任的公民將成為統治者。如此一來政治將走向腐敗。「柏拉圖不認為民主制是理想的，所以在其國家體制中不對一般公民多做要求，只向統治者要求高度道德」（同頁），統治者與被統治者的區別並不固定，田中指出實際上「公民皆必須依選舉或抽籤就任公職」（同，44頁）。所謂「政治」為何？這必須回到其初始狀態來重新思考，田中在柏拉圖哲學裏得到了答案。也就是說，「政治」是「國事」，「政治學就原本必須是國家學，政治學不能迴避國家論」（同，386頁）。

第三節　解放

1　三枝博音（1892－1963）和技術的哲學

三枝的父親是廣島縣真宗寺院的住持，他由佛教體系的中學畢業後又經熊本第五高等學校，進入東京帝國大學學習西洋哲學。留心以科學

來解釋社會問題的他和戶坂潤和岡邦雄等人組織了唯物論研究會，並接下機關刊物《唯物論研究》的編輯工作，因違反治安維持法而遭到檢舉。對三枝而言，日本的敗戰無疑意味着是由長期以來的思想束縛解放出來。

　　三枝的知識不只是歐美哲學，也遍及了日本文化。他的學位研究是以《三浦梅園的哲學》（1941 年）為主的業績，這部著作在今天也保持着三浦梅園（1723 － 89）研究的水準。如著作年表所見，他留下許多關於日本思想的業績，另外還編纂了《日本哲學全書》全十二卷（1936 － 37年）、《日本科學古典全書》（1949 年為止發行十卷）等書籍。

　　然而，他哲學思索的本領應該是在技術論上的發揮。在《技術的哲學》（1951 年）序文中他表示「一般都理所當然地認為技術是抓住了某個時代、社會的生產力以及生產各個關係的樞要部分。這樣的技術究竟為何？回答這個提問的力作，是否在現代學問裏擁有獨自的一個領域呢？但是，上面的問法只有現代人才問得出來，因此針對技術展現了深刻思索的古代的亞里斯多德和創造近代技術哲學思索源頭之一的康德都未將技術視作『社會性』的，因而未作為在這層意義上要求的事物來處理」（岩波全書，改版，1977 年，iii 頁），這個提問不只給三枝本身的研究內涵奠定方向，而對於經過了半個多世紀，生活在技術化程度提高，以地球為範圍大幅開展的景象中的我們而言，這個提問顯得更加嚴厲。

　　三枝的意圖在於解明技術在現實中的本質。如果技術不能適用於生產場域，那麼這個技術就單只是抽象的理念。物品在技術場域生產出來，這就是現實，所謂生產的場域，具體而言是勞動的場域。三枝認為「所謂的現實性，問題的焦點不在只能在眼前看到的東西。必須要同時觀照、理解創造出焦點的因素，以及周邊情況」（同，118 頁）。由於不能全面觀照，因此若能注意到較生產場域更本質性的事物，那就是資本，「更適

切地來說是資本的增殖」（同，119 頁）。

資本及牽涉到資本的各種關係——三枝將 die Verhaltnisse 譯成「各種關係」（同，120 頁）——的學問就是經濟學。馬克思的《資本論》是一部經濟學的著作，裏頭欲掌握技術的本質，過去以來每一個經濟學都很務實地追求技術性問題，但三枝認為「不能就此認為技術的本質已經被充分理解。因為《資本論》不過是將之視為應該解決的重大課題，為了提出課題並求其解決而談技術的問題」（同，121 頁）。為了理解技術的本質，一定要同時觀察生產場域中的技術，以及生產場域周邊的經濟情況。

資本是貨幣，但投資必須透過改變為商品來規畫。商品被販賣、消費。「就生產場域中的勞動力和技能必定一度採取商品形式的這點而言，絕對不能偏離資本這個關係」（同，123 頁）。生產中「必須有材料、勞動力、手段這三個要素。那麼，這三個要素都作為貨幣由資本變形而浮現，然而這三項要素的使用並不採同一方法」（同，126 頁）是很重要的，有關材料和勞動力，其使用是消費，道具和機械等手段會被銷磨或用舊。若以資本增殖為目的，那麼應該促進消費，但要儘可能避免道具和機械的耗損。這裏便浮現了手段的第三要素，技術。資本的減少能因技術的發展而被避免。

然而，三枝也關注到和資本無關的技術的意義。這樣的技術經常表現在發明之中。發明和發現不同。他同意德沙沃（1881 － 1963）的見解，也就是有關於發現的這個情況，除發現新大陸等是例外，一般來講「不是被發現的事物有形，而是東西的關係或是事物形態或法則性事物等等」（同，176 頁）。然而「發明經常與在可見的世界中不實際存在的事物，帶着新的品格首次進到經驗世界來的事物有關」（同，177 頁）。

　　由發明家或創業家所發現的技術有時適合被稱為技。自古以來便有人樂在機關發明中。「傑出的機械發明家們幾乎無一例外地是機關發明的愛好者」（同，185 頁），「享受機械創意的發明家，其系譜可以追溯到古希臘塔烏瑪（θαυμα）的製作者。所謂塔烏瑪是令人驚異之物品，其技巧任誰看了都會驚豔，是不可思議的機關。這個技術被稱作θαυματοποιτχη。」（同頁）古代的代表事例是亞里斯多德的海倫，近代初期則以達文西為代表。「這些具備天份和技能的技術者們，縱使在大工廠裏工作，他們的工作場域絕對不能滿足於局限於資本的各種關係。不只如此，甚至還持續抱有與之對抗的精神性緊張」（同，186 頁），因此「許多技術者對於以資本增殖為目標的企業體制，與其說是抱持着職業性的批判，不如說是世界觀的批判，這在我們思考藝術家的工作時，應該最具代表性地顯露出來」（同頁）的這個提問的同時，三枝提到里爾克的《羅丹》，將目光轉向藝術的問題。

　　對三枝來說，關於技術極為重要的問題是使技術所屬於的知識領域更加明確。技術不是作為實體存在於何處，而是無活動便無法成立的狀態。然而，「技術就算是狀態，狀態也不能稱作是技術。所謂的狀態是從種種活動各別取出的一個形態」（同，199 頁），因此有關活動的領域有加以考察的必要。作為這個考察的線索，三枝談了康德的《判斷力批判》，特別是其〈第一序論〉，指出「康德認為心情的種種富裕或種種能力，可以歸類為三項。其一是認識能力，另一個是慾求能力，再一個是喜愛不喜愛的感情」（同，203 頁）。認識能力作為知性或悟性來作動，構成了理論哲學的領域。慾求能力作為實踐理性來作動，構成了倫理學領域。技術具有實踐性性格，但那不過是就「技術上來講實踐性的（technisch-praktisch）」（同，213 頁），不直接觸及倫理、道德的問題。技術的理論不

是由《實踐理性批判》發展出來的，而是由追求自然認識根據的《純粹理性批判》，意即不是由道德的面向，而應該由科學的面向發展出來，在此可以看到有關康德技術論詮釋的特色，同時要求不屬理論哲學亦不屬實踐性哲學的領域，對應到喜好或不喜好之感情的領域。三枝認為對應到這個感情的不是自然也不是自由，「其實是康德所謂的術（kunst）。就算是喜好、善惡與否的感情也不算不包含某種認識能力，所以可以要求這個感情的認識能力。這是康德所說的判斷力。技術的領域只存在此處」（同，214 頁）。對他而言技術（Technik）就是術（Kunst）。

我們在日常作判斷時主要依據喜愛好惡的心情變動，更甚於知性科學的認識能力。這個能力不是精確意義上的了解能力，而是在知識論或認識論中容易遭到忽略，但三枝認為這種喜愛好惡的情緒正適應能力的判斷力。適用就是將所擁有的知識套用在各個實際的場合。三枝模仿康德舉醫學為例，表示「醫師擁有醫學提供的法則知識，然而光有醫學的知識仍不是醫師。醫師必須了解患者的疾病現象，加以診斷設想出治癒的方法。此時他面對的是疾病這個事實和醫學的法則性知識。知識既純粹又精確，事實則是混沌又複雜。醫師必須在兩者之間發揮適用（Anwendung）的創造性能力。因此這個世界不是真或非真的領域。而是治好較好，治不好就不好這兩者所支配的世界」（同，216 頁）。

這個能力是創造性的，是不僅行動，還要創造的新型態。人和自然的關聯在此作為生產技術而浮現。日文的生產多可和 Produktion 一類的詞彙代換，但未必是同義。三枝指出「在使用 Production 之語的國家裏，這個詞彙也用在個人生產上，在藝術作品的創作上也有使用。所以，這個詞彙有時具有我們所謂的『創作』之意，在我們的語言中生產和產業一詞一樣，已具備了社會性的意義」（同，259 頁）。關於個人的技能，就

算是創造且具生產，也不稱作是生產技術。生產技術這個形容表現出社會性，而且是客觀性的技術。

同樣的事情也可用在「勞動」這個概念上。勞動存在於人間，而不存在於動物。「勞動是一個人運動身體或精神，藉此這個運動不是只靠自我便足夠、滿足的人間活動。而是和其他各種的人彼此相關，才能滿足的性質的活動。勞動包含了義務之意」（同，261 頁），所以這裏也包含着勞苦之意。這在肉體的苦痛之前作為共同活動被賦予義務。縱使想逃離，人類一直以來還是依勞動而活。在此人類和自然間存在關聯性。人們靠着勞動實現和自然的素材變換。技術藉由作為勞動手段的系統來作用，而具有社會的性格。

不只是分析技術的本質和領域，三枝也探究了現實中的技術形態，意即社會生活中技術應用的理想形態。他認為，在技術裏「不被適用的規則不是規則。技術裏的『規則』是手段在生產之火中時妥當且作用，在科學之中『法則』經常是在客觀的妥當性之中，情況完全不同」（同，291 頁），這句話間接地表明他在展開有關技術論述時的基本立足點是康德的《判斷力批判》。這樣的他在橫須賀線列車事故中意外身亡，實令人惋惜。

2 古在由重（1901 － 90）與唯物論

古在出身學者名門。他出生的時候，父親古在由直是東京帝國大學農科大學教授，其後擔任東京帝國大學總長。母親豐子婚前以清水紫琴這個筆名參與自由民權運動，以文筆家的身分有所活躍。這些往事在古在一家享受夜晚歡談，滿溢其幼年時代家庭裏頭氣氛的《人間讚歌》（岩波書店，1974 年）中所收的〈明治之女〉或〈追憶父親〉裏頭可以看到。在父親的影響下，古在夢想成為數學家，進入第一高等學校理科就讀，

由於這裏的交友關係，使他改以哲學為志業，進入東京帝國大學就讀。
他之所以幾乎不對西田哲學抱持興趣，應該是受到他身為務實家，在日
常生活中重視科學態度的父親的影響。

　　當時日本國內外的情勢絕不安定。1917 年俄國爆發革命，翌年國內
就爆發了米騷動。此時的古在不是唯物論哲學家，而為理想和人生的關
係感到苦惱，其意識是投向對於靈魂不死性的疑問。然而他仍然志於透
過實踐使理想和現實一致，這使得他將注意力轉向社會活動。爾後他和
共產黨建立了合作關係，參與了違法機關刊物《赤旗》，1933 年遭到檢
舉。由於生病只執行了一個月左右便停止並獲釋放，因為這個事件古在
失去了教職。逐漸地他埋首於辯證法式的唯物論，發表了《唯物論通史》
（1936 年）、《現代哲學》（1937 年）等作品，1938 年 11 月再度遭到檢舉，
度過了近兩年的拘留生活。1940 年因紀元 2600 年特赦獲得保釋，其後
受到附帶緩刑的判決。

　　古在的《和魂論筆記》（岩波書店，1984 年）中收錄了他在 1967 年
到 69 年間於岩波講座《哲學》撰寫的〈和魂論筆記〉、〈試鍊上的哲學〉、
〈現代唯物論的基本問題〉三篇論文。其著作的〈和魂論筆記〉的基本構
想在 1930 年就開始規畫，但在當時狀況下無法完成。他「儘可能地想解
明在思想史上所見的日本歷史的變遷過程」（同，3 頁）。戰爭期間只強
調日本的思想史傳統中的保守要素，使得傳統本身遭得扭曲。戰敗以後
日本思想史的傳統反而不受一顧。古在點出了這個思想史傳統中進步性
且積極性的要素，繼承其遺產正面迎向現代的問題。「看看現在的大學
制度，不太看得到日本哲學史或日本思想史的講座，大多委由日本史和
日本政治思想史的人員們來負責。……雖然歐美有哲學新刊出版時都能
迅速反應，但對於日本本身思想遺產遲鈍的人並不少」（同，4 頁）古在

的這個深刻慨嘆，在今天我們看來仍有強烈的訴求感。

　　古在說「明治後半期的大和魂，和昭和初期為神聖化侵略戰爭而刻意創造的皇國史觀有些許不同」（同，27頁）。明治中期以後的「大和魂」具有反抗當時歐化主義風潮的面向，同時也是自由民權的防波堤。明治以前揭示的「和魂漢才」、維新以後的「和魂洋才」到了明治中期已經失去了作為標語的力量，而為「大和魂」取代。為了探索這個過程，古在展開了「和魂論筆記」的論述。

　　「東洋的道德，西洋的藝術」佐久間象山的這句話給幕末整體的思想傾向下了一個最佳註腳。「藝術」作為 art 和 Kunst 的譯語，指的就是其中包含的技術，或是人工、人為的事物。無論是佐久間象山或橋本左內（1834 － 59），他們在深入關心歐美科學技術的同時，對於其殖民政策也就是將日本化為殖民地的可能性，抱持強烈的危機感。對於這個危險表現出作為抵抗的民族獨立或是民族自決的精神者即為「東洋的道德」，若是探索其內在實質，古在稱作「和魂」，「他們絕不是在透過仁義禮智信等所謂傳統儒教教義來自律行動時，都追求着生涯目標。若是如此，為何象山或左內等人能夠讚美華盛頓、拿破崙、柴可夫斯基等人呢？」（同，34頁）。許多十八世紀中期以後的學者批判傳統儒學朱子學，將目光轉向古學，與此同時逐漸加深了科學的實證傾向。這裏有蘭學的影響，和自由的理念相關，也出現了打破儒教道德的意圖。在此古指出橫井小楠（1809 － 69）這位人物的存在說「在小楠的思想裏就算我們 —— 穿着陳舊衣裳 —— 也能發現新的自然變革精神和社會變革兩相漂亮的結合吧」（同，71頁）。

　　現在「和魂」這個形容已經是一個死語。這個詞在幕末時期未必是在新時代的積極意義下被使用的，其主旨單純是被作為排外思想的根據。

糾正其誤者就是小楠。古在提到他「述海外形勢併論國防」,「根據小楠的確信,『世間所謂和魂』不過全是排外主義、盲目式的攘夷。只拘泥於表面上的小事,頑固地纏附於舊式的習俗。『和魂』果應如此嗎?所謂真和魂是掃賊、拓土、定制度,興人民產業,行正確政治,揭國家榮光」(同,80 頁),認為「小楠所謂原本的和魂,是不抱泥於固定的舊習,期國家獨立和發展的民族氣魄」(同,83 頁)。由此古在表明「捨棄陳舊的形式和習氣,如果將科學的認識和民族自由獨立的普遍性原理對應到日本民族所面臨的特殊內外歷史狀況及局面並加以活用的這個氣魄、決斷,以及鬥魂 —— 這才是所謂的『和魂』。」(同,86 - 7 頁) 以為自我的決心。

在〈和魂論筆記〉的附記裏,他也提及和藤仁平的《和魂漢才說》(1926 年)。就是加藤指出了「和魂漢才」這個成語是來自《菅家遺誡》的這個謬誤。古在同意加藤的見解,認為《菅家遺誡》本身不是菅原道真的作品,而是成書於平安末期或鎌倉時代的偽作,而陳述「和魂漢才」的那一章是到了江戶時代才被插進來的。雖說如此,「和魂」自古以來在《今鏡》、《源氏物語》、《愚管抄》等書中可見。由其內在實質「和魂的本質……原本是生活的、即物的、務實的。那既不是神道的、神話的,也不是只望向天皇或聖人之物。那是地上的,世間的,人民的」(同,96 頁),只有這個和魂的核心才能引導因應到幕末緊迫狀況的氣魄、決斷、鬥魂,到了明治年間,當絕對主義式天皇制國家權力被樹立起來,就成為了「在取代人民和魂的反人民的『大和魂』的旗下壓抑人民的自由和民權」(同,97 頁) 的標語。

「知識、科學、哲學原來究竟為何而有?是為誰存在?」(同,153 頁) 這是古在在《和魂論筆記》的第二篇論文〈試鍊上的哲學〉的提問,同樣

地「科學原本是為何存在？」（同，179 頁）這個提問也可在置於第三篇論文〈現代唯物論的基本問題〉開頭的〈跋〉裏看到。對他來説無疑是不能允許沒有人存在的學問。他在接在〈跋〉之後的〈前言〉中斷言「馬克思主義裏不存在只對哲學家是確切實在，對生活者而言卻不切實的問題」（同，181 頁）。

為何日本的哲學偏離了生活者呢？在明治初期哲學絕未偏離現實。然而，當維新後的新體制鞏固，鎮壓強化，自由的思想遂不能發聲。古在認為康德哲學的吸收模式更在此浮現。「康德哲學在學術上成為支配性主流，是在第一次大戰以來的大正年間。這相當於當時的大正民主，可以説代表了某種自由主義思想。然而那不過是作為抽去、閹割了批判精神裏固有的革命骨幹後，作為『批判主義』的教養主義的文化哲學或是人格主義而登場的。康德本身直到最後都與法國革命共鳴，將之視為人類史上偉大紀念碑，反之大正期的新康德主義則完全背向政治和社會」（同，250 頁），這説明明治中期代表康德哲學精神的大西祝所見的批判精神完全喪失了。

站在生活者的觀點時，資本主義社會所顯示出的問題不只是民眾的貧困。「由於種種原因使得全身心的健康及安全受到損害及威脅」（同，222 頁），這個狀況在馬克思未重視的水和聲音和空氣和日光等等，也化為損害生命體健康之物。有關這個公害的批判，對於經過了近半世紀後的我們來講，作為技術化造成的環境破壞，其深刻程度有增無減。

前面舉出的《人間讚歌》最後收錄了〈哲學與現實〉這篇論文。這是增補以「思想為何」為題的演講稿後的文章，其中關注到湯川秀樹「身為科學家社會責任重大」的發言，也舉出朝永振一郎和南原繁的對談中所見「重要的不是為了學問而存在的學問，而是『為了什麼？』、『為了

誰？』」(《人間讚歌》327 頁) 這段形容，學問的業績不止於一個專門領域的內部，而主張其對象即人類全體應負責任。哲學也必須是在這個意義上所誕生的思想。「我常講思想的邏輯和思想的倫理。思想不能只是合乎邏輯就好。思想有道德，有節操，有誠懇，有堅定的良心。且思想中也必須同樣有思想的方法，思想的姿勢。我想說的就是這個。就是這個思想的方法和姿勢，就是剛才我稱為革命的現實的那個態度」這段極為質樸的見解，是他表明生命信條的同時，吾人應當側耳傾聽的語言。

3 基督教徒們 —— 南原繁 (1889 - 1974) 與政治哲學

透過曾任第一高等學校校長的新渡戶稻造的關係，許多年輕的傑出研究者成為內村鑑三無教會的基督教徒。其中特別出色的是南原繁和矢內原忠雄 (1893 - 1961)。經濟學者矢內原忠雄的《殖民及殖民政策》(1925 年) 是非常傑出的業績，使其存在更加突出的，是內村一手推動的無教會基督教信仰，留有《聖書講義》和傳道文書《嘉信》。他的兒子矢內原伊作 (1918 - 89) 翻譯多部沙特的著作，主要由文學方面引進了存在思想。然而就哲學思想史方面來說，在此想談談南原繁。

南原繁的專門領域不是哲學，而是政治學。這也佐證了古在說的話，也就是日本思想史在政治思想史等領域較有發展，更甚於哲學。南原自東京帝國法科大學畢業後，進到內務省當官，以警保局事務官身分參與「勞動組合法」草案的制定，也面對了馬克思主義。1921 年回到東京帝國大學，在法學部任教直至 1950 年 3 月。1921 年到 24 年間他在德國、法國、英國留學，1945 年 12 月到 1951 年 12 月任期結束間擔任東大總長。

關於馬克思主義，南原留心於純粹且哲學式的解明，而不涉及自己

的信仰。這個意圖引導他走向德國觀念論。在南原眼中，康德哲學有只由理性觀點來理解信仰的偏向，無法令人滿意。南原對於「費希特的批判性理想主義致力於充實康德哲學形式主義中缺乏的內在實質」（《南原繁著作集》第二卷，岩波書店，1984 年，4 頁）抱持特別的興趣。其成果《費希特的政治哲學》（1959）由「費希特政治理論的哲學基礎」、「費希特政治理論的發展」等兩部構成，在簡短的序文中表明了投入費希特研究的意志。南原「由純學問的立場，針對費希特本身進行了一連串的研究，探討其『民族主義』或『國民主義』究竟為何？以及他所推崇的『社會主義』的現代意義等等」（同，3 頁），這也和南原專攻的政治哲學史有關。但是，在考察費希特政治理論時，不能偏離他形而上學的背景，若不由和費希特《知識學》的關聯來究明，將無法正確理解他的民族主義和社會主義。

　　南原對於兩者哲學意圖不同的理解是，「康德批判哲學的課題是在理論及實踐理性中都樹立了一般意識，藉此構成理性活動的各種可能條件，而費希特把重點放在這個意識整體，試圖把各種理性活動放在其內在必然性當中來理解」（同，12 頁）。在 1794 年的《知識學》裏，費希特創造出作為純粹理性原理的「自我（das Ich）」，來取代康德的意識全般，那不是經濟性的個人我，而是先驗上的「絕對的自我」。「『自我存在』就是『自我是自我』、『自我建立自我』，這個自我的自我定立是理性思惟的自我創造行為」（同，14 頁），這個定立不是作為前提條件的「事－實（Tat-sache）」而是純粹的「行為（Handlung）」，在是行為的同時，也是因行為而帶來的事物，也就是作為行為和事實同一的「事行（Tat-handlung）」。這個「事行」就是哲學作為自由行為的統一原理，南原指出「自我建立自我，意指絕對的全體真實地歸於自我」（同頁），這個自我擁

有存在的內容，表象的全世界形式及內容是自此被推導出來。

　　為了定義自我，必須將非自我由自我之中區別出來，所以設定了「非我」。然而，所有的根據都要向自我去求，所以非我是自我所設定的，自我在自我中設定非我。這個行為在根本上是絕對自發的，這個活動是無意識、無原因的，所以必須是絕對自由的。南原認為「這就是費希特所謂「生產性構想力（die productive Einbildungskraft）」，存在於所有意識的根底」（同，15 頁），自我具有必須是無限活動的這個實踐性性格，「只有實踐的自我擁有真正的存在，吾人因道德行為參與世界的真存在」（同，16 頁）。這裏推導出對於費希特宗教性的考察。

　　南原斷定「費希特全部哲學的結構中的真正核心無疑是宗教」（同，17 頁）。康德和費希特視實踐理性優於理論理性。費希特甚至認為道德行為在超感覺秩序中以真存在性的存在為前提而成立，「道德義務意味着物體的超感覺秩序或真理存在的啟示」（同，18 頁），就此而言還是倫理性宗教，「要言之神應往他哲學起點的自我之內而非其外去探求」（同頁）。在這個立場中討論的宗教論《有關吾人對於神支配世界的信仰根據》（*Über den Grund Unseres Glaubens an eine göttliche Weltregierung*, 1798）是費希特無神論論爭的原因，到了 1800 年以後，他的宗教哲學有了新的發展。變遷到「神被設定是超越人類意志的絕對存在」（同，19 頁），再到《給淨福生活的指示》（*Die Anweisung zumseligen Leben*, 1806）。《知識學》的核心是絕對的神的概念，「絕對知」是世界存在的目的。「這可以說是神在人內在了解自我的知識」（同，20 頁），所以認識正是神的「啟示」。南原的理解是「康德的哲學體系基調是道德，而費希特哲學則明顯是宗教」（同，22 頁），由他自身的立場來解明費希特的政治哲學。

　　早在《自然法的基礎》（*Grundlage des Naturrechts nach Prinzipien der*

Wissenschaftslehre, 1796）中，南原便寫道：「設定自我共同體的最初觀念，法成為這個社會的必然形式，國家作為法的負責人其必然性受到承認，然而這僅是一個法律國家的觀念」（同，32 頁）。在《封閉的商業國家》（*Der geschlossene Handelsstaat,* 1800）一書裏，社會共同體的觀念被突顯出來，看到了社會主義的國家觀，但仍不能免於個人主義的形式，單單止於圍繞着外在共同生活範圍的經濟國家觀念。然而「依據絕對客觀概念的宗教性觀念論發展的同時，世界作為新的宇宙、精神之國而被突顯，在個人之外也意味着設定超人格的統一世界，可在此求得社會共同體觀念的基礎」（同，32 － 3 頁），南原轉換到後期的費希特哲學。在費希特的思想中看不到類似神秘主義的浪漫派傾向。「費希特也在根底置有同樣不可掌握的生命、非理性的體驗，這個特質是『自我』對於世界根基的關係，完全是自我的意志行動來被維持。換句話說，就是人類對於世界的主動態度（Aktiviiiitat），在通觀費希特的全體哲學時，這就賦予其整體性格」（同，37 頁）。

　　自我作為感覺界中的理性存在者，藉由存在於自我之外的其他自我，意即他者的存在為前提，意識行動根本形式的自我意識才得可能。南原認為在《自然法的基礎》中，在個我的交互作用中已經看到了費希特的「法」概念基礎：「自我在所有場合應承認各個自我之外的自由存在者，因為其他自由是可能的，所以自我的自由必須有所限制，這裏頭存在着法的根本原理，權利關係在這個理性者之間的交互關係中成立」（同，50 頁）。國家不是意味自然法的廢棄，而是其實現，國家的法律是被實現的自然法。為了實施實定法，個人必須予以服從，國家一定要擁有強制權。具有其權力的只有國家，國家是法與權力結合的共同體。

　　然而，國家所具的強制權止於得依法實施的範圍。後期的費希特很

明顯地表現出這一點。南原認為「費希特稱作國家『實質』的國家『目的』專作為對自然的支配，止於未開之人的教養、機械和技術性的產業及美術，理性文化更高種類即道德、宗教、學問則不會進到國家的目的範圍」（同，91 頁）。道德是較國家和法律生活更高階的生活，宗教被定位在更高的位階。在宗教本來理念的樹立下，國家不過是被承認為在人類之間實現自由精神的宗教性整體共同體理念的外部制度，「在遍及自由的強制已不再實用時，便不需要國家，其最終使命正是自我廢止」（同，93 頁），國家本身不是自我目的，其定位是邁向宗教性這個終極理念的通過階段。

這個宗教本來理念的內涵與實質是愛。南原的理解是「宗教雖以道德的良心和善意志為出發點，但宗教中神與人的結合，早已不是道德性人格的問題，有價值的人或沒價值的人，甚或是反對價值的人都平等受到關愛的某種新的愛的關係」（同，156 頁）。在《費希特政治哲學》第一部的最後，他指出「政治早已不單是強制手段的問題，而是關於絕對性價值和目的的問題」（同，165 頁），他的主張在根本上來講是「社會性正義的關係」。

在第二部的結尾，「作為『理性之國』的正義國家早已不可能和宗教的『神之國』無關」（同，442 頁）南原這麼說，又提出了一個問題，指出為了要到達這個終極目標，「應該思考宗教在人類文化整體生活中如何被思考，但在世界觀乃至於哲學體系的根底也必定要決定這個問題」（同頁）。在客觀的世界情勢更加深刻化的現狀下我們應該慎重地面對這個提問。而且當我們想到信奉源自舊約聖經的既有宗教、民族間的鬥爭之時，也必須要揭露出以超越性絕對為根幹的宗教性本身以及在世界上獲得即有形態的宗教組織間的矛盾。

第四章

第二世代・從理性到感性

　　日本哲學潮流在 1970 年前後漸漸成為顯流，這股思潮的傾向大致可以分成兩條線索。其一是理性這個絕對性原則的挫折，其二是對於日本、東洋性思索和歐洲性思索的比較考察，而這也是當時世界性的徵兆。而哲學思索的對象世界顯現出開始擴及東洋的傾向。無論如何，其根底都潛藏着近代合理主義批判或是與理性主義對決的意識，而對具日本實存主義烙印的德國觀念論批判也有所高漲。最早的事例是關注了謝林後期哲學的藤田健治。中村雄二郎、市川浩、坂部惠、廣松涉、湯淺泰雄等人都走過了由理性到感性的這段路。

　　這個時期的思想主流轉移到戰敗後受大學教育，形成思想的這個世代。他們也並非不了解第二次世界大戰中對思想的鎮壓，但卻不一定有直接經驗過，更多是從帶有戰後批判觀點的報導內容中得知的。這裏又加上了展開戰時遭到阻絕的海外思想情勢的新問題，使得知識的好奇心有所擴大。既加深了對於實用主義這個位居戰勝國中心即美國的代表性思想的關心，目光也轉向了法國哲學。

　　明治以來，追求近代化的國策相疊合，日本學問的形態一直是以德國為典範的。哲學研究也不例外，由新康德學派興盛的時期就可以知道，似乎只有德國哲學才被認為是哲學。無論是留下《法國文藝復興斷章》（1950 年）和《法國人文主義的形成》（1958 年）的渡邊一夫（1901 － 75），或是著有《蒙泰涅與帕斯卡的基督教辯證論》（1949 年）的前田陽一（1911 － 87），或是後述的森有正，都是出身自法文學科。然而，逐漸地，1949 年大阪大學文學部哲學科第一講座在澤瀉久敬（1904 － 95）的貢獻下使法國哲學的獨立講座獲得認可。這些過程都記載在《理想》499 號〈現代法國哲學〉（1974 年）之中。

　　澤瀉出身自京都帝國大學哲學科，他於在學期間就對法國哲學抱強烈關心，很早就寫下《曼恩・德・比朗》（1936 年）。他也投注心力在醫學研究即醫學概論的形成上，嘗試由哲學的角度來為科學建立體系。其成果有《笛卡爾》（1950 年）、《科學入門—站在柏格森的立場》（1955 年）、《醫學概論》（1959 年）、《法國哲學研究》（1972 年）等。其關懷由德國哲學轉移到法國哲學，不只是哲學研究範圍空間上的單純擴大，也對理性哲學的局限，特別是劃清德國觀念論的局限作出了貢獻。這個方向由強調理性到評價感性，甚至開啟了將人類作為身體存在來考察的道路。

　　這個時期也出現了西洋中世哲學研究的成果，有關湯瑪斯・阿奎那哲學和奧古斯汀等各種研究問世。也把眼光放到了東方思想，本書並不準備處理東洋思想本身，但也會討論到德國哲學的中村元和伊斯蘭思想研究者井筒俊彥等人的比較哲學。

　　二十世紀末期有許多從各種角度研究歐美哲學的成果出版。我們不可能去談全部的成果，但可以斷言的是，形而上學早就不再君臨哲學的寶座，而不過是作為哲學方法而延續生命。這作為哲學方法論的問題，

今後也將是討論的對象。

　　在欲和近代理性主義作對決的哲學家身上，也可以看到致力於用日語來思索的傾向，而這種形容方式看上去或許有些奇妙。的確，所有教育由小學到大學都是用日語進行，研究文獻也多是日文來寫成。然而，若提到十九世紀末無一例外地被引進日本，翻成日文被使用的哲學用語，是否作為日本人生動的日常修辭、表達來被使用？則很難給予肯定答案。即使哲學用語是以漢字來寫，也止於通用於哲學家之間的專業用語，每一個字句背後都隱藏着德文或法文的表達方式，就像業界用語一般，即使在相關人士間通用，若問到作為日語是否為生動的情感表達？則是大有疑問的。當然，若只在邏輯表達的展面上思索，或許也是可以接受的。

　　然而，在邏輯發展的根底裏若無人類活生生的感情，則其表達是沒有內涵的。作為知識來單純吸收的局面已是過去，難道不該在日本的哲學歷史裏發展出自有的思索？即便如此，語言的問題作為思索的道具雖然不可欠缺，但也無法輕易解決，思索的基盤依然動搖不定。要面對到所謂以日語思考究竟指何事的這個問題。有關於此，題為《假面的時代》（1978 年）的這本以為「哲學獎勵山崎獎」得獎人坂部惠所舉辦的紀念研討會而編纂的書籍裏，也有不少內容值得現在的我們來側耳傾聽。山崎獎選考委員之一宮川透丟出了一個問題：「對於用日語來思考並留下許多業績的西田幾多郎或和辻哲郎，或是九鬼周造等人由哲學角度來探究日語或日本文化意義的嘗試，我們是否能夠加以活用？」（《仮面の時代》河出書房新社，1978 年，194 頁）。坂部主張他們「非常妥善地吸收、消化那個時代最尖端的歐洲哲學，而且不是將之作為借來的知識，而是在使用其手法的同時也映照出自己的所在位置」（同頁），所以儘管內涵實

質裏存在一些問題，仍然必須承襲這個傳統來延續下去，但不能否定「這些明治時代的人們已經離我們非常遙遠」（同，196 頁）。

若是如此，日本人為了在自身，可以說是自己的混血文化裏頭重新發現日本文化，應該要更主動探討日本文化的內涵。的確日本人已經相當程度的歐美化了，但這不過是表面的現象。因為幾乎在所有西歐哲學的背後，在各種專有名詞的根柢裏，其歷史背景都潛藏着基督教的神學意義。各民族的歷史背景就算可以作為知識來理解，也不能立即產生共鳴。基督教式的事物，例如婚禮的習俗等等，就算表面上被模仿了，然而構成其根本的宗教性本身，其精神性幾乎從未在日本扎根。儘管如此，在日本不管是哲學或各門科學，或是各種技術都巧妙地被吸收並進一步發展。這個吸收的形式是否值得歡迎？可以接受到什麼程度？這些問題都是關係到我們的自我認同的問題。

第一節　比較哲學的嘗試 ——
川田熊太郎、中村元、井筒俊彥

明治時代的哲學家們是將西歐哲學作為過去他們所受教育養成的傳統思考方式相異的想法來吸收了西歐哲學。然而，卻未浮現將西歐哲學與東洋思索作比較對置的比較哲學構想，只戮力於吸收。大約到了1950 年代，才開始有人提出了或許需要比較哲學的觀點。中村元在《如何理解思想？—— 比較思想的路標》一書中，舉出了杜森（Paul Jakob Deussen）（1845 － 1919）的看法，指出「比較思想的這個想法的確只有在和自己所擁有的思想體系相異者遭遇時才會產生」（同，29 頁），唯光是如此仍然不夠。為了發展比較哲學或是比較思想，必須對照到許多相

異文化中可以看到的思想體系與獨有體系作對照並客觀地比較考察。

　　在進到中村的看法以前，要先談談川田熊太郎（1899 － 1981）。他站在古代視野專注於柏拉圖研究，以《柏拉圖辯證法的研究》（1940 年）取得學位，還出版了《希臘哲學研究》（1946 年）。第二次世界大戰一旦結束，他把目光轉向比較哲學。在 1950 年寫成的《倫理學》中，也提到了古代希臘哲學、佛教、康德哲學和海格爾哲學、儒教和道教等倫理體系。在《何謂哲學？》（1961 年）中是從西歐哲學、佛教哲學、奧義書哲學等多樣性觀點來考察存在、生成、真理等概念，其他也在《佛教與哲學》（1957 年）、《哲學要錄》（1958 年）等書中，展現了對於比較哲學的嘗試。但他的研究與其說是哲學的，整體來講不如說止於文獻學的探討，作為比較哲學的先驅扮演了極為重要的角色，但未能作為他獨自的哲學進一步發展。

　　讓川田的業績更進一步前進的是中村元（1912 － 99）。中村是世界有名，在哲學和思想領域中為數不多的日本學者，他雖就讀於東京帝國大學但非哲學科，而是出身自印度哲學梵文學科，執的也是印度哲學科的教鞭。作為研究哲學、思想類各種學問的學科，日本的大學細分為許多領域，在稱為哲學科的領域中主要只處理了歐美哲學，其他則設置中國哲學科、印度哲學科、倫理學科、宗教學科、美學科等等。令人稱奇的是，哲學科很少處理日本思想和東洋思想。如中村所指出的，「沒有延伸廣泛批判考察的哲學。不清楚這些哲學在何處被探求？」（14 頁）現今學部學科的重整恐怕都是在各大學內部檢討、實施，然而有關哲學的處理，則不得不承認有領域狹窄化的傾向。哲學和思想等等不直接和實利相關的研究，在現今日本不被需要。

　　中村完成的工作很多。不只著作，有關佛教相關辭典的編纂、佛典

的翻譯，還有以英文寫成的著作等等，數量頗豐。被翻譯介紹成英文的著作很多，其影響遍及海外，但有關中村的專長領域印度思想關係，本書的篇幅則無法處理，只能集中處理中村關於比較哲學或比較思想的見解。

《比較思想論》（岩波全書，1960 年）的序論在「思想不能經常自人類的社會生存切割開來」這段話開始。中村之所命名為比較思想論，在廣義來講被稱為比較哲學（Comparative Philosophy）。之所以說廣義，是因為中村認為在外國想由狹義來談比較哲學的人有將宗教聖典和文藝作品思想除外的傾向，「這個容易被排除的部分，才是供給一般民眾思想養分，不是嗎？」（同，1 頁）。特別是日本一提到「哲學」，與其是西洋所謂的 philosiphy，聽起來總像是冷僻遺世獨立的印象，也有人唱「哲學無用論」，那也是一種思想，只要是人，便不能離開思想而生存。中村想聚焦在根本的思想上，但這個考察不是比較宗教學可以處理的。宗教是人類所創造的極為偉大的思想體系，許多人據此而生。然而，宗教不能網羅人類的思想，也有排除宗教的思想，或是對宗教漠不關心的生存方式。由此處可知，中村才選取了「比較思想論」一稱。

在西洋探索比較思想考察的起源，可以一直追溯到希臘主義時代的希臘。中村指出，紀元前 300 年左右以敘利亞大使身分派駐印度的希臘人曾說：「其實希臘古人所談的所有關於自然的論述，也為希臘以外的哲學家們 —— 也就是在印度人的婆羅門，以及在敘利亞被稱為猶太的一群人 —— 所討論。」（同，5 頁）這句話由初期的基督教教父，亞歷山大城的革利免所流傳下來。在論述關於革利免有關邏各斯和啟示的自我論述時，也提到希臘人、波斯人、埃及人、印度人，主張神的真理火花在異教哲學中也有所綻放時，引用了麥加斯梯尼的話。革利免雖被視為異端，但這裏可以看到比較思想論的考察。

　　然而，在西洋中世的天主教社會中縱使駁倒異教和異端，卻未承認
其意義並加以考察。「西洋人堅信歐洲精神的優越性並不挾任何疑念時，
其視野便自然受限於西洋思想」（同，54 頁），這使得比較思想論的發展
受到阻礙。這牽涉到種種情況。中村舉一例指出，儘管英國有許多傑出
的印度學者，卻未看到向印度思想求教的態度。英國之所以不能接受，
是由於「英國傳統上的自信和傲慢態度無法形成比較思想論。特別是英
國在兩次世界大戰中皆獲勝利，減少了他們反省自我精神傳統的可能性」
（同，27 － 8 頁）他的批判可謂嚴厲。又指出只有在戰爭落敗，遭到敵
國蹂躪的歐洲大陸各國才能看到比較思想研究準備的精神基礎。此外，
中村認為由各色人種民族構成的美國，表現出各自不同的思惟方式和行
動樣式，「所以比較哲學一語自始對美國來說就是本質性的問題」（同，
113 頁）。日本自古有印度、中國、日本思想的比較性考察，唯「其考察
範圍只限於東洋各民族，特別是印度和支那、日本」（同，155 頁），所以
必須說包括東洋和西洋在內的比較哲學考察是在歐洲發生的。

　　中村指出了展開比較思想研究方法的兩個方向。其中一個是「特殊
化方向」（同，161 頁），也就是「解明空間風土上或是特殊民族哲學思惟
的傳統特性，並在時代上擷取出同時代貫通東西各文化民族哲學思惟的
特徵」（同頁）。另外一個是「普遍化方向」（同頁），「跨越時代和風土的
差異，整合同一種類的哲學思想和思惟，使與異質性對決的批判性思想
形態論的方法」（同頁）。「透過這兩道程序，應能確立貼近今後世界的新
哲學。如果哲學家抗拒這樣的批判反省，那麼其態度就是自以為是的，
將與今後的世界疏離」（同頁）。在機械文明極度發展的結果下，世界在
物質方面的確成為了一體。「然在精神方面世界絕非一體。各國皆彼此
猜忌，在意識形態上各自對立，互相牽制。只有打破這個令人動彈不得

的窘況，正是思想家的任務」（同，223頁），中村的這個想法很寶貴。「為了達到人類的和平及幸福的目的，必須促進世界各民族間的相互理解」（同頁），為此必須鼓勵比較思想論的研究。

認為歐洲「必須慮及東洋哲學的這個意見，也逐漸在知識份子間受到重視」（同，227頁）的中村，指出了一個例子就是羅素所著的哲學史鉅著的標題是《西洋哲學史》。相對於文德爾班《哲學史教科書》中的哲學排除了東洋的思惟，羅素雖未積極地談，但由標題來看，可以設想是承認了西洋以外哲學的存在。然而，中村還認為「在處理思想和哲學問題時，必須拿掉東洋或西洋這些狹隘框架，作世界性的擴大」（《思想をどうとらえるか》21頁）。這個主張對日本哲學界而言是嚴厲的批判。大學中學科的細分化，每個領域各自設限的傾向使得比較思想難獲開展。雖說如此，在哲學科所行的研究內涵實質，就某種意義來說，極為充實，更廣更快地追求了知識。這本身不是壞事，重點在於攝取的方法。中村批判對於歐美的劣等感和崇拜意識「在彼處成名後馬上就放空自我等著吸收，所以縱使在歐洲受重視的問題和日本人的精神問題格格不入，也不以為意。反正只管介紹就好。……在背後主導的不是自我的問題意識，而是權威至上主義」（《比較思想論》289－90頁），這漂亮地指出了研究者缺乏主體性。中村的遺著《論理的結構》（2000年），顯示出依據他淵博知識，構成東西的邏輯概念及關於其構成的理論對比所展開的具體比較思想論的內在實質。

1974年設立了比較思想學會，中村擔任首屆會長，其後終其一生擔任名譽會長。接任中村任會長之職的峰島旭雄（1927年）編輯發行了《比較思想的世界》（北樹出版，1987年）一書。其中收錄了為中村而舉辦，和本書同名的研討會討論內容，寫下他使用「比較思想」而非「比較哲學」

的理由。「川田熊太郎使用的是比較哲學。我不用。大都是因為社會性的理由。川田先生是哲學的背景所以屬於哲學這個階層。而我則非哲學出身故不屬於這個階層。這樣來討論哲學時，實際上會遭受批評。真的是如此。如果由比較思想來出發就比較不會被批判」（《比較思想的世界》526 頁）不只是這樣的字句，他也指出西洋哲學裏哲學存在着限於希臘傳統的傾向，強烈表明想在比較思想下廣泛地對人間思想作根源性提問。這個坦率的見解是對於日本學問世界宗派主義的猛烈批判。

作為比較哲學的代表性人物，最後想舉出井筒俊彥（1914 － 93）。他不只留下了《可蘭經》的日譯版，而且是口語譯體的業績，還在日本介紹了幾乎不為人所知的伊斯蘭思想，留下了比較考察東洋思想和西洋思想的著作。然而，他並非自始便研究伊斯蘭哲學。在專攻語言哲學，透過語言來探究人類存在本質時，便自然地發現了伊斯蘭哲學。他在這方面的著作很多，用英文寫成的也不少。這裏想由比較哲學的觀點來談《意識與本質》（1983 年）及《通往意義的深度》（1985 年）。

《意識與本質》一書除了與書同名並加上副標〈為了東洋哲學的共時性結構化〉的論文以外，還由〈本質直觀〉、〈禪中語言意義的問題〉、〈對話與非對話〉三篇小論文構成，井筒在全書後記中關於自己的比較哲學觀點寫道：「有關東方與西方的哲學關聯的個問題，我過去曾經探討過比較哲學的可能性。然而事實上就算不特別比較事物，只要現代日本人去談東洋哲學的主題，在現代意識的地平線上加以探究，光是如此東西思想的交會就會發生在存在體驗的場域，東西觀點的交錯，也就是一種東西比較哲學也就於是成立。就這個意義來講，《意識與本質》也是一個小小的嘗試」（岩波書店，1983 年，433 頁）。這個問題意識就是今天日本人在意識層面上究竟有多大程度的歐美化。

　　日常上來講，不可能有意識本身，而是經常具有「…的意識」的志向性，不具志向性的意識並不存在。意識本來的志向性首先要以意識趨向脫目的的「…」（X）的本質形式來理解才行。例如，將 X 稱作花，稱 Y 為石時，「為了可以將 X 和 Y 在語言上，也就是作為意識現象來區別，花與石各自的『本質』必須被作初階地，至少是以質樸的形式來了解才行」（同，5 頁），表層意識在本源上具有這樣的形態。「若只限表層意識來思考意識，那麼必須說意識是依據語言意義功能的指示來理解事物事象的本質。在作為定義表層意識根本結構的志向性裏，『本質』的無反省性或是前反省性的 ── 或許幾乎可以說是本能性的 ── 理解經常先行。若無這個先行，那麼作為『…的意識』的意識便不得成立」（同，5 － 6 頁），對於這個表層意識，若令在語言前完全不依語言分節的深層意識對置的話，那麼「存在」在此便在無分節的狀態下顯現。「若是以其原本的姿態將『存在』的無分節的真相理解為表層意識的話，那麼就會曝曬在自我破壞的危險之中」（同，12 頁）。所謂沙特的「嘔吐」，就意識論來講，就是這樣的內涵。

　　然而，井筒認為「面臨到絕對無分節的『存在』也不顯狼狽的準備自始就方法性組織性地進行着」（同頁）他一方面言及老子，又指出東洋哲學整體的根本性特徵是「在這裏意識不是…的意識。是無對象的，非志向的意識，也就是無意識。在東洋思想中，到處皆可看到將這不是意識的意識，可以說是元意識的事物肯認為體驗性事實」（同，13 頁）。這完全就是語言脫落，「本質」脫落的世界，老子將之形容為「妙」。

　　而井筒也以僧肇這個四世紀中國的佛教思想家為線索，指出能將「存在」的無跟有作二重描寫之觀的東洋哲人面貌。僧肇的思惟形態是老莊的，但無法脫離語言的分節作用而存在。然而，井筒又說：「他不能將『存

在』的分節形態作為對象來理解。也就是説他的意識不作為對於這些事物的『⋯的意識』來作用。而且這是『意識』。然而，這個意識在存在界的任一處皆不識別『本質』性事物。也就是説，那和無意識── 無的意識不同── 正是『寂寥虛曠』的境地」（同，15頁）。

　　由大乘佛教來看，日常經驗的世界有種種事物，它們具有一個個名字。也就是「所謂擁有一個名字，就是具有一個確定的『本質』── 更正確地説，看似擁有一個確定的『本質』── 依循印度思想的一般習慣，佛教由這個觀點將日常經驗的世界稱作『名與形』（náma-rùpa）的世界。只有『名與形』，也就是因名與名而喚起浮現的姿態，沒有在存在上予以佐證的實質」（同，18頁）的一個想法。「名與形」既然已被認知，那麼「本質」理應以某種形式被認知，然而其「本質」也是妄念所描繪出的圖像，不過是虛無。

　　作為和佛教相同由否定「本質」出發，在達到完全相反之見解的思索典型，井筒指出了商羯羅（788 － 820左右）不二論的吠檀多哲學。「在不二論中，形而上學結構的頂點存在着梵這個有的充實的極限、最高程度的現實性存在」（同，23頁）。絕對無分節的存在者梵受到某種特殊的限定，以限定的形態出現，這個限定形態不屬於梵本身，而是依我們本身意識的託付作用多樣地分節而現的梵的假象形態。我們的表層意識一轉換成深層意識，一切事物幻影般的姿態消失，絕對無分節的存在者出現。「由深層意識立場來看，所有事物不過是缺乏存在性的虛妄幻影，全部是梵的名和形的歪（náma-rùpa vikàra），只要梵本身是限定的浮現，一定要肯認一切經驗性事物中有某種存在性」（同，25頁），就本質論上來講，各別的「本質」是虛妄的，但承認所有經驗性事物中有唯一絕對的「本質」。

　　在所有存在者間共通的絕對唯一的「本質」，這個想法顯示出東洋哲學本質論整體思惟形態的一個典型，井筒如此設想，並以「存在」為唯一絕對的真實存在作為一個典型，指出視「本質」為無的伊斯蘭的伊本・阿拉比（1165 － 1240）系的存在一性論。伊本・阿拉比視世界即整個存在界為獨一無二的真實存在，即絕對無分節的「存在」因種種「界線」而分節的形式，出現在我們的表層意識的事物，藉由我們這方面意識的層次轉換使「界線」全部被清除，「存在」應當在本來的無分節態中被觀想。井筒認為「這個無分節態中的『存在』，也就是絕對一者，在結構上和吠檀多的無相的梵的並無不同之處」（同，28 頁）。

　　然而，東洋哲學的傳統裏也有肯定「本質」實在性的思潮。「視神為唯一例外，認為所有存在者都有兩個本質，首先要加以區別，在伊斯蘭哲學來講是極為初階的常識」（同，38 頁），這兩個「本質」的區別，就是作為普遍現實性的「摩醯耶」（màhiyah）和作為個體現實性的「呼毓耶」（huwíyah）。伊斯蘭哲學中任何部分都設想存在摩醯耶和呼毓耶的存在。為了解決圍繞着這兩個「本質」的困惑（aporia），井筒注意到了里爾克、馬拉美及芭蕉等詩人們的體驗。他說「永遠不變的『本質』在芭蕉的實存體驗之中，突然並瞬間地變成生動的感覺性而現。可以說普遍者在一瞬間將自我感覺化了。而這個感覺性的事物，就是在此時此處此物的個體現實性。在人和物這只限一次的緊迫實存性邂逅的場合之中，若用我們自始便一直使用的用語法來說，摩醯耶會變貌成為呼毓耶。然而，這一切都不過是一瞬間的事件罷了」（同，58 頁）。由井筒看來，為了解明「本質」的普遍性（摩醯耶性）和個體性（呼毓耶性）的不安定性，在理解胡塞爾現象學中「本質」的形態來講是不充分的。他也表現出猶豫，指出「所謂的經過現象學上的還元和形相上的還元這二重操作來作本質直觀上理

解的『本質』，極端來講究竟是摩醯耶，還是呼毓耶呢？」（同，45 頁）。

在〈意識與本質〉的結尾，井筒指出「包含伊斯蘭本身在內，東洋哲學的一大特徵是不將作為認識主體的意識作為只有表層意識的單層結構，而是作為向深層延伸數層的多層結構，體驗性地開拓深層意識各面貌，追尋階段性轉移的存在風景之處」（同，329 頁）。所謂認識和西歐哲學中的明證化不同，在東洋哲學裏意指意識和存在間複雜且多層的交纏。由於他獨特的思索方法，不確認井筒的業績在日本是否獲得正當評價？然而，在其生涯志業中或許可以看到突破重視明證西歐哲學的邏輯思考世界的可能性。

第二節　傳統哲學的立場 —— 信奉理性的哲學 ——

這裏應該關注到那些在傳統上守護了理性哲學立場的人們。這些人絕不是只墨守理性，但其思考的核心則經常是理性的。其代表性人物有大學的哲學教師，他們幾乎都是舊帝國大學的教官，所以可以說是繼承了講壇哲學的立場。

今道友信（1922 － 2012）1983 年以前在東京大學負責美學講座，經常出國到歐洲的許多大學講課，也經常在國際會議中發言。這些經驗的成果都整理在其德文論文集 Betrachtungen über das Eine（東京大學美學藝術學研究室，1968 年）中，在此可以看到對於東洋思想的關心。這個傾向在今道的其他著作也可窺見，就這點而言，可以由比較哲學的觀點來討論他的思索。在《東西哲學》（1981 年）近末尾處，也寫下了「我們東洋與西洋『存在的類比』不同，是以『無的類比』為哲學」（TBS ブリタニカ，1981 年，346 頁）。

在《同一性的自我塑性》(1971) 中，今道指出「正如死所集約象徵地，人是存在局限的」(東京大學出版會，1982 年，復刊第 2 刷、3 頁)。今道指出，這個局限是抽象性產物，「依實在判斷來理解這個事態所意指之處，不許重說人類存在局限。人不得不死的這個事態應該在人類是有限的這個命題當中被普遍化」(同，4 頁)，今道説：「人類是有限的，無非就在説明人不是無限者」(同，5 頁) 如此一來，則人是與永遠絕緣的嗎？但是，人類意欲邁向永遠超越死亡的限制。這個動向「應該只有受惠於一個人這個知性精神的存在者而已」(同，6 頁)，作如是想的今道，主張「永遠不是被定位於作為死亡的未來的死後的時間的延長，而是作為由於精神是精神的緊張原理，由上而下切斷水平性時間線的非時間性迫力，平板的時間以這個切斷點為中心分節為契機，人類是與時間線上的自然推移異質的飛躍，也就是必須作為由時機到時機的主體性飛躍。這裏會形成和物理性推移異質的人生」(同，6 - 7 頁)。

作為個人的自我決定，主體性的飛躍是一個決心，但最適合自行決定人心的，今道指出是「理性的思索」(同，8 頁)。理性具有通往存在的超越性志向，由於這個理性的超越性，人的同一性和動物的類同一性是異質的。人的死不是作為生物學的生命終止死滅，而是在於「作為由作為動物的同一性解放出來的理性超越的結果，因無而相互隔絕的上昇線，可以説是將不可能傳達的自我的原初寂寞和孤獨的道路在究極中化而為一，……妥善回復藉由實現在這個意義中更高的同一性而喪失的同一性」(同，45 頁)。的確，死是自我的死，是他者的死，是悲傷，是忌諱，是悲劇。然而，若同一性可以透過這個悲劇而回復的話，死就是恩寵，「如此死無非就是存在送給人類的聖愛」(同頁)。今道如是説。存在本身是絕對的同一性，然「作為人間人格之精神的這個小小的自我同一

性要藉由死才會在原同一性中一致」（同，58 頁）。

由這個發展來看，確實「人類作為理性存在者的義務，就是在令自我即於理性的超越昇華自我存在」（同，188 頁），昇華自我的這個行為的內涵實質未被明確突顯。今道並非沒有留意到理性的理論性使用的局限。有關意志自由的根本性謬誤發生的原因，也有重要的論點指出：「不將理性認作朝向真理的思索力量，而認為是以有效性為目的的實踐性手段的技術」（同，196 頁），但未積極處理理性的實踐性功能。

在《生態倫理學入門》（1990 年）一書中，在由科技相關所構成的社會這個新環境之中，展開了重新思考人生存方式的嘗試。在「自然曾是環境的人間環境和技術成為環境時的人間環境有不同之處」（講談社學術文庫，1990 年，34 頁）的這個提問下，為了人類可以過得更好，他提倡不僅止於過去以來的對面倫理（ethica facie ad faciem）或是對人倫理（ethica ad hominem），也有建立對物倫理（ethica ad rem）的必要。今道思考的範圍很廣泛，與其說是美學講座，不如應該負責倫理學的講座，包含真與美而不只是善，由環視東西洋的廣闊觀點展望將來，積極地考察現在人類的問題狀況，將更能發揮其本領。

山本信（1924 生）在東京大學負責哲學講座。《形而上學的可能性》（1977 年）為論文集，每一篇論述都清楚地展現出他信奉理性的立場。在〈關於理性〉一文中，他提出「人還得以在理性動物的名義底下，主張自己的特權嗎？」（《形而上學的可能性》東京大學出版會，1977 年，145頁）。他也留意到生物學書籍的見解，也就是把人類理解為無非是存在於生物整體適應性的一種發展形態，承認人類是存在很多缺陷的生物，一方面他又定義「理性意指自發性」（同，153 頁）。依據這個自發性，人類不單是順應環境世界，也形成自我與對象，也就是環境，哲學的使命就

是理解這個理性的自發性或主動性並加以表現，以之為哲學人類學的課題。由此開始山本留意到實體概念。他認為「這個評價甚惡的落伍概念⋯幾乎已從現代式思考消失的這個實體概念，就某種意義來講我認為應該加以復興」（同，158頁）消去實體概念的近世哲學必定要採取主觀主義化的方向。實體對我們來講是對象本身，山本認為「哲學的一個主要問題是我們要建立什麼為實體？」（同，159頁）。

關於理性考察的最後部分，山本寫道：「人類對世界和人生全體設問，並一一回答，這裏存在着理性最深刻的意義」（同，160頁）。世界對人類而言是開放的，存在絕對不是完結的。「人類在其存在中本非完結，人類必須對自己的存在抱持關心，追求完結，必須要和世界和人生整體的問題。所謂的人，應該是在生物學上被宣告是形而上學動物的存在」（同，161頁）山本這麼說，當然必須要提問形而上學的可能性。

在和書籍同名的論文中，山本認為「形而上學並非在談什麼超自然的事物。那要處理的和科學一樣是在世界中被發現的事物，是我們在日常中所經驗的現象」（同，242頁），但形而上學和科學全般不同，重視的是由許多科學來說明的事物對於人類的意義。若是如此，則形而上學是在擁有科學知識而後成立。就此而言，設定了「令科學成立，發展依此而成立的想法的近世形而上學，是否可以不再更動呢？」（同，264頁）的問題，指出「形而上學必須探究肩負各個時代理性的原理」（同頁）。應該追求的是，理解新的理性表現和予以支持的存在。

渡邊二郎（1931 － 2008）也和山本一樣，在東京大學的哲學科任教。他的研究活動始於海德格，集其業績大成的《海德格的存在思想》（1962年）及《海德格的實存思想》（1962年）兩書在今日的評價仍高。然而，這兩本書的研究重點置於歷史文獻學式的分析，更甚於研究者渡邊本身

哲學關懷的展開。此後，何謂哲學研究的這個疑問應該就在渡邊身上明確化了。在《虛無主義──內在性的現象學》(1975 年) 一書開頭的〈哲學的根本問題〉一文中，他提出了一個疑問，就是向由近代到現代持續考察各種西洋哲學的他襲來的疑問，也就是「在這樣的哲學史研究中，──我不否認那當然是具有相當根據的一個哲學研究的重要領域──我感覺自己好像迷失了」(《ニヒリズム》東京大学出版会，1975 年，5 頁) 作為問題的發端。客觀上來看，很少有研究者能像渡邊這樣完成縝密的哲學史研究，然而「哲學史的研究要求在適切地依客觀問題來設定問題時排除某種範圍的主觀」(同，6 頁)，所以渡邊抱有一個想法：就是要留下不被哲學史研究所框限的，作為主體的他。所謂哲學終極來說是不止於各種既有的哲學的歷史研究，在自行哲學中擁有其固有本質，是「自行主動地開拓問題」(同，13 頁)。因此必須是主體性的。而變得主動也就是成為自我，是作為自我而生。渡邊說，自我在種種事物和現象中擴散，「但這又匯整為自我，還原為自我，生存，作為這樣的主體而活，根本來講就是哲學本身」(同，15 頁)。他強調在某處存在哲學這樣的學問形態，加以探究則成為哲學家的情況是絕對不可能的，「只有自行將主體作為主體來理解，才是哲學」(同，16 頁)。

　　然而，如此看來，則出現哲學不可能是體系性的一個疑問。渡邊以「尼采的學問不成一個體系」(同，7 頁) 的這個說法為線索，指出體系性研究是由被認為不具體系的各種片斷的累積和一連串箴言而成立的。他甚為嚴厲地指出：「所謂體系性研究，不過是我們這些從事哲學研究的人自身針對事物和現象，具備了生動及相當內容之整理的所謂體系，不過是單純外在形式的整理──的一個整體的看法。無論是哪種哲學，只要它是真正的哲學，一定宿有其獨特的生命。沒有這個生命的哲學就配不

上哲學之名」（同，7－8頁）。這裏雖然強調主體，但這個主體性不單是主觀性或個人的感懷，而是由決斷及責任所支撐，在體驗之中所鍛練出來的對於各種問題的裁斷。哲學是「具備了這個主體性，為主體性所佐證，為主體性所支持的」（同，10頁）學問，和具備了和科學同樣意義的單純客觀性學問不同。

主體絕非靜止不動，而是不斷生成的動態存在。渡邊認為主體經各種契機而生成為我，「匯集種種而成為我，在一個邏各斯之中是成立的」（同，29頁）。這個生成場域是哲學本身的內在，所以哲學在原本上成為內在性的現象學。而且那並非放棄外部世界，也不會封閉在自我的內部，而是找回正向世界內墮落的自我，「是一種映照出世界內存在真相的高層次且面向世界的志向」（同，31頁）。渡邊說「只有當在主體上實存時，世界才能作為世界，同時也在等根源上成立」（同，40頁）。

然而，這裏也將出現虛無主義的可能性。令一個整合的邏各斯生成，就是釐清意義之意。然而，在面對到存在這個謎題時，也會遭遇到將無可拯救的意義無意義化的無意義，而不只是根源上的意義。他認為「我們存在根源性意義和無意義的問題現象，就是虛無主義的這個問題現象」（同，75頁）。碰到無法解答的問題，邏各斯會轉為無力，理性也會挫折。碰到原本因何故而存在什麼，沒有無嗎？—— 渡邊譯成「不是無嗎？」—— 的後期謝林的無的深淵，人類的理性不得不啞然，而消極哲學在此告終，而謝林認為這就是積極哲學的出發點。渡邊提及尼采，認為「在超出我們的事物裏，委讓己身，使己身沒落，欣然地接納這個己身的沒落處，就是人類的大度」（同，240頁）。在寫成《虛無主義》的三年後，也發行了以《內在性現象學》為題的著作，這個標題在前一部著作是副標題。邏各斯在此更受重視，更明確地突顯和胡塞爾現象學的關聯。

在從東京大學退休後轉任放送大學教授的渡邊，發表了《結構和詮釋》(1994 年)、《哲學入門》(1996 年)、《英美哲學入門》(1996 年)、《人生的哲學》(1998 年)、《藝術的哲學》(1998 年)、《美與詩的哲學》(1999 年)、《歷史的哲學 —— 現代思想史的狀況》(1999 年)、《寫給現代人的哲學》(2000 年) 等多數著作。這些皆被用作放送大學的教材，也述說了當代的哲學狀況，是嘗試建構渡邊哲學體系的成果。

在此擬簡要地談一下現象學的動向。胡塞爾的現象學早在 1920 年代就在日本聞名，如著作年表所見，1945 年戰敗後不久對於現象學的關心並不大，但這個關心不久透過實存主義，特別是對海德格哲學的研究，而有了新的昇華。這個影響也餘留在當代，被接納為社會學和心理學的方法論，而不只是哲學。

新田義弘 (1929 生) 說「現象學上的思惟特質在於在執行理性的當下，看準這個理性的本質」(《現象学》岩波全書，1978 年，iv 頁)。就此而言，現象學的思惟不過是自古以來意義中的哲學性思惟，「所謂現象學上的反省，是理性透過自己的手來解明本身結構的一種理性本身的動向」(同，266 頁)。胡塞爾現象學是「探索知識原初發生方法的意識的始源學 (archaologie)」(同，267 頁)，因為意識的自我賦與性是屬於不斷生成流動過程的究極性的目標理念，所以「對於欲從學問來理解意識在志向上所有關聯的現象學式的反省而言，意識的自我賦與性即終極、充足的明證性，化為絕對無法到達的理念」(同頁)。新田認為，如此看來「現象學是通往自我賦與性的永不斷絕的道路」(同，272 頁)，「所謂的知是明與暗的交替運動 (Wechsel-Spiel)」，所謂的現象學思惟是由這個運動的內部將之透明化的思惟，只能將這個運動本身的層次逐漸深化」(同，272 － 3 頁)。

　　瀧浦靜雄（1927 － 2011）在東北大學負責哲學講座。他在岩波新書
出版的《時間》裏頭對時間進行了現象學的分析。時間看似直觀的對象，
但這個直觀是極為貧弱的。瀧浦認為「有關空間，我們擁有幾何學」（岩
波新書，1976 年，6 頁），但「關於時間則至今為止沒有像幾何學這樣具
統整性的學問」（同頁）。「時間會因為何目的把它當作一個問題來談而
呈現種種不同的面貌」（同，14 頁），「對時間的提問是對自己的提問，
這個解明的作業同時也是自我反省的作業」（同，19 頁）。瀧浦認為《基
本原理》一書中所見「牛頓的『絕對時間』是從永遠到永遠的均一性，而
且是不變的，換句話說是不可逆的 —— 具有內在順序的流動，是物的繼
起順序依這個順序的不可逆性而被定義的，可以說是世界的絕對性容器」
（同，25 頁），也發現「絕對時間『貫穿永遠』而實際存在，就是作為『早
已不在』之時間的無限過去或『尚未到來』之時間的無限未來，作為世界
的絕對框架而經常存在，最後主張『沒有』的存在」（同，36 頁）的這個
困局。

　　這個困惑將瀧浦從不可逆性這個直線的時間概念導向作為圓環運動
的時間概念。他談的是尼采的永遠回歸思想，但這陷入了虛無主義。瀧
浦認為「尼采首先在吾人的日常性時間觀念之中挖掘了『同樣事物的永
遠回歸』這個令人恐懼的現象歸結的契機，其次是否透過將這個回歸改
讀成時間本身的回歸令時間本身瓦解，由時間奪去了將一切搬運至無的
力量？『永遠回歸』的思想作為虛無主義的極限形式是時間的邏輯，但就
虛無主義自我超克的方式而言，是否定時間的邏輯」（同，50 頁）。否定
時間是作為決定性地畫分瞬間和時間之流的永遠決斷的瞬間。「對時間
而言，究竟何謂瞬間？那是否作為時間的一部分自始而有？還是依決斷
而附加到時間上的什麼呢？如果時間的真正永遠性存在於決斷性瞬間的

話，那麼決斷以前不存在過去或未來嗎？」（同，52 頁）他提出了這個問題，將目光投向亞理斯多德的時間論。

　　亞理斯多德也將時間比喻成圓環，但「現在」不是時間的一部分，而是作為「時間的界限」而具有雙重性格。也就是說，「現在將『時間』區分成過去和未來，但它在『作為某時間開始的同時，也是某個時間的結束』，藉此『使時間連續』」（同，54 頁），由這個想法來思考，所有的物在藉由每次「現在」成為別的「現在」時失去其存在。「與其說時間是『生成的原因』，正確來講應該是『消滅的原因』」（同，59 頁）。瀧浦也同意亞里斯多德的這個看法。亞里斯多德以天體的運行為度來理解時間，就此而言，時間被作了圓環式的考察。因此時間還是要被作直線式的理解。

　　康德也對時間作直線式的理解，但相對於空間是「外感的形式」，時間則是「內感的形式」。然而，「內感」本身未被形式化，比方說，若將這個「內感」作為直線或圓環來理解，那麼這已不止於「內感」。在此瀧浦以麥塔加的遺著《存在的本性》第二卷（1927 年）及《時間的非實在性》（1908 年 マインド》誌）為線索進行考察。瀧浦認為（《時間》86 頁以後），麥塔加認為時間是包容所有變化的系列，可以被分類成三個系列。第一個 A 系列的各項是過去、現在、未來，接着第二個 B 系列中有前（earlier）和後（later）的關係並列，第三個 C 系列是只包含一定順序規定的事物。比方說，C 系列是阿拉伯文字排列和數列般的系列，表示順序，而這個順序沒有特定的方向。瀧浦認為這個系列「既不包含變化，也不是時間性的系列」（同，87 頁）。以 B 系列來表示的前後關係，當然依據着時間的問題，但是要談作為事件的變化時，光是如此還不足夠，必須要有由過去、現在、未來所構成的 A 系列。每一個系列都是獨特的，只靠各別的系列是無法理解時間的。在此瀧浦依據羅素的看法，主張「所

有屬於 A 系列的時間規定，也在於意義論上包含『我』在內之處」（同，131 頁），與時間的非實在性被視為內感的形式相結合，由要求連結系列的主觀之處，發展到胡塞爾時間意識的問題。

根據瀧浦的說法，胡塞爾的《內在時間意識的現象學》「排除了有關客觀時間的所有設想，由回歸到純粹的內在意識體驗處出發」（同，153 頁）。他談到胡塞爾「主觀性時間是在不是客觀的絕對性無時間性意識中『自行』構成的」的（同，161 頁）的看法，認為「雖說客觀性時間是內在時間客觀化後的產物，但兩者之間是否藉由這客觀化而生結構性差異，要言之客觀性時間和內在時間具有什麼樣的本質性差異的這一點，至少光看《時間講義》等已經出版的著作是不清楚的」（同，163 頁）如是想的瀧浦，還考察梅洛－龐蒂所謂的身體機能。

瀧浦引用「在作為構成物發揮作用的當下，作為構成自我來體驗的這個主觀，才是我的身體」（同，200 頁）這段《符號》第二章的形容，認為所謂「構成物」是意義賦予上作動的主觀，所謂「被構成物」，是將這個由主觀被賦予的意義蒙於身，只在其中存在的客觀，作如是想的瀧浦又認為「梅洛－龐蒂認為在這個形式上是主觀的同時也是客觀的事物，換句話說兼具主動性和被動性兩種契機的事物，就是身體」（同頁）。瀧浦認為在時間構成這個問題上視覺很重要，指出「對這個主觀而言，包含本身的主觀在內，作為皆具時間意義的事物來被賦予，也就是必須只是將時間擁有完全有效意義換句話說的事物。而在這個主觀方面，吾人只知道自然曝露在變化及運動之中的身體」（同，200－201 頁）。身體性的主觀雖然不是一舉環視世界之開始與結束的遍在者，卻又不光只是和事物的變化一起被沖刷而已。這經常將己身定位於「現在」，將之作為觀點將種種事件放在「過去」和「將來」中理解並進行「時間化」。

作為本節的結尾，以下將談談澤田允茂和大森莊藏這兩位將邏輯學作為「認識的風景」來關心的人物。

澤田允茂（1916 － 2006）在慶應義塾大學負責邏輯學的講座。「哲學在各別歷史情況中，如何說明種種現象，如何賦予關聯，可以說是藉由製作說明書和配置圖，同時且必然地具有扮演如何生存的這個行為指令書的角色」（《認識の風景》岩波書店，1975 年，2 頁）。作如是想的他，經戰爭體驗戰敗後被挾在實存哲學和馬克思主義的思潮之間。這時透過將布萊思・帕蘭的《語言的本性和機能》取於手中，「排除語言的混亂和意義的曖昧，為了更理性志向的方法而感受到自彼處而生的某種希望」（同，10 － 11 頁），動念要解明科學性思考的性格。

之所以使用從來不屬於哲學用語的「風景」一詞，是因為他抱有一個期待「毀棄在過去以來的既存文化傳統中形成的有關人類知識作用的配置圖，才能發現為了新的出發而應該回歸的原初地盤」（同，20 頁）。澤田欲在更具體而全面的「環境的風景」中發現新的配置圖，而非在過去以來的哲學中經驗論或感覺論以為出發點的「感覺的知覺」等片斷又抽象的事物。只要我們是有意識地生存着，總是在環境的風景中思考且行動的。個別的人都有自己的風景。這個風景就是我的風景。「我的知覺無論在何處都是我的風景，是對我而言的風景」（同，31 頁），我在這個風景之中活着。然而，這個風景並非固定的。澤田說「我身體的感性或感覺性知覺的作動經常創造出『我的風景』」（同，40 頁），然這個風景「不止於我的現實行動被決定、控制的場域，也是我所有可能的行動決定和控制的場域」（同，46 頁）。我之所以得以生存，可以為了生存而行動，是因為我擁有我的風景使然。

「語言的作用帶來了一個效果，可以更進一步補充及擴大這個風景」

（同，117 頁），的確，「近代科學的理論一直以來都專在促進環境風景的擴大和組織化，但關於其知識操作，例如究竟以何為目的？如何行動？則皆未被告知」（同，141 頁）。留意到指示行為的語言表現，作為行動的指示，有 (a) 命令形「去做」，(b) 義務形「該做」，以及 (c) 任由行為者選擇的「為宜」這三個形式。關於自身的行為，(a) 脫落而留下 (b) 和 (c)，但有關 (b)（該做）也該分析其與 (c) 的關係。唯澤田想指出的，不是有關於善的存在論式的（客觀主義式的）詮釋，而是為了誘發行為被稱為「為宜」，得被稱作「有關於善的行為主義式詮釋」（同，144 頁）的場合。若是如此，正如「因為…所以為宜」，必須措定某種目的。我們在自己的環境中發現維持自我生存的這個目的的手段，姑且在環境的風景中作為目的來追求。這個目的也是一個過程或行為，是對於下一個目的的手段。可以說一般來講「被稱為『內在世界』或『意識世界』等處的事物其實都是我們環境的風景」（同，157 頁）。

　　光就在這個風景裏看着同一結構而言，我們過的是安定的日常生活。這不是沒有變化，也不是沒有困難或苦痛。困難也內在於生物求生的行為之中，但這個困難並沒有強大到可以破壞生存這個原來的傾向，意即若未強大到破壞這個生命體的風景結構的話，則更加強烈地驅使繼續生存的傾向。「日常生活是在風景安定性中的生活，這並不意味着這個風景結構永遠不改變」（同，206 － 207 頁）。只要人活着，就擁有自己的風景。「死的恐怖」是對於「風景的消滅」的恐怖，「那不是對於肉體苦痛的恐怖，而是現在我們所擁有的風景全部消失不見，在生物全無風景的黑暗之中所有的不安。我們無法想像沒有風景的世界」（同，272 頁）。

　　可以在其他對象和領域所有的結構中說明風景裏頭所有的對象和領域。我的風景為我所知，但我自身對應於此的大腦的物理化學狀況卻未

被了解。不可能藉物理化學上的説明來解釋風景的發生，澤田認為「只
要尋求這個説明，風景的發生就是不可能説明的。就此而言，那將作為
一個神秘而殘留下來」（同，275 頁）。他的自傳式文集作為傳達他思想
形式的媒介而言是極為有趣的。在 1950 年左右，他和出身大學和服務單
位皆不同的大森莊藏相遇且氣味相投，也引發了對於邏輯實證主義的深
刻關懷。

　　大森莊藏（1921 － 97）在東京帝國大學學物理學後又學哲學，並在
東京大學教養學部負責邏輯學。《新視覺新論》這個標題是來自於貝克
萊的《視覺新論（A New Theory of Vision）》。這本書只有第一章直接提
到貝克萊，大森將他否認表明於「所謂存在即知覺」之物及其再現的雙
重結構，作為全書的主題。而且大森認為「這不止於知覺的場面，也及
於記憶、感情、意志等，被稱為心和心的作用的所有。總而言之，外在
的世界和內在的心的這個區別是錯誤的」（《新視覺新論》東京大學出版
会，1982 年，i 頁）。由此他也將「沒有對於這個物心一如的唯一世界的
『我』，也沒有作為對於客觀世界的主觀的『我』（同頁）為《新視覺新論》
的主題，這在抹殺了作為對於世界的事物的我的同時，也是我在這個物
心一如的世界中復元，而且不是作為這個世界之中的一個項目，而是作
為這個世界的一個理想形態而復元。這『雖然不能在風景畫中描繪其風
景的視點，風景的理想形態本身就是視點』（同，ii 頁），大森説「對於風
景，不可能有『看着風景的我』。而是可以看到風景，風景浮現出來，這
也就是『我存在於此』」（同，205 頁）。

　　大森的思索重點逐漸轉向時間。他最後的著作《時間不流動》，是由
他自身分類為「時間論」、「他我問題」、「意識的概念」這分別歸為三種類
別的八篇論文所構成。在題為〈殺人的製作〉的第二篇論文中，展開了同

樣分類為「時間論」的第一篇論文〈作為故事的過去〉中表明展開的「被憶起的不是過去的知覺風景，而是過去命題」(《時は流れず》青土社，1996 年，22 頁）。在憶起時，一般來講是知覺風景浮上念頭，但大森指出「事實和過去不同，被憶起的是一群語言的命題」(同，46 頁），「類似同伴風景的產物其實是知覺的想像，是真正憶起的語言命題群的插畫，是圖解」(同頁）。他主張要對過去性作知覺性描寫是不可能的，過去性是依動詞過去形了解，也就是語言上的了解來被理解，「所謂的憶起就是過去形的語言理解」(同，49 頁）。

在和書名同名的第四篇論文〈時間不流動〉之中，談的是對過去和未來的時間軸插入現在這個異質物的難度。「所謂現在當下的經驗指的是現在的知覺和行動的經驗，作為自我生存的生之中的經驗，和單純屬於時間順序之棒的時間軸等完全抽離開來的活生生的經驗」(同，87 頁）。時間順序是在依語言命題而過去化且未來化的現在經驗之間被比較，作為可能肩負這個時間順序比較的時間軸，其本身是和固定化運動無關的靜態時間軸。時間被認為是經過的，這是經驗內容的變化，不是時間的運動等等。大森説「所謂的『時間』是總括性的指涉時間相關整體的涵蓋性的名詞」(同，92 頁），「結果所謂『時間之流』指的是內容空虛的錯誤」(同，93 頁）。「運動只歸屬於現在經驗，和過去及未來是無關的。時間順序是靜態的結構，它沒有動的道理」(同，101 頁）。

在《時間不流動》中，在《新視覺新論》中被抹殺的「我」也在背後始動。大森本身在這裏既未談「我」也未談「主體」。然而到底是誰才能作現在的經驗，活生生的經驗，而不是靜態的時間軸呢？在最後一篇論文〈由「意識」解放〉中，經驗中的我逐漸出現。然而，這個我並不和世界對立的。世界－我的這個分極是依意識這個概念扭曲事態而形成的。透

過逃離意識這個概念的詛咒，隱藏在其背後的風景就浮現出來。

　　「那是述說『世界』和『我』成對統合整序之經驗的兩個意義，所以共同擁有『述説的存在』的一種存在性」（同，228 頁）。

第三節　理性的挫折 ── 身體化的動向 ──

1　與理性構想的對決

　　1970 年代，再度出現了這個嘗試，這個嘗試一方面受到歐洲哲學的影響，或是由於受到歐洲哲學的影響，而重新開啟了作為日本人的獨特思索。這裏可以看到和構成近代西歐哲學基礎的理性構想的對決。作為其線索而受到注目的，首先是思索的工具即語言，也就是因日語而形成的意識和體驗的問題。代表性人物有森有正、坂部惠、廣松涉。

　　森有正（1911 － 76）學究生活中的業績以《帕斯卡的方法》（1943 年）的問世為起點，接着有《笛卡爾的人間像》（1948 年）。這一年他就任東京大學法文學科的助教授。1950 年發表了《杜斯妥也夫斯基備摘要》，同一年他以戰後首屆法國政府公費留學生身分遠渡法國。這次的海外經驗給他思索的深化帶來決定性的影響，其後他雖然時而回到日本，仍終其一生居住在巴黎。《在巴比倫河畔》（1956 年）是他身為日本人在當時歐洲嘗試實際且直接、敏銳地感受而描繪出精神性發展的隨想，這個嘗試其後也以種種隨想和日記的形態被發表，最後集結成遺稿《遠離的諾特雷・達梅》（1977 年）。本書在此擬集中討論《經驗與思想》（1977 年），該書的小標題是「出發點：日本人及其經驗」，同樣地是在其歿後出版的。

　　在這部書開頭〈代序〉當中，有關留法期間所生的兩個變化，他自述

「一個是思考我本身的軸有了變化，另外一個是因為實際身在巴黎，使我的歐洲印象有了根本的變化」(《経験と思想》岩波書店，1977 年，18頁)。第一個變化是關於自己的「經驗」，「自己生存的這個現實本身，存在於此的所有客觀性事物、主觀性事物，包含這些所有事物在內，這個現實本身就是一個經驗」(同頁)。這個現實本身即經驗定義了「我」這個詞彙。這個語言的問題是他的第二個變化。

　　歐洲文明即思想在以語言寫成的文章中論述對象。而一來到了日本，就變成只以語言來理解已經成為文章的對象，如果忽視了存在那裏的現實，那麼這引起的波瀾、影響就不止於誤解程度了。「所謂經驗或思想，不是人有了就能給自我賦予資格的『性質性的』什麼，而是人的存在本身」(同，32 頁)，他這麼理解歐洲。「經驗」和旅行者想接收到的單純「體驗」在根本上不同。進行體驗的我是體驗作為客體來理解。在此理解的主體和被理解的客體的體驗內容間是存在距離的。一面反抗作為這個體驗而成立的事物予以理解，當那成為自我的現實時，那就成為作為現實本身的經驗。由依據「經驗」而有的自我形態來看待歐洲文明間的互動方式，不僅止於依語言來理解在邏各斯的理性上而形成、被整理的表面而已。藉由自我的直接感受，來觸及當那以語言來表達時會不再浮現的內在實質，森欲由此出發。他在與自己的母語即日語的關聯中深化了這個作業。因為「對我們來說思考『經驗』和『思想』時不能偏離日語」(同，44 頁)。

　　日語和日本人的人際關係、日本人的「經驗」本身是不可分的。一般來講經驗藉由語言成為客觀的思考。然而，在風琴演奏上也發揮了優異能力的森，由樂譜和演奏的關係切身地經驗了「愈是能貫徹客觀，主觀性就更加確實」(同，91 頁)。為了在客觀上確保對象的客觀性，由主觀所

作的努力是不可欠缺的，不過這個主觀性和科學的客觀性在本質上是沒有關係的。甚且，森還說「人間的真理縱使是美，是善，在本質上是第三人稱，換言之是公共性的向眾人開放的」（同頁）。這裏排除了第二人稱。然而，經驗是以二人稱的世界為內容。儘管如此，在日本人的世界裏相對於二人稱即「你」的不是「我」，而是「你」和「你」。例如有關親子關係，森指出「孩子不是在自我存在中擁有根據的『我』，而是暫時作為『你』即父母的『你』來經驗自我」（同，96 頁）。這個「你」和「你」的私人性關係應該可以套用在日本社會所有人際關係上。不能否定這兩項關係現在仍形成日本人經驗的核心。在日語裏第一人稱要真正作為第一人稱來獨立發言，在現今仍是不容易的。

森認為，這個日語或是日本人特有的「兩項關係意味着由第一人稱－第三人稱在本質上所具有苦惱的要素逃避出來」（同，154 頁）。要克服這個苦惱的要素並不容易。要藉由真正主體性的成熟才能實現。若是如此，有關「我和你」的這個關係才得可能，森認為「只有在主體透過固執於主體性才可行的第二人稱。存在這樣的『你』。這才是『我和你』的這個方式得以成立的你。帕斯卡所說的『被隱蔽的神』就是這樣的你。而且若『我和你』存在着真正成立的『愛』，那只有在這樣的你身上才是可能的」（同，167 頁）。遺憾的是，有關其內容未作深入闡述。

坂部惠（1936 － 2009）在《理性的不安》序文中，認為康德哲學的根底裏有「威脅近世的『人』主體和不稱為近世的西歐的傳統『理性』全般的存立，欲促進其解體和根本結構變化的無定形不安」（勁草書房，1984年，新裝版，ii 頁）蠢動着，這或許成為了康德思考的原動力。這個看法是探索在作為「理性批判」哲學家的康德詮釋中沒有留意到的基層的同時，由坂部本身所懷抱的現代認同突顯浮現的產物。在這部副標題為「康

德哲學的生成和結構」的著作裏，坂部從初期的《視靈者之夢》到最晚年的《遺著》為止，向潛藏於康德二元論背後的東西提問。1770 年康德一方面擬出版《純粹理性批判》，也一併開始了「哲學人類學」的講義。這個講義在 1798 年發行時副標題是「在實用的觀點上」，在講義裏也重視了實用性。坂部認為康德對人的關心是受到盧梭的影響，「對於人的理解一方面作為學問的工作純粹地成熟，先驗性認識的領域界定和對應到此的超越論式知覺或意識全般等而採取明確的形式，另一方面因應於此對於現實的人的關心更形加深，向下扎根，在可以說是對極的緊張關係中，成為予以支撐的事物」（同，44 頁）。「就哲學人類學學者而言，康德是徹徹底底的經驗論者，也是傑出的現實主義者」（同，59 頁）。

　　康德的這個傾向，早在 1760 年代就培養出來了。《視靈者的夢》除了是「形而上學的著作，在真正最廣義的意義上還更是哲學人類學的著作」（同，146 頁），領先那個時代，是欲切入近代的「人」及其「理性」的企圖必然挫折的文件」（同頁）。作為在《邏輯學》序論中所提示的有關哲學人類學的四個提問中的第四個「何謂人？」的探索，作為「人間理性的局限之學」重新奠定形而上學的基礎，這在康德來講也是突顯出時代的思考。坂部認為「裏頭存在着康德在前所未有的自我同一性存立危機時期 —— 自我認同危機和時代認同危機交錯 —— 思考的獨創性和困惑」（同，190 － 1 頁）。康德追求自我同一性的深入探討一直持續到了《遺著》。

　　坂部在 1983 年發行了《「觸」的哲學》。這部著作由 1971 年到 82 年間執筆的五篇論述構成，書名是來自第一篇論文〈有關「觸」的筆記〉。所謂的「觸」，所指的不單只是碰觸，而是可以看到「存在於『觸』這個體驗中的相互嵌入契機，在『觸』與『直接相觸』相通的相互性契機」（《「ふ

れる」ことの哲学》岩波書店，1983 年，27 頁），超越自我而溢出，與他者的生命相觸、相交。比較表現其他五感的語言，例如看、聽、嗅、品嘗等等，在日語都會使用例如「音を聞く」中的「を」這樣的助詞。但是「觸」時，如「何かにふれる」所示，使用的則是「に」。坂部認為「這個事實顯示和看與被看，聽與被聽等主體及客體清楚分離的其他四個感覺不同，只有觸是具有碰觸與被碰觸的相互嵌入、轉位、交叉、相觸等力學作動之中生起的一個結構」（同，29 頁）。與「聞き分ける」（以耳識別）、「見分ける」（以眼識別）等日語相較，觸在日語當中未與「分ける」相結合，「觸這個經驗所包含的相互嵌入關係顯示出不以一定的區分為前提，毋寧更強調分別以前的經驗」（同，31 頁）作如是想的坂部還認為「這顯示出觸這個詞所具的超邏各斯性、超文節性等性質」（同頁）。

「觸」也具有不單止於在感覺根底中加以活性化的意義的擴大。「「法にふれる」（觸法）的這個形容，指的和單純的犯法不同，可以說暗地裏包含着是作為對此的反作用的報應」（同，35 頁），因此所謂的觸也成為「透過宇宙切入點來相會的可以說是與其垂直層次的關聯」（同，36 頁），也將其與「神聖性」層次的關聯作為其一環而涵括，在日常上也和與安定結構垂直相交的形而上世界的層次互動，由此坂部關注到「 がふれる」（瘋狂）這個形容。「在 がふれる這個經驗當中，作為日常的結構安定性佈置的自我同一性由根底遭受威脅，被迫動搖」（同，38 頁），在此我們「見證到一種形而上學的經驗，與超越我，你，人等人稱性，也成為這些人稱性生成原點之場所相遇」（同頁）。

這部著作的第四篇論文〈康德 —— 莫比烏斯帶 —— 〉中，坂部比較康德和同一時代思想家的思索，在第二節「理性的不安」中，和薩德（1740 － 1814）作比較。由於「理性」一詞的語源「ratio」或「logos」兼具

「關係」和「根據」之意，所以「由潛藏於西歐古典『理性』或『邏各斯』本身結構中的不安來看，先驗上的可能性，至少是作為可能性被隱藏在裏頭的」（同，212 頁）。由根底來觸動薩德，無限度地生出徹底倒錯，奇形怪狀的幻想世界的是「安定的『邏各斯』或『理性』、『關係』、『根據』的徹底瓦解和不存在的感覺即無名或非人稱的不安本身」（同，226 頁）。坂部如是說，把薩德的業績定義為「純粹（肉）感性批判」。「正如康德把十八世紀古典理性還原到其終極框架一般，在對感性和肉體及想像力的問題追根究抵的時候，打破古典理性的所有二元論式的發想後，還存在什麼呢？換句話說，『純粹（肉）感性批判』正是薩德的世界」（同頁）。

在理性時代的理性之光當中，也潛藏着自我和理性不在的不安。「在康德的近代人的理性主體背後，不停地纏附着無法在理性之『光』的明確偏向中消解的無定形的不安」（同，236 頁）。坂部說「人的理性啟蒙（illumination）之光（lumière）的明亮，同時藉由『理性』將根據採納於自我之中，就成為了一種可以說不是『理性』『關係』，而是短路象所發出的死的閃光，是明顯清晰的死的明亮」（同，238 頁）。

在 1986 年發表的《和辻哲郎》的〈後記〉中，坂部寫道「沒料想到把和辻哲郎的安魂曲，再深入一點講是二十世紀日本被迫在忙亂中面對近代化曲折的二十世紀日本的安魂曲」（岩波書店，285 頁），關於他在〈康德──莫比烏斯帶──〉中展開的有關理性不安的思索，正可看作是近代的安魂曲。

坂部嘗試與觀念論，特別是康德哲學作對決，花崎皋平（1931 －）和廣松涉則積極地走向唯物論。花崎在北海道大學任教，其後把工作辭掉成為市民運動的領袖。

廣松涉（1933 － 94）在有志於哲學之前，對左翼運動已有深入參與。

他留下的著作非常多。在東京大學的學生時代他受大森莊藏和山本信的指導，很早就展開了獨特的思索。幾經曲折後，廣松於 1976 年就任東京大學教養學部助教授，任至教授，於 1994 年 3 月退休，同年 5 月辭世。在其思索裏唯物論和現象學相疊合，也包含了科學論，但他不滿足於既有的看法或視野，畢生守護着自己的哲學關懷。這個基本動向是「由物的世界像到事的世界觀」的轉換，自生前就獲廣松哲學之名，受其思想影響的人很多。

在《物、事、語言》(1979 年) 一書是為〈代跋〉的後記裏，廣松寫道「在日常意識的如實相中，直截了當的論據不是事物，而是事態」(《もの・こと・ことば》勁草書房，1979 年，196 頁)。他認為「雪是白的這件事」、「等邊三角形這件事」等等是超文法事態的表達，被表現為這個事的事態，才是直截了當的原始論據。因為事物首先存在於此，所以才有事態也得以存立的這個異論的設想，廣松認為這個異論之所以發生，是因為只以用「主語＋述語」而定式化的二元式文法性層次來看事態，而不去破壞實體主義的存在觀。事態給事物賦予基底，是在以超文法的層次來看事態時發生的。

事態不是物質性的存在。不能將事態與事件混為一談。「事態本身不能在時空上作定位」(同，210 頁)，「事態亦非在意識內容＝心像＝再現等方面的精神性存在。即使事態的各項結構性契機和事件可以「心像」的形式浮現，「云云一事」的這個事的本身不能以再現的形態來想起」(同，211 頁)。為了事態的成立，語言上的交通成為本質上的媒介契機，事態是依語言在結構上被規範的「間主觀性＝共同主觀性被媒介的存立態」(同，214 頁)。

廣松不欲止於精神和物質這個存在的二元性格局，還主張四項結構論的一個獨特看法。他的主要著作《存在與意義——事的世界觀的奠基》

（第一卷 1982 年，第二卷 1993 年）應由「認識的世界的存在結構」、「實踐性世界的存在結構」、「文化性世界的存在結構」等三卷構成，但在第二卷出版時，他就離開了人世。

廣松在第一卷裏展開了他摒棄物的世界像，轉向事的世界觀的認識論。物的世界像是實體主義的世界像，事的世界觀是一種關係主義的存在觀。一定認為其存在觀「不是實體自存作第二次性的相關，只有關係規定態才是第一次性的存在」（《存在與意義》岩波書店，1982 年，vii 頁）。其目的在於「應摒除長期以來構成了認識論格局大前提的主觀－客觀圖式（這是來自實體主義的世界像，這個前提的圖式正是一直以來使認識論陷入理路閉塞的『元兇』），究明認識的世界如實的四項性的存在結構，一方面在以彼為基的新範式打破『認識論的困惑』，賦予認識的所謂間主觀性＝共同主體性妥適性權利，暫且在認識論上為『事的世界觀』奠定基底的格局」（同，xi － xii 頁）。

廣松未必是在反對「現相」的二項性契機的構成，只是在表明「有關二項及其關係的理解，我們的看法和既有各種說法和觀點不同」（同，40 頁）。在日常、直接的意識當中「所謂現象每次都是『現相的論據』和『意義的所識』的所謂『能記－所記』（signifant-signifie）意義者和和被意義者』的二項性的雙重成態」（同，41 頁）。他把重點放在可使這個關係成立的「作為」（として）這個能指－所指的關係上。廣松將「作為」所造成的兩項結合，視作「象徵性結合」甚至是「等值化性統一」，這「較『是』、『為』（デアル）是更加是根源性的，所以以定義方式來加以規定在邏輯上是不可能的」（同，163 － 4 頁）。若是要嘗試加以解明，則「現相的論據和意義的所識的『作為』的結合，然而標號的能指和所指的『象徵性結合』不是真實形象間的真實結合，……而是真實契機和理想契機的『結合』，

甚至可説是不真實的結合。這是在真實上不會結合的『結合』」（同，164
頁）。

　　廣松指出，「縱使是『論據』，那也不是自我完結，獨立自存的自足性
事物，而徹底是『論據－所識』關係的『項』，這是只在『作為單純更多的
意義的所識而被覺識』的關係規定性中的『論據』。在將這個第一肢性論
據如自存的存在體來處理時，在終極上那只能説是某種可能定義的事物
（etwas Bestimmbares），必須説其本身是第一質料的『無』（nichts）」（同，
58 頁）。「意義的所識在存在上不過是無即非實在的存立態，藉由身體的
主體來介入，論據和所識才會進入到『作為』的關係」。

　　在此，身體性自我和自體性他我在現相性世界登場。由於「在內在
於現相性世界的同時也令其歸屬於現相性事態的『身體的自我』及『身體
的他我』是超越身體性存在的某種『所謂精神的能知』中是能知的主體，
這些不是傳統上被思念下來的相之中的『身心雙重體』，而是作為一種獨
特的二項性雙重態而存立」（同，132 頁），所以其後廣松演繹出「現相的
論據」、「能知的誰某」、「意義的所識」、「能識的某者」（同，181 頁）的
四個契機所構成的四項性結構關聯態。這個關聯態構成知覺風景，其知
覺風景是自我的知覺風景，不是直接與他人共有的事常。至於圍繞着共
同世界和共同主觀性成立的動態性現實，是第二卷「實踐性世界的存在
結構」的問題，在認識的世界裏被認為「『妥切的真理』顯示作為可『通用』
真理的果實，必須要成為『通用的真理』」（同，377 － 8 頁），在實踐性世
界中，被作為價值的問題來討論。

　　廣松在公開發表《存在與意義》第二卷前，發表了《身心問題》（1989
年），指出「心身問題不只作為展開實踐哲學和價值哲學上基礎作業之一
斑，在和『自己－他己』問題連結之中，作為為了展開社會哲學和歷史哲

學等學問的前梯作業也是必須的」(《身心問題》青土社，1989 年，3 頁)。
有關自己的身體和自己的意識間的關係，意識狀態一般來講是知覺性風
景，「『身體』作為其知覺性風景世界的一齣，包含在其知覺性風景世界
的一部分中」(同，67 頁)，認為「這時，知覺風景具備了具有一定透視
法構圖的空間性秩序，身體被定位於其空間、時間性秩序之中」(同，
67 － 8 頁)。廣松在身心問題上也想改變範式，他在論及市川浩、坂本
百人，甚至是木森莊藏等人的看法，同時又和在法國現象學派中所見「被
作為對象來觀看的身體和直接被體驗的主體性身體明確區別，即於體驗
的身體相，由新的視覺來重新思考心身關係」(同，181 頁)。主體性身
體在知實的體驗相中未在皮膚上作界定。正如市川所主張的，身體的局
限是可變性的，但廣松並不以為足，「所謂現象學派的身體論在只要是
『被生下來的身體』便不存在『心－身』問題的指摘結束」(同，203 頁)，
作如是想的他有着「若不克制『意識』的本源性非人稱性、前人稱性，間
主觀性＝共同主觀性問題便不得解」(同，202 頁)。為了加以解明，廣
松畢生嘗試超克傳統性二元論，立足於四項結構論的思索。

2 身體化與科學哲學

　　強調人是作為身體或肉體而存在的傾向也及於科學哲學。為其發展
作出貢獻的有坂本百大、坂本賢三、村上陽一郎等學者。

　　坂本百大 (1928 生) 的哲學探究始於語言哲學，也翻譯了奧斯丁、
賴爾的作品，逐漸地加深了對心身問題的關懷，參與了生命倫理學會的
創設。他在《心與身體 —— 原一元論的格局 —— 》(1986 年) 的〈前言〉
裏寫下「心身問題接着下來，應該要追求新的生命論或是生命哲學」。正
如副標題所見，主張以原一元論來取代笛卡爾以來二元論的他，在題為

〈精神與身體節奏〉的序中，在「由於把心和物看作是彼此獨立的實體，人內在的心和身體關係的根據才會頓失所據」(《心と身体》岩波書店，1986年，12頁)中發現了二元論的謬誤，指出「實際存在的既非物亦非心，應該說是在那以前的完全性事物－原事件，這呼應看待事物觀點的不同，或作為心靈性事物而現，或是作為物質性事物而現」(同，13頁)。精神的節奏和身體的節奏兩者不是各自獨立互相作用，而是身體本身和感受到節奏的心同一，我們也心身一體地感受到節奏，並沉醉於此。我們將這個世界作為心和物交織而成的二元式圖紋來構成，因此為了敘述世界，需要心的述語和物的述語這兩種述語，然而針對世界作基礎性體驗時，則不是在體驗二元式分節的世界部分。會出現一個「看」與「被看」的區別不確彼此混融的世界體驗。坂本百大指出「該把這個體驗定名為『原體驗』」(同，105頁)。有個東西看起來是白色的這個原體驗分為「白色的東西」和「看起來」這兩極。前者被稱為意識的對象。後者「看起來」則表示留意到這個對象意識的樣態。「把這個樣態想成是什麼東西在作用的同時，我們就是在對這個『什麼』賦予『心』的名稱。而不對兩種作區分使其混融的就是原體驗，使之兩極化對其分極狀態作超意識時，二元論式的世界敘述以知覺報告這個形式來進行」(同，106頁)。

　　這本書的第三篇論文〈生命的哲學〉副標題是「其第三世代」。坂本百大把「致力於生命和物質隔離的時代的生命論」(同，229頁)命名為第一世代的生命哲學。這始於欲確立分離生命機能和物質運動，使物體不依據物體以外的或是類似於此的生命的實體的作用，而是依據物體本身原理而存在的運動的觀點，以至於牛頓物理學的立場。然而，牛頓物理學的成功是令近代科學走上略去生命的「物的科學」。第二世代、第三世代生命哲學的性格也因此確定。「絕對不會包覆在『物』的科學中的『生

命』存在的主張」（同，230頁），很明顯是違反科學的，由此第二世代的
生命哲學使用了「生的哲學」這個形容，作為與哲學和科學的對立而浮現。

　　然而在進入到二十世紀後狀況有所改變。科學的進展由「物的科學」
到「生命」，甚至走向「精神」，「在此生命的哲學迎向第三世代」（同頁）。
關於生命或生命現象是否可完全以物質現象來說明的這一點，出現了提
出跨越科學層次的疑問的必要。

　　科學的傲人成就是將對象世界限定於物，就方法論上來講是實證性
的。然而，所謂的實證性，是訴諸於實驗、觀察等經驗性手段。如此一
來，以「知覺」為中心的意識報告就成為所有命題的根據。因此，坂本百
大下了一個批判，指出「科學看起來像是將世界描繪成一元性的『物』的
世界，其實是認可將目前暫時不能作為物來敘述的某種東西的存在，甚
至是其功能及效果為科學性活動整體的根據。這裏存在着科學實證主義
的矛盾」（同，236頁）。科學不可能完全是唯物的世界觀，只要以觀察
這個知覺為科學方法的核心，那它就是二元論的。因此，他主張「假使
科學性的生命面貌展現出高度的物質性，那麼生命哲學應該站在這和觀
察這個意識行為的相關性上來思考『生命』的意義和價值」（同，237頁）。

　　第三世代的生命哲學的立場是二元論批判，是心身問題。由這個角
度來看，坂本百大認為「只有作為問有關生命的科學性知見的基礎，質
疑其方法論，將由此而得的收穫投入到這個心身問題中，再丟回到生命
問題中的事物，才能突顯出現代的意義」（同，263頁）。生命哲學必須
被定位成構成融合哲學當中認識論和存在論的分離，以及自然科學及精
神科學的別離之分離兩端接點的心身問題。

　　坂本賢三（1931－1991），首先在大阪大學專攻物理學，爾後轉向
技術哲學和科學史，可以說是科學哲學的代表性人物之一。在《機械的

現象學》(1975 年) 中在「所謂機械究竟能成為哲學的對象嗎？」(《機械
の現象学》岩波書店，1975 年，1 頁)。一直以來科學和技術也是哲學
的對象。關於機械，他認為為了「探究機械的意義」(同，4 頁)，哲學者
必須依哲學獨特的方法來分析機械。科學的方法是依捨去意義而成立，
這內藏着意義，並予以反覆。若要解明這個被掩蔽的意義，必須要有和
科學不同的獨特方法，也就是哲學。而且「隱藏的是科學，所以這不是
和科學無關的作業。更應該重視科學，詰問科學方法的泉源，將科學的
成果作為武器來使用」(同，5 頁)。這個作業「就是在問機械在現代的意
義，這變成在問機械在人類史中的意義，機械對於人類的意義」(同，9
頁)，這根柢裏潛藏着哲學家的使命感，「哲學家對所有事物採取批判性
態度，……是哲學家為人類全體賦予的任務，因此哲學家擁護未來人類
的權利」(同，11 頁)。

　　機械也包含了有助於作為物而出現的意義。坂本賢三認為「把機械
理解為可怕、異質，與人不同的陌生物的意識出乎預料地少，反而多被
認為是方便、有益的東西」(同，25 頁)。機械實現的作用是擴大手的作
用領域。「腳被用來移動自己的身體。當然也包含支撐身體。對此手則
是用來支撐、移動自己以外的東西」(同，55 頁)，我們的觸覺世界依手
的認識能力而開啟。這是和看及聽等受動作用不同的能動作用。坂本賢
三認為「近世以來的機械學和自然學將世界意識為外延性的東西，這是
視覺性世界，將意識疊合到手上時，就會出現完全不同的，質性的，在
形式上不被還原的體驗的世界。幾何學世界的克服，不是在聽覺的世界
聽神的聲音，在內感的時間性世界中生存，必須透過觸覺的世界和手的
世界來完成」(同，112 頁)。

　　用手來碰觸也好，看也好聽也好，我們是依身體而實現，因為「這個

身體是在社會中社會性地作用」（同，126 頁），無論是作為手的延長的道具也好，作為身體的化外的機械也好，必須社會的關聯中來理解。機械「在內容中，在作用當中，機械是人的擴大，被擴張，被巨大化的人，在形式上那是非人的，對人而言是他者」（同，172 － 3 頁），甚至「作為自立的東西具有威力，挾着權威由外部來迎向我們的時候，機械便不是不帶意志的存在，作為擁有超越人的意志的人格性存在而現」（同，170 頁）。這不是機械本身的要求，而是社會的，經濟的，政治的要求。

人藉由科學成為常識而被人格性物切離開來。坂本賢生發出警告，指出所謂的人可是擁有意志的個體，「意志被化外，這也愈被機械性外化時，個人就會逐漸喪失下去。這是疏離。然而，這不是機械來疏離。疏離的是人的社會。是歷史中被形塑下來的社會的人。是它疏離了機械。如果疏忽了人疏離了機械及成為機械的社會，⋯那麼對這個狀況應負有責任的人就會被免除責任」（同，307 頁），一直以來不是機械來支配人，而是機械為資本所支配。機械必須由這個支配被解放出來。在這部書中他作的結尾是「略去將機械由被支配的位置解放開來，人是不可能被解放的。機械和人是同一命運」（同，311 頁）。這裏看到的警告在其後二、三十年間，對於有了前所未有發展的現在這個電腦社會，以及核能的使用上。

坂本賢三在《科學思想史》（1984 年）中丟出了一個現代人類會被問到的課題，「科學究竟為何？對於人類而言科學具有什麼意義？所謂的近代科學究竟為何？」（《科學思想史》岩波書店，1984 年，5 頁）。哲學本來是個人的活動。但是由「科學思想經常是集體的活動，換句話說是在社會中形成的」（同，6 頁）來看，很清楚地科學絕對不只是尊重客觀性。必須強調「令科學本身明確，作為時代思想來理解的重要性」（同，319 頁）。同樣的主張在他的《尖端技術的去向》（1987 年）一書中也有所討論。

　　作為科學哲學的代表者，村上陽一郎（1936 生）立足於思想史立場之廣泛視野的著作很多，提出了種種問題。

3　身體化的哲學

　　這裏要談論關注到身體的哲學。這個立場基本上將人理解為身體存在。這指的是在所有意義上屬有限存在為前提的人們，但不是和精神對立、反目的身體。毋寧說是作為精神場域的身體。作為違背精神的肉的基督教式的身體觀未在日本扎根。身體化哲學在作為脫離近代西歐思想產物的同時，如湯淺泰雄在《氣、修行、身體》一書中也有所觸及的，潛藏在西歐思想根底的基督教思想，特別是作為違背靈魂的肉的罪惡意識，在日本未被接受。

　　市川浩（1931 － 2002）強調身體的價值。《作為精神的身體》（1975 年）一書的基調是，若無對於相對於世界的身體性關連，則認識便無法成立。他認為「作為純粹精神的神，應該絕對無法了解我們所認識的這般世界」（《精神としての身体》勁草書房，1975 年，118 頁），惦記着笛卡爾或梅洛－龐蒂，他指出「不畏誤解地說，身體是精神。精神和身體不過是附着在同一現實的兩個名字。……達成有『作為作動的身體』層次的整合，『身體真正成為人的身體』時，精神和身體已經不被區別。『精神』和『身體』是使有人性現實的具體活動的局面抽象化，固定化，藉此而被賦予的名稱」（同，118 － 9 頁）。指涉這個具體性現實的語言，就是日語的「身」。如「わが身」（自己）、「身につく」（掌握）、「身をいれる」（專心）、「身になってみる」（設身處地）、「身につまされる」（感同身受）等等，身有時指「身體」，有時指「心」，有時指「自己」，有時又近似於「立場」，這每一個詞彙都沒有「身」一詞所有的充實的親密性。「『身』既不

單指身體，也不指精神──但是有時卻接近於此──意指作為精神的身體，或是作為身體的精神的『實存』」（同，119 頁）。

隨着精神和身體的整合層次變高，我們的生成結構也去中心化。然而，去中心化不等於中心消失。「我們因去中心化可以更自由地改變和世界互動的方法，更自由地選擇世界」（同頁），因此實現結構的變更，將更普遍的結構化為潛勢的結構。然而只要人活着，就不能完全脫離自我中心的生活方式，「我們的生本身完全的去中心化、中心的完全相對化，就如同完全自我中心是如此一般，恐怕會讓我們的生陷入危險。這對我們來說僅止於一個理念」（同，120 頁）。

在《「中間者」的哲學─超越形而上學》（1990 年）一書中，他更詳盡地討論了之於身體世界的關係。首先，他在開頭斷言「生存就是差異化」（《「中間者」的哲學》岩波書店，1990 年，4 頁）。「我們藉身體（身）來辨別（身分けする）世界，身體（身）本身藉世界而被辨別（身分けされる）」（同頁）。「看得見的世界，因應觀看者的中心化而盤整順序，被歸於將特定的看得見的事物置於焦點的身體的觀點之中」（同，5 頁），身體在種種層次上與世界互動，所以觀點也和關係的多元化一併錯綜，而且我的身體本身因去中心化而可能吸收由其他原點而來的觀點。然而，消除觀點是不可能的。因為「觀點和自我組織化所造成的中心化一同誕生，和自我解體一同消滅」（同頁），所以不具觀點，就等於不具關係，對人而言是死亡。

這本書的第三篇論文〈為了「中間者」的認識論〉始於直接性認識和間接性認識的區別。我們的認識是由被體驗直接賦予的事物出發，市川把這個還沒被媒介的直觀造成的認識稱作直接認識或直觀認識。與之相較，「知性認識的重要部分發達成為以符號和語言為媒介的分別、理性的

推論」（同，193頁），然而這個認識是間接認識，他指出這個間接認識所提起的三個事項。首先，這「擴大了人的認識能力和行動能力」（同頁）。認識促發了行動，與世界互動，但為了正確地行動，必須有認識。其次，間接認識釐清了「直接賦予給我們的事物是已經被媒介的事物，在不被意識的層次裏，由於不被意識的自我和他者，以及社會、歷史的脈絡所束縛」（同，195頁）。藉此讓先入為主的觀念不要作動的還原的第一步是放棄判斷，為了解明將其後被發現的意義或本質更加束縛的事物，必須依賴因各學問的媒介而有的間接認識。就此意義而言，還原是無止盡的。第三，市川說透過包含語言在內的符號、工具和機械，他者和自己一同構成的制度等等，我們和世界互動，這「意味着世界本身被居間的間接世界」（同，196頁）。不可能存在赤裸的世界。間接認識論會吸引該稱作間接存在論的事物。在此重視的不是取下蒙蔽物體來解明真理，是依人的結構而被制約的「所謂赤裸的世界和擴大其觀點的被居間的世界無法分割的，被編織而成的世界」（同頁）。

　　結尾「通往『中間者』的存在論」的副標題是「跨物理學的嘗試」。「在科學由神學分離出自我的時候，科學把意義和價值都託付給了神學」（同，268頁），雙重真理的分工體制由此而生。然而，「原本認為科學可以依分析和綜合，由部分來理解整體並重構，而意義和價值的問題則由這個邏輯完全脫落了」（同，267頁）不只如此，因為「科學依排除意義和價值而成立，所以在被重構而成的整體之中不可能存在意義和價值」（同頁），所以市川嘗試重構因科學而化為片斷的各種真理。這裏提出了「跨物理學的嘗試」。這是一個否定了單純的超越性觀點，名為比較的錯位的形而上學。「我們可以作的不是超越性神學或是超越論式的形而上學，而是可以說是錯位的形而上學的『跨物理學』」（同，287頁）。這是市川

的結語。

中村雄二郎（1925 生）的著作很多。他哲學的發展是始於帕斯卡研究，他在 1965 年出版了《帕斯卡及其時代》，前此又在 1962 年發表了《現代情念論》。由此可知，他的思索重點總是放在感性上。在《感性的覺醒》（1975 年）一書的開頭，他指出「本書的意圖在於一種作為感性理論的哲學」（岩波書店，1975 年，v 頁）。他的思索裏始終有這樣一個態度。「超越近代的理性主義回溯到哲學本身的源頭，重新檢討哲學性知識中的理性和情念，邏各斯和情感，以及其各自間的連結」（同，vi 頁）在這本書中首次嘗試，因此連結理性和情念的語言也受關注。其次，他關注了「感情和精神都被理解為『身體的變貌』或其觀念」（同，viii 頁）。藉由理解所謂身體變貌的觀念是因外界作用而有的身體變貌的自我意識。中村欲思考感情的被動性和主動性。並且他也嘗試「透過在社會的場面思考感情，以及在與感情的連結中思考社會，探索社會關係的內在性邏輯」（同，ix 頁）。作為擁有共同性的事物，欲由社會的視角來理解感情，然而感性的覺醒引導想像力的活性化，另一方面吾人的感情結構化、制度化的自覺。

我們可以將《近代日本的制度和思想》（1967 年）及《日本的思想界》（1967 年）理解成一個在這裏展開的內在實質很早便在具體上投影於日本近代社會的成果。中村的思索世界可以擴大到近代日本，不是展開以西洋的理性和東洋的感性或感情的對比為前提的哲學性考察，而是嘗試由輕易進行這種對比的迷妄中覺醒。

《共通感覺論－為了重組知識－》（1979 年）和《哲學的現在》（1977 年）及《感性的覺醒》同為其感性哲學的三部曲。常識是作為共通感覺的共識，一般來說這不過是表現出了一個層面。中村一方面參考亞里斯多

德的《論靈魂》，認為「共通感覺被認為是在不同個別感覺間的識別和比較之外，不只是可以感覺到感覺作用本身，而是能夠知覺到藉任一個別感覺都不能理解的運動、靜止、形狀、大小、數量、一（統一）等。甚而所謂的想像力被認為是再現共通感覺的情感（被動）的動能。再進一步看，共通感覺被認為是連結了感性和理性」（《共通感覺論》岩波書店，1979 年，8 － 9 頁）。然而，長期以來這個意義遭到忘卻，和精確的學問知識相比，常識被塞進了包含曖昧在內的日常知識的這個框框中。必須要試圖恢復這個共通感覺原本的功能。

中村藉由三枝博音的《日本的思想文化》（1937 年），知道江戶時代成田柳泓（1754 － 1821）《理學秘訣》這一部書中有着共通感覺的概念。「鎌田柳泓在敘述了人五識（五感）的形成後，將神肉視作共通感覺的器官也就是共通感官」（《共通感覺論》12 頁），三枝關注到鎌田柳泓的《理學秘訣》，卻未注意到共通感覺。中村指出戶坂潤及收錄在其著作《日本意識形態論》中的〈常識的分析〉一文。戶坂認為：「共識的源流是亞里斯多德的共通感覺，這和常識之間如何連結呢？」（同，14 頁）。中村注意到戶坂的這句話：「因為是常識所被認為是真理，同時又因為是常識所以不被認為是真理」（《共通感覺論》16 頁）。這個常識的兩面性是來自於常識也就是共通感覺與社會間的關連。

若不將五感的各個部分作為部分感覺的聽覺和視覺，而是將之作為以各個部分為中心的綜合感覺來理解，那麼中村認為「可以得到一個將人感覺的歷史形成和變遷理解為知覺的真相和歷史的視點」（同，51頁）。在歐洲中世，聽從神之聲的器官即聽覺是最精鍊的感覺，到了近代眼睛卻成為了知覺的最大器官。視覺優先的近代文明，引起了被觀看者與觀看者、自然與人、對象與主體的乖離。「被觀看者和被了解者全部

被物體化、抽象化，一方面觀看者和了解者則是冷淡眼光，不得不將如
此被觀看者和被了解者物體化或加以支配」（同，53頁），相對於這個視
覺的專制支配，他認為盧梭和塞尚等「要求恢復觸覺」（同，54頁）。觸
覺「不是單止於皮膚接觸感覺的一種體性感覺」（同，110頁）。那和肌肉
感覺和運動感覺密接連結而作用，得以綜合五感。而且這個體性感覺在
向外部世界敞開的同時，也擁有和內藏感覺連結往內部世界的通道。這
個整合不只是知覺的初動作用，也令能動作用可能。

　　中村為了由共通感覺的觀點來重新理解人的語言活動，指出「在理
性的普遍性中連結人與人的是概念溝通，在感情共同性中連結人與人的
則是印象溝通」（同，190頁）。一併涵括了這兩個溝通的就是自然語言。
他認為將自然語言的整體作為內含於一個文化的語言體系來理解，「顯示
出人的語言依據感情共同性更甚於理性普遍性。所謂邏各斯並非單純的
邏輯，而是語言的邏輯、語言的秩序、道理」（同，191頁）。

　　語言的問題引導中村走向場所的問題。中村認為「正如話題用英語
來講是 topic，緣自於希臘語的 τοπος.（場所）的詞彙依然留存於今」（弘
文堂，1989年，7頁）。語言需要一個被共通理解的場所。「西田幾多
郎的哲學開始被稱為『西田哲學』，也是等到場所的邏輯在他的思索之中
成立以後」（同，9頁）。中村認為西田場所邏輯的重要性在於「在希臘西
歐哲學裏主語的邏輯（存在的邏輯）為正統，而清楚主張述語的邏輯（無
的邏輯）」（同頁），並就這點給予高度評價，但光是如此仍不足夠。他不
滿足於「儘管在西田的理解裏場所的基底性設有相對無與絕對無的階段，
仍逕以無的形態來理解」（同，10頁）。西田進行了該稱為西洋哲學共通
前提的主語邏輯主義到述語邏輯主義的一百八十度大轉變，「藉此將所有
的實在以述語的基體也就是無來賦予根據，將無的場所作為無底而非有

的缺乏，理解成一個豐繞的世界」（《西田哲學的脫建構》岩波書店，1987年，83 頁）。西田的場所邏輯值得注目的兩點是：首先中村指出其「解明了『日語的邏輯』」（同頁），然後「解明支配人類全般心靈深層的一個邏輯」（同，85 頁），認為可以成為解開精神分裂病謎題的關鍵。一般來講因述語邏輯而開放的是述語性同一性的世界，那不是因一般主語邏輯而有的邏輯性世界。「被稱作分裂病者的『滅烈思考』或『分裂語症』者，由西田的『場所邏輯』觀點來看，是由於陌生的異層次的述語面而統一的思考」（同，86 頁），「所謂的陌生的述語面，被認為是接近西田所謂超越的述語面或絕對無，而在分裂病者身上則失去現實的相對無或有的連結，以隔絕的形態出現在有的場所」（同頁）。

對中村而言，所謂的場所不全指作為存在根據的基底，而更強調作為身體的場所。因為「有關『作為身體性事物的場所』，和『作為存在根據的場所』相關，有一部分相疊合。這是因為意識性的自我主體，實際上不可能不以身體這個場所為基本，並且由於在彼處形成的身體性實存，空間性場所反而被賦予意義而分節化」（同，76 頁）身體不被與精神作實體上的區別，活動的身體的自我意識就是精神。身體的變貌是因身體而有的直觀知，因情感的知而引起。中村強調「不是我們擁有身體，而是我們活在身體之中」（同頁及《共通感覺論》263 頁）。

身體的知識和近代科學知識即主動的知識是相對照的。在《魔女蘭達考》（1983 年）一書裏，如實地展開了人是身體性情感之存在的論述。「既然人是誰皆擁有身體的情感性（被動、受苦性）存在，其身體便不置可否地曝露在來自外界的作用下，也無法避免蒙受為情念所困的痛楚和苦楚。然而，這未必是不樂見的。由於我們人是被動、受苦的存在，得以擁有和世界和自然間生動的交流」（《魔女ランダ考》岩波書店，1983

年，126 頁）。中村的這個想法足以成為我們關注環境問題時的參考。在將事物對象化並加以操作的方向中依因果律而成立的科學性知識當中，觀看者和被觀看者分裂，此處發生冷淡的對立。中村接着說：「相對於科學性知識是操作性知識，情感、戲劇性行動所包含的知識或是『情感性知識』，可以說解讀了環境和世界給我們的提示，在賦予意義的方向上，正是即於象徵主義和宇宙論而成立的」（同，127 頁）。

《述語集－令人在意的語言－》（1984 年）是袖珍版的小書，書中選有「知識的改組」或「範式轉換」時期中知識領域的代表性用語。也收錄了內隱知識、異常、瘋狂、劇場國家、代罪羔羊、滑稽、暴力等語，顯示出和過去以來的哲學用語不同，屬於中村雄二郎哲學用語辭典的意趣。

在本章最後應該談的是展開了極具獨特性思索的思想家，湯淺泰雄（1925 － 2005）。他首先在東京帝國大學文學部國史學科學日本古代史和神話，爾後轉到倫理學科，在和辻哲郎門下專攻哲學及日本思想。畢業後他以學士身分入學經濟學部，又在大學院學近代經濟學。這樣的經歷是因其廣泛興趣而來，而他其後的研究也不單關注狹義的哲學領域，而是對現代問題情境中人的根本面貌，展開了探究，而這正是哲學本應有的形態。

《近代日本的哲學和實存思想》（1970 年）是湯淺公開發表的第一本書。在序論裏他表達了寫下這本書的用意所在，指出「不認為近代日本哲學和近代以前的日本或東洋的思想史傳統是斷裂，而欲將其與歷史上的延續關係置於念頭來予以理解」（創文社，1970 年，8 頁）對日本而言，近代化就等同於西歐化，這個宿命不只限於日本。湯淺指出「印度首相涅魯曾說自己是東洋和西洋的混血兒」（同，4 頁），今日日本社會或文化整體宛如混血或雜種化一般，雜種化的意識甚至非常薄弱。有關造成

文化無統一、無性格狀況的原因，他略嫌莫可奈何地承認「近代以前的
日本長期處於堪稱是中國文明支流的位置上，所以對外來異質文化的排
斥反應並不強。至少不像中國人或印度人那樣，對本國的文化傳統有那
樣高的自尊感」（同頁），「近代國家裏特有的國民意識或民族意識，近代
日本人也有所缺乏」（同頁），因此，針對這個意識的內在實質，他以自我
的結構分析為線索，探索近代日本哲學的基本思考方式。

　　首先，他以五位哲學家的自我面貌為各節的副標題，進而討論。如
西田幾多郎是「自立的自我」，田邊元是「自我的爭鬥」、波多野精一是
「觀看內在的自我」、和辻哲郎是「隱藏的自我」，然後三木清是「追問自
我的底層」。這個自我的提問是來自亞里斯多德的「無知的知」，在西歐
近代是根據笛卡爾。在面對這個提問時，發現了日本文化作為東西文化
交會的雜種化狀況，然而湯淺把觀點集中在自我沒有身體就無法作動的
這一點上，轉向心與身體的關係。

　　這個關係被《身體－東洋身心論的嘗試－》（1977 年）所繼承，發展
出了以「我這個個別者只有在具體的身體性中才作為人的主體而存在」
（創文社，1977 年，7 頁）為原點的思索。他舉出東洋身心論的一個特徵
是「在如西洋的身心論一般問「身體和心靈是處何種關係」之前，首先「身
體和心靈的關係（透過修行）會或得以變得如何？」（同，333 頁）。修行
這個問題在東洋思想哲學性體系理論基礎裏乃是前提，「真知不因單純的
邏輯性思考而得，而是用自我身心整體來『領會』、『體認』而得」（同，
16 頁），所謂的體得不是用頭來理解，而是用身體來記憶，修行很是重
要。「所謂修行可以說是一種實踐性嘗試，欲以自我身心整體來體會真
知」（同頁）。

　　湯淺的步伐不止於近代西歐邏各斯思索的層次，也轉向榮格的深層

心理探究，特別是探索基督教精神史的黑暗面。在《榮格與基督教》(1978年) 一書裏，在比較考察東洋思想和西洋思想後，介紹榮格的看法指出「東洋的形而上學就西洋意義的形而上學而言是不易理解的，但若作為心理學來重新理解的話便有重要意義。因為在此形而上的概念進入到人間經驗的可能範圍。『心』Seele, mind 這個概念在東洋原本肩負了形而上學的意義。然而，在這個想法在西洋自中世以來就消失了。要言之，在東洋思想的傳統裏形而上學和深層心理學經常是一體的，因此那不符合一般所謂『物理的彼岸』(形而上學) 的觀念」(人文書院，1978年，269頁)，在東洋思想的本質上套用湯淺創造的詞彙「靈魂的彼岸」。

在《榮格與歐洲精神》(1979年) 一書裏他一方面尊重榮格「西洋人有畏懼無意識的傾向」(人文書院，1979年，184頁) 的看法，表示「由心理學來看，所謂重視諾斯底的精靈體驗，就意味着透過內在的深層心理領域來接近神的層次的一個態度。因此，當時正統教義的立場視這個態度為異端，大體來說就意味着以接近無意識領域為惡，並予以排斥」(同頁)，所以由這個觀點來看，天主教和基督教的教會理念之間沒有根本性的差異。由心理學來看，正統教義學傳統是拒絕、厭惡所有和無意識的關係，命令只能活在日常世俗的經驗世界中。相對地，所謂封閉的諾斯底共同體，意指擁有逼近超越了日常性經驗的內在超越性層次志向的人們。

湯淺認為近代精神史中自我意識的哲學「可以稱作世俗化、逆轉的諾斯底主義」，指出「所謂諾斯底主義本來的意思，是將精神的眼轉向自我靈魂的內在領域，意味着在影和渴望的灰暗情念領域的彼端，追求神之光的內向態度。對此我所謂世俗化的諾斯底主義，是錯以為自我意識是原本的自我，將之等同視之。那意味着抹殺無意識的深層領域只將精

神之眼轉向外在世界，藉由支配、征服世界，欲登上宇宙主宰者即神之寶座的態度。那是理性自我意識自我神化、絕對化的道路。由心理學上來診斷，自我意識的絕對化其實就是為無意識令人驚訝的力量所牽動擺弄的『自我膨脹』ego-inflation 的狀態」（同，245 頁）。而之所以在關於善惡道德判斷的心靈形態也頻生問題，是因為在扎根於無意識處存在着根據，「遺憾地，人心具有對他人缺點敏感，對自我缺點遲鈍的一種根深蒂固的性質。這是因為『心』不只在意識上成立，而是扎根在無意識的深層根底。在意識根底裏，存在着與肉體相連結的情念領域，內心的能量具有對在心靈角落對把自己放在較他人更優先的位置感到滿足的性質」（同，282 頁）。

這裏所談的肉體，在東洋式的思考中，是作為身體修行的問題來發展的。在歐美找不到可代換「修行」這個日語的詞彙。湯淺的《身體－東洋身心論的嘗試－》一書被翻成英文，以 Body-Towards an Eastern Body-Mind Theory(1987) 這個書名來發行時，「修行」被翻成了 cultivation。有關這點，湯淺寫道「基督教裏頭有被翻成『禁欲』和『苦行』的 austerities 或 asceticism。……這些詞彙的背後存在着靈魂藉由使罪的原理即肉體受苦而被罪惡拯救出來的一個靈肉二元論。因此，在這樣歐洲語言之中，存在着二分心靈與身體，重視心（精神）的價值，輕蔑身體價值的西洋傳統的價值觀。相對地東洋傳統裏在將心靈和身體理解為不可分之物的同時，身體的訓練作為昇華精神與人格的技術性手段而被賦予了積極的意義和價值」（《気・修行・身体》平河出版社，1986 年，29 頁）。若是勉強為「修行」找個譯語，德語的 Übung 在意思上比較接近。附帶一提，《氣・修行・身體》也發行了英譯本，書名譯成了 The Body, Self-Cultivation, and Ki-Energy(1993)。

　　在近代西洋的思考裏採取的方式是原則上區別理論與應用（技術），依不特定多數的觀察事例形成理論，實際應用這個理論。在東洋則不特別將理論和實踐分開。有關身心論，在西洋針對心靈和身體關係作理論式考察的傾向較強。湯淺認為「東洋身心論採取的態度是，思考心靈和身體的關係會依訓練和實踐變得如何？如何改變？而依據透過實踐會變得如何的這個經驗，反倒又再重新質問心靈和身體本來是處於何種關係？」（同，99 頁）。在近代西洋構成心靈與身體間關係相關理論性框架的作法中，若理論不合用時便視為例外或異常而摒除。換句話說，只要不在數值的適當範圍內便予以捨去，如此引發了為數字所支配的狀況。然而，在湯淺所主張的東洋思考方式裏，是採取「由心靈和身體的真正關係在日常普通的狀態中屬於未知的一個想法出發，再透過實踐加以探討的態度」（同頁）。

　　與心靈和身體兩者有關的是「氣」。「氣不是依日常一般的意識而被認知的作用，而是透過呼吸法和瞑想等心身訓練，逐漸能對意識（心）有所感」（同，120 頁）的作用，作為其時的新作用被視為生命體流過所謂經路的特有能源。由與瞑想的相關性來講，氣的流動帶有心理性質，這個氣的能源循環身體內部，通過手腳末端與外界的氣流相連。其境界即皮膚是「心理作用和生理作用，也就是心靈和身體──透過氣流──和物質性外界接觸的獨特的交流『場域』」（同，157 頁）。在發展氣－概念的時候，湯淺談了海瑞格的《弓與禪》一書中氣與武術的關連。武行的修行者「不由自我呼吸，而是被動地『被迫呼吸』」（同，119 頁），逐漸地領會所謂在精神上拉弓的意義。

　　有關認識的問題，湯淺也說「東洋的哲學認識，本來是一種實踐的認識，不是純然的知識認識和論證」（同，147 頁）。其積極性意義在於在

宗教與學問間看不到爭執的這一點。在西洋基督教神學的傳統中，例如如何證明神的存在的知識論證被視為重要課題，為了相信而不得不使知性被接納。然而，在東洋的哲學裏，獲得實踐性體驗遠較建構理論性證明來得重要。湯淺介紹榮格的看法指出「在東洋歷史裏之所以未發生宗教和科學的對立，是因為東洋的宗教不以所謂的信仰 faith 為基本，而是具有一種認識的宗教 die erkennende Religion 或是宗教性認識 die religiōse Erkenntnis 的性質」（同，148 頁）。這個認識不是近代科學裏的外界認識，而是有關內在世界意即心靈深度的認識，是具有實踐性質的體驗式認識。

在發表於 1994 年的《身體的宇宙性 —— 東洋與西洋 ——》裏，湯淺關注到由文字不同所見的哲學性思考的形態。他表示「中國的哲學性思考許多是無自覺的依象形文字的『形』來進行。可以說是印象式的思考」（岩波書店，1994 年，48 頁），將這個印象式的思考作為依共時性而有的邏輯基礎，令之與西歐的因果性邏輯作對比。口語語言未在廣邈的中國全境普及。「共時性意指在空間上隔絕的兩個以上的事物間依感應而同時發生了同調的現象」（同，52 頁）。在這本書的最後，湯淺介紹東亞傳統的自然觀是「在人與自然之間，透過身心整體在存在整體且共時性的對應關係」（同，308 頁），指出「所謂重新思考自然觀，會直接地影響到重新審視人間觀的這個課題」（同頁）。「康德將倫理學限定在理性與感情關係中，將身體性由倫理學追放出來」（同，297 頁），結果近代理性主義的人間觀忽視了身體性的領域，而這個被忽視的領域應該予以復權。湯淺處理了這個課題的業績是《哲學的誕生 —— 男性性與女性性的心理學 ——》（2004 年）。

這部最後的著作是以「人存在的自我矛盾」為最大前提，這也是序論的標題。「人在知性思考的場面裏，是將自我存在置於世界外部觀察世

界，儘管如此，只要人有身體，就和其他動物一樣身處世界內部。（《哲学の誕生》人文書院，2004 年，15 頁）。人作為身體，具有一方面存在於世界（意即自然），一方面可以將意識置於世界之外的特有性質，是自我矛盾的存在。湯淺由西田幾多郎獲得「絕對矛盾的自我同一」的靈感，將「一方面身為自然內存在，一方面也是自然外存在的這個人的特性稱作矛盾的自我同一」（同，16 頁）。

　　將人作為身體存在來理解，就必須要考慮到性的問題。人體是男性或女性，不可能存在沒有性別區別的身體。人的生命是由男性和女性的關係而誕生。湯淺認為「道德意識的基本裏存在着人對於生命神秘的感受性」（同，17 頁）。性是愛的心情和自我與他人的人際關係意識誕生的根據，有關這點，他是由心理學來談而非哲學。有關渴望的問題幾乎未出現在西歐的哲學裏。湯淺主張倫理學也必須要考慮到這個問題。因為「所謂科學這種活動是屬於無法對於『人應該如何生存？』、『人究竟相信什麼而活？』等疑問直接回答的性質」（同，18 頁），「要思考這個問題必須要由倫理的觀點來出發，而非科學。倫理的提問是在問我們作為『人應如何生存？』的時候誕生的」（同頁）。

　　湯淺欲在蘇格拉底的哲學裏發現這個倫理的問題。可以說「如果把蘇格拉底視為哲學的開山始祖，則哲學是由實踐性倫理或人間教育的問題開始的」（同，26 頁）。然而，在柏拉圖的學問裏增強了知識理論的傾向，更甚於實踐。即便如此，在《斐德若篇》和《饗宴》裏，柏拉圖也展開了有關渴望的討論，所以湯淺認為「渴望問題即女性論，是碰觸到柏拉圖哲學核心的重大主題」（同，48 頁）然而，在亞里斯多德幾乎看不到關於渴望的討論。在亞里斯多德以後，性不再是哲學的重要主題。湯淺提出了疑問：「渴望為何從哲學消失了呢？」（同頁）。這裏牽涉到把哲學

的發端歸於蘇格拉底或是泰勒斯的一個問題。

　　湯淺説「把蘇格拉底視作哲學開山始祖的是柏拉圖，但蘇格拉底似乎並不重視自然研究」（同，61 頁）。視自然研究為哲學開端並予以重視的是亞里斯多德，「其哲學體系的中心是解明立於自然學（物理學）Physic 和自然法則上原理的形而上學 Meta-physic（存在論）。因此他將泰勒斯以後的自然哲學家視作自己的先行者」（同，63 頁），這個立場為十三世紀的經院哲學所繼承。「由亞里斯多德的觀點來看哲學歷史時，西洋和東洋的思想性傳統間有着鮮明的異質面向。對此，若由發自蘇格拉底的實踐性觀點來看，我們應該可發現超越了東洋和西洋傳統差別的共通心靈問題」（同，66 - 7 頁），湯淺突顯出這個課題。

　　一般來講，「由神話時代過渡到歷史時代的階段，在希臘以外的文化圈裏，出現了具有一定思想內容的『宗教』（同，162 頁），而希臘卻出現了哲學。」湯淺認為那是因為「希臘的知識份子是藉由對神話的思考抱持疑問，否定其價值而登場的」（同頁）。宙斯宗教是在城邦發展的這個獨特歷史狀況中所誕生的，所以其信仰是以戰鬥、爭奪和死亡的問題為中心，缺乏回應心理尋求救贖之要求的性格。對於這個要求，也就是人在這個時代的生存方式的問題，知識份子必須作回答。至於蘇格拉底以前被稱為自然哲學家的人們，湯淺也説「他們是位居領導民眾的政治家立場是最適當的」（同，164 頁）。亞里斯多德認為「他們專注於自然哲學」的看法是片面的，「將對於人性的反省之眼轉向自然環境時，產生了對於神話中諸神百態的疑問」（同，169 頁）。湯淺説「蘇格拉底以前的哲學家是政治家，而柏拉圖、亞里斯多德以後的哲學家則是學者。蘇格拉底這個人物站在圍繞着學問形態的時代狀況出現了極大變化的轉捩點」（同，172 頁）。

　　蘇格拉底可以作為一位公民參與政治並發言，但卻採取了不介入政治的態度。那是因為蘇格拉底是「由代蒙的話可以教給自己什麼的一個靈性的觀點來思考，而非自我理性的立場」（同，228頁）。蘇格拉底的生存方式就是由「人應該如何過他的人生？」的這個面向倫理的問題出發，雅典的人們必須由蘇格拉底得到教誨。湯淺設想「要言之，是時代把他喚上舞臺的。那成為了哲學的開端」（同，229頁）。

　　就蘇格拉底來講，語言的目的是關於倫理的德性，令對話者即年青人的靈魂成長。這個內容可以在柏拉圖初期的對話篇中看到。湯淺說：「語言在作為自我與他人人格關係的關係中作用，在基礎上可以看到倫理和人格形成的問題」（同，236頁）。重視語言的傾向關係到柏拉圖的理型論，也可以在把重點放在邏各斯（語言、理性）的西洋思想傳統中發現。然而，湯淺認為蘇格拉底的想法是「人的倫理德性的根據是內在靈魂的善，也就是靈性的問題」（同，245頁）。這裏存在着一個問題，就是代蒙的話語。

　　由《蘇格拉底的辯解》一書中的形容，即「有一種和神與神格相關的精靈（代蒙）在我體內發生。……那自孩童時代起便糾纏着我，作為某種聲音而生，在那發生時，無論為何，都欲令我停止我想進行的事情」（同，265頁）來看，湯淺認為「蘇格拉底本身對於代蒙的說明絕對不難理解」（同頁）。即便如此，這個代蒙的話語是不能普遍化的。湯淺說：「神和自我的關係本來是屬於個人內在的體驗，其性質是若無本人的體驗告白，就無法由外部來判斷」（同，272頁）。體驗告白是用語言來進行，在由普遍化語言所作的告白中，體驗本身是不能被傳達的。「為了解人性的真實，必須認識到邏各斯及其局限」（同，244頁）。

　　在接受死刑判定的早上，關於代蒙未向蘇格拉底談話，也不反對一

事，湯淺主張針對他在《辯解》「我向各位説該怎麼去思考這個原因。總而言之，我覺得這個結局似乎是好的。而如果覺得死是不好的，那麼那是因為人們沒有正確理解到問題」（同，283 頁）的這段話，「要作邏輯性説明是無意義的」（同頁），嘗試與易經的思考作對比。因為「易經是根據『了解你本身』的這個精神的託神方法」（同頁），「如何對自己所置身的狀況下決定，其責任全部聽憑質問者本身的自由。這裏存在着人的自由。也就是了解自我的這個易的基本精神」（同頁），若將之投射到蘇格拉底上，那麼「代蒙的沉默就是自己獲得了認可，可作為一個人自由決斷」（同，284 頁）。

　　甚而，「在經院學派裏用『依循自然（physis）而生』的這句話來形容人的生存方式」（同，316 頁），然而這個被譯為「自然」的 physis 一詞，除了是物理 Physics 的語源以外，也表現出人的本性。「依循宇宙的自然和依循人性的自然，兩者是一樣的，自然學和倫理學被置於不可分的一體關係」（同頁），自亞里斯多德以來，本應如上所述的這個關係卻分離了。湯淺對各門學問現狀拋出了嚴肅的問題「現代哲學對此直接面臨到了一個新課題，要重新探究科學技術和倫理宗教關係」（同頁）。

　　湯淺認為約翰福音開頭「起初是有邏各斯的。邏各斯是與神同在的」的這段話是受到經院學派的影響，認為「所謂依循自然而生，意指遵從神賦予給人的靈性即邏各斯的作用去度過人生」（同，317 頁）。由此三位一體論被推演出來後，身體性被忽視，性被作否定式的理解，在性本能裏頭潛藏着對罪惡的傾向性的一個看法成為主流，為男性原理所支配的社會出現了。湯淺欲由榮格相對於三位一體的想法即四位一體（Quarternity）的看法中發現身體性恢復的線索。湯淺主張應在「三位一體的神加上聖母」（同頁），使之成為四位一體，榮格是以人的心理為基

礎，「由人性的觀點來思考神性時，我們必須重視神的女性性和人的身體性」（同，348 頁）。湯淺說「連結神和人的聖靈的指引，依此被理解為心身的整合性及潛藏在其中的對他者的愛的泉源」（同頁）。

在《哲學的誕生》一書裏，湯淺大多依據希羅的古典哲學來展開自身的思考。有關這點，他在這本書的開頭極為謙虛地寫道：「我在古典學是個外行，所寫的內容全是參考專家的成果。所以這本書不是哲學研究者該予以一顧的。我的心願是希望一般的讀者來讀這本書。要言之，是希望不了解哲學但想思考人生生存方式的人們來讀這本書」（同，2 頁）。然而，有關「吾人作為人應如何生存？」這個倫理的基本，雅典必須聽從蘇格拉底的教誨，那是哲學的開始，由此來看，湯淺的這句話有無比的重量。哲學本來就是誰都可以、誰都應該接觸的學問。

「我們作為人該如何生存？」這個邏輯的基本並非在邏輯和普遍上理解為一般論便可的。正是作為個體的自我生存方式的問題。沒有人可以由這個「作為個體的生存方式」排除出來。自身的生存方式這個誰都應該思考的問題，同這本書裏頭有形無形被拋出來的各種課題同在，對 —— 摸索自我生存的原點雖然理所當然卻遭到忘卻一事 —— ，敲下了警鐘。

從那以後 —— 消瘦的哲學 ——

到了 1980 年代後半，日本哲學世界也出現了各種新動向。人作為身體存在受到關注，由理性來建構形而上學體系的嘗試卻消失了蹤影。然而，理性思索本身並不被認為是無意義的。理性思索作為科學性探究手段的意義和重要性無法被否定，形而上學也作為方法論充分扮演了角色。若非如此，是不可能解釋各種不同意義的哲學提問的。理性所扮演的角色由現身舞臺正面的主角，一轉由前景到了幕後，但卻仍然是不可或缺的角色，是支持着旋律的通奏低音。

這種轉變呼應現代科學技術的進展，還擴大到有關技術演化下人的理想形態等根本提問。在關注到生命倫理學、環境倫理學，甚至是女性主義等過去一直未被作為哲學課題來處理的問題時，來自過去非屬哲學領域的發言也漸見有所增多。生命科學和醫學的進展、器官移植和不孕治療等，某種程度給人的生存帶來了前所未及的改變和突破。使用核能所帶來的能源問題也被突顯出來。然而，只要有能力實現的事是否就該全部去呢？不須特意去看摩西十戒的前例便可知，並不是所有有能力辦

到的事情都應該去做。

人類發展的演變史中，在數千年之間人的基本能力一直沒有太大變動。然而，近代以來實證科學的進展，終於使得其範圍有了極度的擴大。一直發展到二十世紀前半，甚至看得到一種傾向，人類天真地為其技術發展成果而喜悅，過度相信自身的能力，自以為是自然的支配者而自滿的傾向。但人類無限制地應用自身所解明的片面、部分的知識，引發自然遭到了極度破壞的可能。這情況開始被實際感受，一直要等到二十世紀後半以後。而人類生存的基本問題，「該如何生存？」、「該如何自處？」皆愈來愈需要回答。人類不應只是作為有思索有理性而存在，雖然人類具備理性，但仍是作為有身體有生命限制的實體而活着。

若說所謂哲學是去問應該如何生存的根本問題，甚至是問存在的意義，那麼應該沒有人可以從這裏被排除。然而，若要批判的去說過去的日本哲學是不努力對誰發聲，只拘泥於所謂深遠的外來思想在象牙塔中沾沾自喜也不為過。這裏可以看出日本哲學思想非現實化、無力化的原因，雖然整個社會情勢是在某些事件發生時，只追求表面而且即時的解決對策。但不得不說之所以導致這個情勢的遠因，也是由於哲學偏離了現實社會。在這樣的情勢下，學者們開始倡導哲學的臨床化。

鷲田清一（1949 生）在《「聆聽」的力量－臨床哲學試論》（ＴＢＳブリタニカ，1999 年）一書中思考了作為「『聆聽』的哲學」而非「聆聽的哲學」的可能性。聆聽作為與他者具體互動的生存方式，就如同閱讀一般，擁有只有一人關在研究室內部作業所不能有的廣度。這個互動是藉語言而為。哲學是和藉語言而為的互動，也就是對話一同開始的。蘇格拉底走上街頭展開了對話。與其說是自己來談，不如說是協助引出別人的話（邏各斯），以臻真知識（認識論）。然而自己卻未留下一本書，幸

得柏拉圖將蘇格拉底的思索重新建構成對話篇。鷲田說:「哲學不是由論
文或演說開始的,而是由在誰的面前和誰談話開始的,這是非常重要的」
(同,29頁)。反省是他者不存在的場域,「談話」是以與他者有關的場
域為前提。在這個場域裏,在聆聽上所耗費的神經要比談話多。他的設
想,不是如過去以來哲學所嘗試的談話般來探索、分析世界的真理,毋
寧說真理是由聆聽而變得清晰。「由於是臨床,我思考哲學的『場所』。
哲學生成的場所,哲學作用的場所」(同,51頁),雖說如此,這個場所
不是特定的被限定的場所。鷲田的論述很重要:「哲學不是知識,是質問
知識的根據和意義,哲學不是科學,而是質問科學的可能性和極限。正
因如此,和知識相關的人(科學家)必須要有這樣的思考。大學豈止不能
縮小哲學這個科目,反而應該讓所有師生都變成哲學家。換個說法,哲
學研究者獨佔哲學,對學問而言是不幸的」(同,52頁),從事科學的人,
的確必須不斷地用心在自己專門領域的可能性和局限上。必須站在超越
性的視野考察、賦予各個學問領域形態的意義。然而,所謂「好好活着」
和科學的知識是不同層次的。任誰都必須摸索自身的美好生活。若是如
此,則對哲學而言的場所對誰來說都是場所,這裏可以看到臨床哲學的
存在意義。這個場所不是作為一般的普遍性,而是必須在特定的個人身
上,只要是生存在社會,任誰皆可作為其存在。

　　鷲田借用梅洛-龐蒂的話,認為「臨床哲學」是三個「非-哲學」
(non-philosophie, a-philosophie)性或「反-哲學」(anti-philosophie)性的
觀點」(同,107頁)。臨床哲學的第一個觀點是摸索作為「聆聽」這個活
動的哲學。第二個觀點重視的是誰面向某位特定的他者的這個單獨性或
特異性的感覺。換句話說就是個案研究中的個案。第三個觀點不把哲學
看作是適用預先所有的原則,而是一般性原則因一個事例而被撼動的經

驗。鷲田作結指出：「不是主張而是『聆聽』，普遍化是不可能的，最後『臨床』也是作為『從事哲學』者引起面臨臨床場面者的經驗變貌的一個事件，就此意義而言『臨床』存在於時間裏頭，在這個三重意義中，認為『臨床哲學』應是非－哲學性的」（同，108 頁）。

　　然而，鷲田的這個看法不僅是非－哲學性的，還回到了哲學本來的面貌。哲學和科學不同，不是為了演繹出普遍適用於該事物現象的法則性。毋寧說各哲學家看法的個別性受到尊重，在這個看法的形成當中，「聆聽」絕對不該遭到輕視。最該被批判的是，不是哲學家的哲學研究者變成了作為職業的哲學專家。

　　就反哲學而言，木田元（1928 生）也在梅洛－龐蒂及海德格的影響下，將現代哲學稱為反哲學。而在鷲田《「聆聽」的力量》之前，養老孟司（1937 生）也寫下了《臨床哲學》（1997 年）。養老是醫學家，但正如鷲田所盼望的，科學家不是展開由自身專業所見的意義和局限，而是由《唯腦論》的觀點，針對過去的哲學由於和臨床醫學的類比而欠缺臨床性，展開了戲謔的批判。

　　不標榜哲學的臨床化，而是由自身活在當代的立場來展開臨床思索的是森岡正博（1958 生）。由倫理學立場投入生命學研究的森岡在《通往生命學的邀約 —— 超越生命倫理學 —— 》（1988 年）、《再問生命觀 —— 由生態運動到腦死》（1994 年）等書中，不止於在現今生命倫理中所處理的範圍，也將視野拓展到環境問題而展開了現代文明批判，《無痛文明論》（2003 年）堪稱集其大成。這本書的兩個關鍵詞是「身體的慾望」和「生命的力量」。身體慾望的形態決定了人的行動模式，這個慾望的擴張促動了現代文明。與之相比，「生命的力量」則是「『啊，活着真是太好了』的一種喜悅的感覺」（《無痛文明論》，トランスビュー，2003 年，19 頁）

的實際感受。人，甚至是生命體活在生命和身體的競合之中。森岡認為
「所謂生命，是在內在於身體的同時，又欲超越、跳脫身體」（同，21 頁）
然而，現代社會中生命和身體失去了均衡。這裏出現了無痛文明。「所
謂無痛文明，是『身體慾望』奪取『生命喜悅』的一個框架，有條不紊地
編入社會體系，遍及社會各個角落的文明」（同，24 頁），我們體內的「身
體慾望」推動無痛文明，奪去了「生命的喜悅」。被奪去了喜悅的「生命
的力量」逐漸麻痺，其結果是「喜悅冷感症」（同，123 頁）。

　　在第七章〈「我的死」和無痛文明〉中，他說「『我的死』，那是無關於
我的意志突然襲來的無上的恐懼觀念」（同，291 頁）。無痛文明利用眼
神欲從這個恐怖別開的衝動而擴充。「為了由其根底來解構無痛文明，
必須充分地挖掘『我的死』和『死的恐怖』」（同，293 頁），對「身體的欲
望」而言，「我的死」的這個觀念和其所帶來的「死的恐怖」，是極為礙眼
的障礙。然而，了解「死」這個我的世界的極限，令森岡感受到對於生的
愛戀。他認為「接受我的死，不就是接受成套的恐怖和憐愛嗎？」（同，
329 頁），表現出作為「因為我無法克服死的恐怖，所以我被賦予了『憐
愛』和『對於喜悅的期待』」（同，334 頁）的有限存在而感受的喜悅。在
無痛文明社會中，感受到疼痛、恐怖和喜悅的自己必須被找回，藉此可
以在無痛文明中脫離埋沒的狀態。

　　然而，為什麼哲學化為哲學研究，失去了作為哲學的性質，而陷入
迷失了呢？若不探索這個問題，則臨床化哲學的去向也將不明確。就哲
學而言，必須要思考全體知識形態的推移。本書在此欲極為粗略地談大
學這個組織的成立及變遷。西歐中世末期，大學雖然是以併設於修道院
的形式創設，仍然作為學問研究的場域起步了。到了十五世紀時，大學
這個研究組織的存在在歐洲各地達相當數量，而過渡到文藝復興的這個

近代知識。無論知識的開端是對存在的驚訝或疑惑，為了協助其發展和育成，在現實社會中必須要有實定組織。同時也不能否定接受令這個組織成立的社會體制也給知識加添了色彩。大學也是在中世基督教社會成立的組織。組織是以處理人的精神面的神學院為首，攸關社會生活的法學院、處理了身體的醫學院，還有作為所有學問基礎的哲學院等四個學院來構成，所有學問皆是站在依據由神創造的秩序的一個前提，其理想形態一直被視為傳統死守到十九世紀初。由這段歷史來看，醫學是攸關人類身體的學問，絕非自然科學的一個領域。

這個四學院的構成未必是安定的。神學院、法學院、醫學院等三學院，其內涵實質各自是清晰的，亦具實用性。由神學院出身的從事聖職，法學院則成為政治家，醫學院則是醫師。他們各別以具體形式來與人的生存互動。至於哲學院的實用性則不明確，作為基礎學部被視為下級學院，遭受輕視，這由康德和謝林視之為學院間的鬥爭投以嚴厲批判便可了解。然而，在知識進展的同時，作為基礎學的哲學院，其內涵實質也發生了變動。和演繹重視邏輯法則加以推論的理論建構不同，原因結果的法則依實驗觀察被推演出來的歸納式推論變得重要。結果，中世以來被視為絕對的看法開始動搖了地位，例如天動說遭到否定，興起了地動說。文藝復興的動向之一即尊重知識的實證性，逐漸地作為變換哲學院研究方法的指針而滲透下去。

這個傾向展現了明確的成果，研究各個領域分離而獨立，是在十九世紀後半的事。各門科學自哲學脫離，主要是自然科學部門作為理學院而發展形成獨自的學院。自哲學院或是哲學分離出去的不只有自然科學。文獻研究也好，調查也好，重視實證性的各領域再不能與哲學共同行動。歷史學到了十九世紀後半為樹立自有研究方法而有種種嘗試。社

會學作為社會科學，要形成以調查為主體的新學問領域。剩餘勉強地維持住了以哲學為主體的領域的是邏輯學和哲學史，令人笑不出來。要標舉哲學院的這個招牌變得困難，而是化為文學院哲學系，作為一個弱小學科勉強存續下來。而且事實上的研究現況是從事哲學史上的文獻研究和其詮釋，無法區別這究竟是哲學還是文獻學？令人納悶反而像是在模仿重視實證性的其他領域。如此一來，無法期待能夠在哲學的領域裏頭展開哲學性思索。自稱或被稱作思想家的人或是評論家們，碰到問題時只陳述表面上的看法，然後隨着時間被遺忘，很遺憾這就是日本當前的精神狀況。如此哲學或將失去生命。然而縱使哲學即將失去生命，但我們該眼睜睜地看着它失去嗎？是否還存在恢復其生命可能性呢？

有關哲學給其他各門學問賦予相互定位的使命，比方說康德在《道德形上學的奠基》一書的開頭已經作了，二十世紀初頭胡塞爾也在《作為嚴格之學的哲學》裏作了。然而，有關那以後的科學進展及專門分化的狀況，已經不再是由過去以來體系建構的類推得已涵蓋，現況是過去哲學的活動所無法應付的。然而各學問各別細分化的情況下，給各領域賦予意義的知識整體面貌是無法清晰的。各別學問科際整合化的動向於是由此而生，在生命科學家裏頭也開始出現了提倡涵蓋性生命科學的動向。然而，這個作業本不應是在實證上探究知識的科學的課題，是哲學應該接下的任務。為此除了了解各門學問外，也要回顧歷史，重新理清各學問由哲學分離獨立的過程，以摸索將來人類知識活動整體的方向。

最後擬思考知識中普羅米修斯和厄庇墨透斯的面向。普羅米修斯意指「先見之明」，和意指「後見之明」的厄庇墨透斯，這兩個巨人族兄弟暗示着人類的知識面貌。一般來講，厄庇墨透斯被理解為「事後諸葛」，常有「為時已晚」的否定式理解。然而，科學的實證性基本上是依據厄庇

墨透斯而有的。若無應該檢證的對象先行存在，則知識性論證理應無法成立。可以說現在的知識狀況是充斥着厄庇墨透斯的。

　　然而，人也具備了普羅米修斯一般預知的能力。這是樹立理念這個尚未發生之目標的能力，是探究理想形態，應有形態的能力。哲學的根本課題，應該是嚴肅地立足於現有的知識狀況，進而開創知識的普羅米修斯面向。

後記
人作為矛盾不合理的存在

普羅米修斯盜取天上之火，前題是意識到人類是作為有肉身而活的有限存在。身體存在是會受寒受凍的，所以人類的處境誘發了普羅米修斯的同情。結果巨人且不死的普羅米修斯受到了被鎖在高加索山上為禿鷹剝去內臟的刑罰，嘗到永遠的苦痛。人類不是活在永遠界，而是和其他生命體一樣，終將走向死亡。但是人類的意識則可以跨出世界，由超越性的視野來看待萬物。由於人類有這樣的能力，所以他們也必須接下了解萬物眺望未知的任務。

然而，就算觸及超越性，人類的自由也不是沒有限制的，而且基本上大有所限的。這裏又浮現出身而為人的一種存在的矛盾、不合理及悲劇。儘管生命的誕生本身受到來自周圍的祝福，但這些皆非誕生者本身的自由所帶來的，而且對於生者與催生者，都不會有不受制約的自由。至於死，縱使我們知道終將死亡，但死的時機和方式又並非當事人可以掌握。即便如此，人類還是必須依自己的自由和責任活完由生開始至死為止的光陰。這是一種非常不合理的矛盾，但正由於人類本質是一種不合理的矛盾存在，所以人們才會經常被迫面臨「如何存活？」「該如何生存？」等等哲學的根本問題。人若果沒有了作為身體的制約，對這些哲學的思索也便不會發生。若然無有來自於身體的制約，則個別的慾望便

不會發生，而且若無超越身體的意識，人類終將如動物一般本能地活到最後。

　　使哲學知識發展的，是人可以意識到自身作為身體存在的這個宿命。倫理學和哲學的歷史很久遠，然而長期以來人類哲學的思索在大洋的東西兩方皆輕蔑身體。惟一直輕蔑身體，我們便無法由人是矛盾存在的這個前提來出發，固我們必須從正面來承受、理解自己作為身體置身於生成、衰退、消滅等變化當中。無論生成這個形容是否妥當，整個宇宙，包括使所有生命體獲得存在的這個地球在內的大自然全體都在不斷變化之中。面對這種變化，自然學的法則可以幫助我們從靜止或恒常性來理解，以自然學為前提，邏輯化其背後本質的則是形而上學（Metaphysica）。若人在這個形而上學的世界中也只作為本質來存在，那麼沒有變化的理性或許是可能成立的。

　　無論是身體或物體，沒有任何事物是不變化的。自然學（Physica）或自然（Physis）是來自於生成這個意思的動詞 φύω。現在這個意思似乎已被遺忘。近代以來，自然學（Physica）變成了物理學（Physics），不再是處理生成變化的領域。生物學、化學、地學、天文學等自自然學分離獨立出來，其各自內部更加細分化，全面探討有關自然知識的作業也迷失了。以重整各領域為目標而出現生命科學的動向，也提倡生命倫理學的必要，但各學問的重整若是以生成的變化為前提，我們對知識活動的摸索，就不該依據本來意思已經消失 φύω 的形而上學，而是應該以依據來自「生存」βιόω 的 βίο 而有的生物學（Biology）的 Metabiology 為基礎。

　　為了活在現今這個人有能力辦到的事有所增加的技術化時代，許多事情無法按過去的作法來解決。但也不能輕易否定、放棄過去累積的寶

貴成果。新的事物無論是在直線式延長上的進步，或是經對決而來的屈折成果，都必須依據過去以來事物的積累而出現。若日本當前的精神狀況是不顧這個積累的功勞，眼光只望外看，取巧地將新的現象單單作為知識來吸收，缺乏思想的歷史性，則着實令人慨嘆遺憾。然而，我們無法斷言沒有這樣的傾向，──也就是完全消除思想生成過程中人作為矛盾存在的苦惱或喜悅，不痛不癢地只把形成的邏輯作為客觀知識來接受的一個傾向。

我們本身也被逼迫要在歷史社會的狀況中不斷地與現下的各個問題對決。語言也好思想也好，皆不可能不受來自歷史和社會的制約。語言是會改變的。我們已經不在日常中使用明治時代的語言。然而，各地的語言是在歷史背景中形成，具有獨特的意義和表現，當然日語裏頭也有這樣一個交融的歷史。我們所使用的日語，在潛在或顯在上皆可看到佛教或儒教留下的痕跡，例如敬語或謙讓語等第一人稱代名詞的使用法、過去身分制度或性別上下關係等等。不只如此，我們仍不得不時常為對於這些表現出歧視的語言還抱持愛戀的自我感到矛盾。

不只在學問的世界，我們的世界整體在社會和經濟層面皆以地球為範圍增強了對立糾纏，所有國家在世界經濟的浪潮中都不可能只靠自己一國來自立。在這個愈形複雜的狀況中，哲學必須摸索對未來的展望。日本的哲學也已經來到了這個時代，應在日本這個歷史社會的背景下自我審視、積極發聲，而不只是吸收歐美哲學。哲學的狀況經常是始於自我審視，然而構成這個審視內在實質的主體關心，不應只狹隘地停留在自身周圍，而該具有面向人類全體未來的廣度。

和平、平等、安心生活的社會不會在一朝一夕內實現。人必須一方面和各自的過去對決，一方面向未來邁步前進。抱着過去又想望未來，

這也顯示出了人一方面是時間內的身體存在，一方面又是抱持着超越時間展望的一個矛盾性存在。摸索這個展望，探討身而為人該如何生存的這個終極課題，就是哲學的使命。

附記　本書為據 Japanische Philosophie nach 1868（1994, E.J. Brill）日文版《近・現代日本哲学思想史 —— 明治以 、日本人は何をどのように考えて たか ——》（2006 年，関東学院大学出版会）改寫的袖珍本。改寫過程中蒙受筑摩學藝文庫總編町田沙織女士的關照，勞煩責任編輯海老原勇先生之處甚多，謹誌謝忱。

文　獻

　　有關本書的引用文獻，其書名和出版資訊大多已在文中明列。另外，有關哲學思想的主要相關書籍，請參考附錄的發行年表。

　　此處所列文獻，為公認明治以來哲學思想通史的著作、辭典、個人全集以及思想體系等叢書。——令人遺憾的是著作方面為數僅少，但也因此而有了本書的寫作。明治時代思想家的書籍，除這類叢書以外甚難入手。

　　下面也列舉幾部日本思想史相關的德文文獻，唯這些文獻未必皆以明治以來的日本思想為主題。

＊　　　＊　　　＊

Brüll, Lydia: *Die japanische Philosophie*, Darmstadt 1989.

Hamada, Junko: *Japanische Philosophie nach 1868*, Leiden 1994.

Hammitzsch, Horst (Hg.): *Japan Handbuch*, Wiesbaden 1981.

Kracht, Klaus (Hg.): *Japanische Geistesgeschichte*, Wiesbaden 1988.

Paul, Gregor: *Philosophie in Japan*, München 1993.

Schinzinger, Robert: *Japanisches Denken*, Berlin 1983.

宮川透・近代日本の哲学（増補版），勁草書房，1962。

ピオヴェザーナ，G.K.（宮川、田崎譯）・近代日本の哲学と思想，紀伊國屋書店，

1965。〔Piovesana, G.K.: Recent Japanese Philosophical Thought 1862-1962, 1963. This book is published in Japan by arrangement with G.K. Piovesana through Enderle Bookstore.〕

宮川透，荒川幾男編・日本近代哲学史，有斐閣，1976。
中村元，武田清子監修・近代日本哲学思想家辞典，東京書籍，1982。

＊　　＊　　＊

阿部次郎全集全 17 巻，角川書店，1960-66。
天野貞祐全集全 19 巻，栗田出版会，1970-72。
石原謙著作集全 11 巻，岩波書店，1978-79。
出隆著作集全 8 巻，別巻 2，勁草書房，1963-67。
村鑑三全集全 40 巻，岩波書店，1980-84。
大西祝全集全 7 巻，警醒社，1903-04（日本図書センター，1982；2001）。
岡倉天心全集全 8 巻，別巻 1，平凡社，1979-81。
河上肇全集第 1 期全 28 巻，岩波書店，1982-84。
　　　　　　第 2 期全 7 巻，別巻 1，岩波書店，1985-86。
九鬼周造全集全 11 巻，別巻 1，岩波書店，1980-82。
幸徳秋文全集全 9 巻，別巻 2，明治文献，1968-73。
田邊元全集全 15 巻，筑摩書房，1963-64。
中江兆民全集全 17 巻，別巻 1，岩波書店，1983-86。
中村元選集全 32 巻，別巻 8，春秋社，1988-99。
南原繁著作集全 10 巻，岩波書店，1972-73。
西周全集全 4 巻，宗高書房，1960-81。
西田幾多郎全集全 19 巻，岩波書店，1965-66。
西村茂樹全集全 12 巻，思文閣出版，2004-13。
波多野精一全集全 6 巻，岩波書店，1968-69。
廣松渉著作集全 16 巻，岩波書店，1996-97。

福沢諭吉全集全 21 卷，岩波書店，1958-63。

三木清全集全 20 卷，岩波書店，1966-86。

務台理作著作集全 9 卷，こぶし書房，2000-02。

森有正全集全 14 卷，補卷 1，筑摩書房，1978-81。

湯浅泰雄全集全 17 卷，補卷 1，白 書房、ビイング・ネット・プレス，1999-2013。

和辻哲郎全集全 20 卷，岩波書店，1961-63。（補改版全 25 卷，別卷 2，1989-92）。

＊　　＊　　＊

日本の名著全 50 卷，中央公論社，1969-82。

現代日本思想大系全 35 卷，筑摩書房，1963-68。

近代日本思想大系全 36 卷，筑摩書房，1974-90（唯第一卷勝海舟中止發行）。

明治文化全集全 28 卷（復刻版第一刷），日本評論社，1992。

近現代日本哲學思想
主要著作刊行年表

＊括弧內為日文原書名，書名與中文漢字同者則不另附。

1861	加藤弘之	鄰草
1866	福澤諭吉	西洋事情
1870	加藤弘之	真政大意
1872	福澤諭吉	勸學篇（学問のすすめ）
1873	西周	生性發蘊
1874	〃	知說
	〃	百一新論
	〃	教門論
	〃	以洋字書國語之論（洋字を以て国語を書するの論）
1875	加藤弘之	國體新論
	西周	人生三寶說
	津田真道	如是我觀
	福澤諭吉	文明論之概略
1877	田口卯吉	日本開化小史（～ 1892）
1878	井上圓了	宗教新論
1879	植木枝盛	民權自由論
1882	加藤弘之	人權新說
1883	井上哲次郎	倫理新說
	植木枝盛	天賦人權辯
1884	西周	理則新說（論理新説）

1885	福澤諭吉	日本婦人論
1886	井上圓了	哲學一夕話
	中江兆民	理學鉤玄
	福澤諭吉	男女交際論
1887	中江兆民	三醉人經綸問答
	西村茂樹	日本道德論
1890	大西祝	良心起源論
1891	井上哲次郎	敕語衍義
1893	內村鑑三	求安錄
	加藤弘之	強者的權利競爭（強者の權利の競爭）
1894	〃	道德法律進化之理
1895	內村鑑三	我如何成為一位基督徒（余はいかにしてキリスト信徒となりしか。英文：How I Become a Christian ─ The Diary of a Japanese Convert）
1899	井上圓了	靈魂不滅論
	福澤諭吉	福翁自傳
	〃	女大學評論
	〃	新女大學
1901	幸德秋水	二十世紀的怪物　帝國主義（二十世紀の怪物　帝国主義）
	中江兆民	一年有半
		續一年有半
	波多野精一	西洋哲學史要
	大西祝	倫理學
	〃	理則學（論理学）
	〃	西洋哲學史
	岡倉覺三	東洋的理想（東洋の理想。英文：The Ideals of the East with special Reference to the Art of Japan）
	幸德秋水	社會主義神髓
1904	岡倉覺三	日本的覺醒（日本の目覚め。英文：The Awakening of Japan）
1906	岡倉覺三	茶之書（茶の本。英文：The Book of Tea）

	加藤弘之	自然界的矛盾與進化（自然界の矛盾と進化）
1907	〃	吾國體與基督教（吾国体と基督教）
1909	波多野精一	基督教的起源（基督教の起源）
1910	〃	史賓諾沙研究（スピノザ研究）
1911	西田幾多郎	善的研究（善の研究）
1912	加藤弘之	自然與倫理（自然と倫理）
	田中王堂	哲人主義
1913	和辻哲郎	尼采研究（ニイチェ研究）
	西田幾多郎	自覺的直觀與反省（~1917）（自覚に於ける直観と反省）
1914	阿部次郎	三太郎的日記（三太郎の日記）
1915	西田幾多郎	思索與體驗（思索と体 ）
	和辻哲郎	索倫・齊克果
1916	阿部次郎	倫理學的根本問題（倫理学の根本問題）
	朝永三十郎	近世「我」的自覺史（近世における「我」の自覚史）
1917	阿部次郎	美學
	河上肇	貧乏物語
	桑木嚴翼	康德與現代哲學（カントと現代の哲学）
	左右田喜一郎	經濟哲學諸問題（経済哲学の諸問題）
1918	田邊元	科學概論
1919	和辻哲郎	古寺巡禮
1920	〃	日本古代文化
1921	出隆	哲學以前
1922	阿部次郎	人格主義
	左右田喜一郎	文化價值與極限概念（文化価値と極限概念）
	朝永三十郎	康德的和平論（カントの平和論）
	西田幾多郎	由作動者到觀看者（~ 1927）（働くものから見るものへ）
1923	河上肇	資本主義經濟學的歷史發展（資本主義経済学の史的発展）
1924	安倍能成	康德的實踐哲學（カントの実践哲学）
	田邊元	康德的目的論（カントの目的論）
1925	〃	數理哲學研究（数理哲学研究）
	朝永三十郎	純八度（デカート）

1926	加藤仁平	和魂漢才説
	三木清	帕斯卡的人的研究（パスカルにおける人間の研究）
	和辻哲郎	原始基督教的文化史意義（原始基督教の文化史的意義）
	〃	日本精神史研究
1927	大西克禮	現代美學的問題（現代美学の問題）
	三木清	詮釋學現象學的基礎概念（解釈学的現象学の基礎概念）
	和辻哲郎	原始佛教的實踐哲學（原始仏教の実践哲学）
1928	河上肇	經濟學大綱
	〃	資本論入門
	三木清	唯物史觀與現代意識（唯物史観と現代の意識）
1929	戶坂潤	科學方法論
	山內得立	現象學敘説
1930	九鬼周造	「粹」的結構（「いき」の構造）
	西田幾多郎	一般者的自覺體系（一般者の自覚的体系）
	山內得立	存在的現象形態（存在の現象形態）
1931	阿部次郎	德川時代的藝術與社會（德川時代の芸術と社会）
	大關將一	現象學概説
	高橋里美	胡塞爾的現象學（フッセルの現象学）
1932	井上哲次郎	明治哲學界的回顧（明治哲学界の回顧）
	田邊元	海格爾哲學與辯證法（ヘーゲル哲学と弁証法）
	西田幾多郎	無的自覺限定（無の自覚的限定）
	三木清	歷史哲學
	〃	社會科學概論
1933	田邊元	哲學通論
	西田幾多郎	哲學的根本問題（哲学の根本問題）
1934	三枝博音	日本哲學觀念論的發達史（日本に於ける哲学的観念論の発達史）
	田邊元	社會存在的理則（社会存在の論理）
	吉滿義彦	天主教・湯瑪斯・紐曼（カトリシスム・トーマス・ニューマン）
	和辻哲郎	作為人之學的倫理學（人間の学としての倫理学）
1935	天野貞祐	康德純粹理性批判的形而上學性格（カント純粋理性批

		判の形而上学的性格）
	金子武藏	古代哲學史（1948 改題　古代哲學）
	九鬼周造	偶然性問題（偶然性の問題）
	戶坂潤	科學論
	〃	日本意識型態論（日本イデオロギー論）
	西田幾多郎	哲學論文集（～ 1949）
	波多野精一	宗教哲學（1940 改題 宗教哲學序論）
	務台理作	海格爾研究（ヘーゲル研究）
	和辻哲郎	風土
1936	澤瀉久敬	曼恩・德・比朗（メーヌ・ド・ビラン）
	古在由重	唯物論通史
	高橋里美	體驗與存在（体験と存在）
	吉滿義彥	文化倫理的根本問題（文化倫理の根本問題）
1937	天野貞祐	道理的感覺（道理の感 ）
	河上肇	獄中贅語
	古在由重	現代哲學
	三枝博音	日本的思想文化（日本の思想文化）
	田邊元	解明種的理則之意（種の論理の意味を明らかにす）
	山內得立	體系與展相（体系と展相）
	吉滿義彥	文學與倫理（文学と倫理）
	和辻哲郎	倫理学（～ 1949）
1938	下村寅太郎	尼普萊茲（ライプニッツ）
	永田廣志	日本哲學思想史
	和辻哲郎	人格與人類性（人格と人類性）
1939	高坂正顯	康德（カント）
	九鬼周造	人與實存（人間と実存）
	三枝博音	日本的知性與技術（日本の知性と技術）
	下村寅太郎	自然哲學
	高橋里美	歷史與辯證法（歴史と弁証法）
	三木清	構想力的理則（～ 1943）（構想力の論理）
	務台理作	社會存在論
1940	川田熊太郎	柏拉圖辯證法的研究（プラトン弁証法の研究）

	西谷啟治	根源主體性的哲學（根源的主体性の哲学）
	三宅剛一	學的形成與自然性世界（学の形成と自然的世界）
	務台理作	現象學研究
	〃	表現與理則（表現と論理）
	吉滿義彥	詩、愛與實存（詩と愛と実存）
1941	岩下壯一	信仰的遺彥（信仰の遺産）
	三枝博音	三浦梅園的哲學（三浦梅園の哲学）
	下村寅太郎	科學史的哲學（科学史の哲学）
	三木清	讀書遍歷
1942	岩下壯一	中世哲學思想史研究
	高山岩男	世界史的哲學（世界史の哲学）
	高橋里美	包辯證法
	南原繁	國家與宗教－歐洲精神史研究－（国家と宗教－ヨーロッパ精神史の研究－）
1943	出隆	希臘的哲學與政治（ギリシアの哲学と政治）
	河上肇	自敘傳 未完
	佐竹哲雄	現象學
	波多野精一	時與永遠（時と永遠）
	森有正	帕斯卡的方法（パスカルの方法）
1944	金子武藏	海格爾的國家觀（ヘーゲルの国家 ）
	〃	通往形而上學之道（形而上学への道）
	下村寅太郎	無限論的形成與結構（無限論の形成と構造）
	松本正夫	「存在的理則學」研究（「存在の論理学」研究）
	務台理作	場所的理則學（場所の論理学）
	山內得立	希臘的哲學（～ 47）（ギリシアの哲学）
1945	西田幾多郎	場所的理則與宗教的世界觀（場所的論理と宗教的世界観）
1946	池上鎌三	知識哲學原理
	金子武藏	通往實踐哲學之道（実践哲学への道）
	川田熊太郎	希臘哲學研究（ギリシア哲学研究）
	武谷三男	辯證法諸問題（弁証法の諸問題）
	田邊元	作為懺悔道的哲學（懺悔道としての哲学）

	松村一人	海格爾理則學研究 (ヘーゲル論理学研究)
1947	高橋里美	哲學的本質 (哲学の本質)
	田中美知太郎	邏各斯與理型 (ロゴスとイデア)
	田邊元	實存、愛與實踐 (実存と愛と実践)
	〃	種的理則之辯證法 (種の論理の弁証法)
	中村元	東洋人的思惟方法 4 卷 (東洋人の思惟方法 4 卷)
	三宅剛一	數理哲學思想史
	吉滿義彦	文化與宗教的理念 (文化と宗教の理念)
	〃	哲學者之神 (哲学者の神)
1948	高坂正顯	實存哲學
	高山岩男	哲學與哲學的實存 (哲学と哲学的実存)
	古在由重	唯物論史序説
	武市健人	海格爾理則學的世界 (ヘーゲル論理学の世界)
	田邊元	基督教的辯證 (キリスト教の弁証)
	西谷啟治	亞里斯多德論考 (アリストテレス論攷)
	〃	神與絕對無 (神と絶対無)
	本多謙三	實存哲學與唯物辯證法 (実存哲学と唯物弁証法)
	真下信一	實存與現實 (実存と現実)
	松村一人	唯物論與主體性論爭 (唯物論と主体性論争)
	森有正	笛卡爾的人間像 (デカルトの人間像)
	山內得立	實存的哲學 (実存の哲学)
	吉滿義彦	中世精神史研究
1949	出隆	變革的哲學 (変革の哲学)
	岩下壯一	天主教的信仰 (カトリックの信仰)
	梅本克己	唯物史觀與道德 (唯物史観と道徳)
	高坂正顯	從齊克果到沙特 (キエルケゴールからサルトルへ)
	古在由重	歷史唯物論 (史的唯物論)
	田邊元	哲學入門
	西谷啟治	虛無主義 (ニヒリズム)
	前田陽一	蒙田與帕斯卡的基督教辯證論 (モンテーニュとパスカルとの基督教弁証論)
	吉滿義彦	近世哲學史研究

1950	澤瀉久敬	笛卡爾（デカルト）
	金子武藏	近代人文主義與倫理（近代ヒューマニズムと倫理）
	川田熊太郎	倫理學
	田中美知太郎	哲學初步
	三宅剛一	海德格的哲學（ハイデッガーの哲学）
	森有正	杜斯妥也夫斯基紀要（ドストエフスキー覚書）
	渡邊一夫	法國文藝復興斷章（フランス・ルネサンス断章）
	和辻哲郎	鎖國
1951	岩崎武雄	康德與德國觀念論（カントとドイツ観念論）
	三枝博音	技術的哲學（技術の哲学）
	下村寅太郎	通往西田哲學的道路（西田哲学への道）
	田邊元	瓦勒里的藝術哲學（ヴァレリイの芸術哲学）
	野田又夫	笛卡爾及其時代（デカルトとその時代）
	藤井義雄	亞里斯多德的倫理學（アリストテレスの倫理学）
	務台理作	第三人文主義與和平（第三ヒウマニズムと平和）
	和辻哲郎	被埋 的日本（埋もれた日本）
1952	三枝博音	近代日本 業技術的西歐化（近代日本産業技術の西欧化）
	田中美知太郎	善與必然之間（善と必然との間に）
	吉滿義彦	神秘主義與現代（神秘主義と現代）
	和辻哲郎	日本倫理思想史
1953	金子武藏	實存理性的哲學（実存理性の哲学）
	鈴木三郎	雅斯佩斯研究（ヤスパース研究）
	高橋里美	時間論
	松村一人	辯證法的展開（弁証法の展開）
	山內得立	實存與所有（実存と所有）
	山本信	萊布尼茲哲學研究（ライプニッツ哲学研究）
1954	岩崎武雄	辯證法
	田邊元	數理的歷史主義展開（数理の歴史主義的展開）
	務台理作	現代倫理思想的研究（現代倫理思想の研究）
1955	淺野順一	以色列預言者的神學（イスラエル予言者の神学）
	澤瀉久敬	科學入門－站在柏格森的立場－（科学入門―ベルクソンの立場に立って ）

	城塚登	社會主義思想的成立（社会主義思想の成立）
		（1970 改題　青年馬克思的思想）（若きマルクスの思想）
	田邊元	相對性理論的辯證法（相対性理論の弁証法）
	永井博	近代科學哲學的形成（近代科学哲学の形成）
	和辻哲郎	日本藝術史研究 I
1956	市井三郎	懷海德的哲學（ホワイトヘッドの哲学）
	大島康正	實存倫理的歷史境位（実存倫理の歴史的境位）
	桂壽一	史賓諾沙的哲學（スピノザの哲学）
	三枝博音	日本的唯物論者（日本の唯物論者）
	信太正三	尼采研究（ニーチェ研究）
	森有正	巴比倫河畔（バビロンの流れのほとりにて）
1957	金子武藏	倫理學概論
	唐木順三	詩與哲學之間（詩と哲学の間）
	川田熊太郎	佛教與哲學（仏教と哲学）
	武谷三男	自然科學概論（〜 60）
	寺澤恒信	辯證法的理則學試論（弁証法的論理学試論）
	中村元	早期吠檀多哲學 4 卷（初期ヴェーダンタ哲学 4 卷）
	藤田健治	近代哲學原理的瓦解與重建（近代哲学原理の崩壊と再建）
	山崎正一	康德哲學（カント哲学）
1958	川田熊太郎	哲學要錄
	岸本英夫	宗教神秘主義
	鈴木亨	實存與勞動（実存と労働）
	原佑	海德格（ハイデッガー）
	務台理作	哲學概論
	武藤光朗	社會主義與實存主義（社会主義と実存主義）
	渡邊一夫	法國人文主義的成立（フランス・ユマニスムの成立）
1959	碧海純一	法哲學概論
	澤瀉久敬	醫學概論
	梯明秀	海格爾哲學與資本論（ヘーゲル哲学と資本論）
	近藤洋逸	笛卡爾的自然像（デカルトの自然像）
	清水幾太郎	現代思想入門

	清水富雄	萊布尼茲 (ライプニッツ)
	永井茂夫	分析哲學
	南原繁	費希特的政治哲學 (フィヒテの政治哲学)
	〃	自由與國家的理念 (自由と国家の理念)
	船山信一	明治哲學史研究
1960	鈴木三郎	實存哲學的展望 (実存哲学の展望)
	長澤信壽	奧古斯汀哲學的研究 (アウグスティーヌス哲学の研究)
	中村元	比較思想論
	原佑	現代與實存 (現代と実存)
	務台理作	人與倫理 (人間と倫理)
1961	樫山欽四郎	海格爾精神現象學研究 (ヘーゲル精神現象学の研究)
	川田熊太郎	何謂哲學 (哲学とは何か)
	下村寅太郎	李奧納多・達文西 (レオナルド・ダ・ヴィンチ)
	田邊元	馬拉美紀要 (マラルメ覚書)
	永井博	數理存在論的基礎 (数理の存在論的基礎)
	西谷啟治	何謂宗教 (宗教論集 I) (宗教とは何か)
	船山信一	海格爾哲學的體系與方法 (ヘーゲル哲学の体系と方法)
	丸山真男	日本的思想 (日本の思想)
	宮川透	近代日本的哲學 (近代日本の哲学)
	務台理作	現代的人文主義 (現代のヒューマニズム)
	武藏一雄	神學與宗教哲學之間 (神学と宗教哲学との間)
1962	淺野順一	約伯記的研究 (ヨブ記の研究)
	澤田允茂	現代理則學入門 (現代論理学入門)
	關根正雄	以色列的思想和語言 (イスラエルにおける思想と言語)
	中井正一	美與集團的理則 (美と集団の論理)
	中村雄二郎	現代情念論
	南原繁	政治理論史
	渡邊二郎	海德格的實存思想 (ハイデッガーの実存思想)
		海德格的存在思想 (ハイデッガーの存在思想)
1963	市井三郎	哲學性分析 (哲学的分析)
	上山春平	辯證法的系譜 (弁証法の系譜)
	船山信一	海格爾哲學體系的生成與結構 (ヘーゲル哲学体系の生

		成と構造)
	務台理作	社會與實存性個人 (社会と実存的個人)
	八木誠一	新約思想的成立 (新約思想の成立)
1964	高坂正顯	西田幾多郎與和辻哲郎 (西田幾多郎と和辻哲郎)
	澤田允茂	現代的哲學與理則 (現代における哲学と論理)
	平井俊彦	洛克思想中的人與社會 (ロックにおける人間と社会)
1965	岩崎武雄	康德「純粹理性批判」的研究 (カント「純粋理性批判」の研究)
	上山春平	日本的土著思想 (日本の土著思想)
	古在由重	馬克思主義的思想與方法 (マルクス主義の思想と方法)
	下村寅太郎	西田幾多郎
	竹內芳郎	沙特與馬克思主義 (サルトルとマルクス主義)
	中村雄二郎	帕斯卡及其時代 (パスカルとその時代)
	矢島羊吉	康德的自由概念 (カントの自由の概念)
	山元一郎	語言的哲學 (コトバの哲学)
1966	飯島宗享	逆說　無法退讓的此物 (逆説　この譲れないもの)
	大谷愛人	齊克果青年時代的研究 (キルケゴール青年時代の研究)
	桂壽一	笛卡爾哲學及其發展 (デカルト哲学とその発展)
	澤田允茂	哲學的基礎 (哲学の基礎)
	三宅剛一	人間存在論
1967	岩崎光胤	辯證法與現代社會科學 (弁証法と現代社会科学)
	梅原猛	美與宗教的發展 (美と宗教の発展)
	梅本克己	唯物史觀與現代 (唯物史観と現代)
	金子武藏	作為現代思想的實存主義 (現代思想としての実存主義)
	鈴木亨	響存的世界
	中村雄二郎	近代日本的制度與思想 (近代日本における制度と思想)
	〃	日本的思想界 (日本の思想界)
	濱田義文	青年康德的思想形成 (若きカントの思想形成)
	森有正	遙遠的諾特雷・達梅 (遥かなノートル・ダム)
	山內得立	意義的形而上學 (意味の形而上学)
1968	今道友信	Betrachtungen über das Eine
	田川健三	原始基督教史的一斷面 (原始キリスト教史の一断面)

	新田義弘	何謂現象學（現象学とは何か）
	廣松渉	馬克思主義的成立過程（マルクス主義の成立過程）
	〃	恩格斯論（エンゲルス論）
	務台理作	思索與觀察（思索と観察）
	森有正	語言、事物、體驗（言葉・事物・体験）
1969	信太正三	永遠回歸與遊戲的哲學（永遠回帰と遊戯の哲学）
	中村元	原始佛教（〜 72) 5 巻
	花崎皋平	馬克思的科學與哲學（マルクスにおける科学と哲学）
	廣松渉	馬克思主義的地平（マルクス主義の地平）
	藤澤令夫	實在與價值（実在と価値）
	三宅剛一	道德的哲學（道徳の哲学）
	吉澤傳三郎	尼采與實存主義（ニーチェと実存主義）
1970	秋間實	現代科學與唯物論（現代科学と唯物論）
	飯島宗享	情緒的哲學（気分の哲学）
	稲垣良典	湯瑪斯・阿奎納哲學研究（トマス・アクィナス哲学の研究）
	神川正彦	歷史的語言與理則（歴史における言葉と論理）
	木田元	現象學
	清水純二	焦爾達諾・布魯諾研究（ジョルダーノ・ブルーノの研究）
	湯淺泰雄	近代日本的哲學與實存思想（近代日本の哲学と実存思想）
1971	荒井獻	原始基督教與諸斯底主義（原始キリスト教とグノーシス主義）
	市井三郎	何謂歷史進步（歴史の進歩とは何か）
	今道友信	同一性的自我塑性（同一性の自己塑性）
	岩崎武雄	倫理學
	大森莊藏	語言、知覺、世界（言語・知覚・世界）
	高坂直之	湯瑪斯・阿奎納的自然法研究（トマス・アクィナスの自然法研究）
	坂本百大	現代理則學（現代論理学）
	辻村公一	海德格論考（ハイデッガー論攷）

	土居健郎	「依賴」的結構（「甘え」の構造）
	林田新二	雅斯佩斯的實存哲學（ヤスパースの実存哲学）
	廣松渉	青年馬克思論（青年マルクス論）
	〃	唯物史觀的原像（唯物史観の原像）
	船山信一	哲學人類學的唯物論立場與體系（人間学的唯物論の立場と体系）
	細谷貞夫	青年海格爾的研究（若きヘーゲルの研究）
	村上陽一郎	西歐近代科學
	森有正	笛卡爾與帕斯卡（デカルトとパスカル）
	吉田夏彥	語言與實在（言葉と実在）
1972	石原謙	基督教的源流－歐洲基督教史－（キリスト教の源流－ヨーロッパ・キリスト教史－）
	〃	基督教的展開－歐洲基督教史－（キリスト教の展開－ヨーロッパ・キリスト教史－）
	今道友信	美的位相與藝術（美の位相と芸術）
	上山春平	歷史與價值（歴史と価値）
	小倉志祥	康德的倫理思想（カントの倫理思想）
	澤瀉久敬	法國哲學研究（フランス哲学研究）
	清水幾太郎	倫理學筆記（倫理学ノート）
	瀧浦靜雄	想像的現象學（想像の現象学）
	花崎皋平	力與理性（力と理性）
	〃	馬克思的科學與哲學（マルクスにおける科学と哲学）
	廣松渉	世界共同主觀的存在結構（世界の共同主観的存在構造）
1973	今道友信	談美（美について）
	上田閑照	禪佛教（禅仏教）
	河野真	謝林的實踐哲學研究（シェリングの実践哲学研究）
	田島節夫	語言與世界（言語と世界）
	永井博	生命論的哲學性基礎（生命論の哲学的基礎）
	南原繁	政治哲學序説
	廣松渉	科學的危機與認識論（科学の危機と認識論）
1974	井上忠	有根據的挑戰（根拠よりの挑戦）
	桂壽一	近世主體主義的發展與局限（近世主体主義の発展と限

界）

	古在由重	人間讚歌
	野田又夫	西洋近世的思想家們（西洋近世の思想家たち）
	〃	哲學的三個傳統（哲学の三つの伝統）
	廣松渉	資本論的哲學（資本論の哲学）
	三宅剛一	藝術論的嘗試（芸術論の試み）
	武藤一雄	宗教哲學新的可能性（宗教哲学の新しい可能性）
	山內得立	邏各斯與引理（ロゴスとレンマ）
	山崎庸佑	現象學的展開（現象学の展開）
1975	井筒俊彥	伊斯蘭思想史（イスラーム思想史）
	市川浩	作為精神的身體（精神としての身体）
	小川圭治	主體與超越（主体と超越）
	梯明秀	戰後精神的探究－告白之書－（戦後精神の探究―告白の書―）
	茅野良男	德國觀念論之研究（ドイツ観念論の研究）
	黑田亘	經驗與語言（経験と言語）
	坂本賢三	機械的現象學（機械の現象学）
	澤田允藏	認識的風景（認識の風景）
	下村寅太郎	文藝復興的人間像（ルネッサンス的人間像）
	竹內芳郎	國家與文明（国家と文明）
	中村雄二郎	感情的覺醒（感性の覚醒）
	濱井修	社會哲學的方法與精神（社会哲学の方法と精神）
	廣松渉	通往事的世界觀的前哨（事的世界観への前哨）
	八木誠一	佛教與基督教的接點（仏教とキリスト教の接点）
	矢島羊吉	虛無主義的理則（ニヒリズムの論理）
	渡邊二郎	虛無主義－內在性的現象學－（ニヒリズム―内面性の現象学―）
1976	岩崎武雄	真理論
	大森莊藏	物與心（物と心）
	龜尾敏夫	杜威的哲學（デューイの哲学）
	坂部惠	假面的詮釋學（仮面の解釈学）
	〃	理性的不安（理性の不安）

	澤田允藏	思考方式的理則（考え方の論理）
	瀧浦靜雄	時間
	橋本淳	齊克果思想中的苦惱世界（キエルケゴールにおける苦悩の世界）
	三宅剛一	時間論
	村上陽一郎	近代科學與聖俗革命（近代科学と聖俗革命）
1977	岩崎武雄	存在論・實踐論（存在論・実践論）
	金子武藏	實存思想的成立與系譜（実存思想の成立と系譜）
	〃	西洋精神史考
	柏原啟一	探詢者（ホモ・クワエレンス）
	久野收	歷史性理性批判序説
	鈴木亨	西田幾多郎的世界（西田幾多郎の世界）
	中村雄二郎	哲學的現在（哲学の現在）
	村上陽一郎	日本近代科學的發展（日本近代科学の歩み）
	森有正	經驗與思想（経験と思想）
	〃	遠去的諾特雷・達梅（遠ざかるノートル・ダム）
	山田晶	奧古斯汀的根本問題（アウグスティヌスの根本問題）
	山本信	形而上學的可能性（形而上学の可能性）
	山本光雄	亞里斯多德（アリストテレス）
	湯淺泰雄	身體－東洋身心論的嘗試－（身体―東洋的身心論の試み―）
1978	井筒俊彥	神秘哲學
	清水禮子	破門的哲學（破門の哲学）
	瀧浦靜雄	語言與身體（言語と身体）
	新田義弘	現象學
	山田晶	湯瑪斯・阿奎那的隨筆研究（トマス・アクィナスの〈エッセ〉研究）
	湯淺泰雄	榮格與基督教（ユングとキリスト教）
	渡邊二郎	內在性的現象學（内面性の現象学）
1979	井筒俊彥	伊斯蘭誕生（イスラーム生誕）
	田中美知太郎	柏拉圖 I-IV（～ 1985）（プラトン I-IV）
	德永恂	現代批判的哲學（現代批判の哲学）

	中村雄二郎	共通感覺論－重組知識－（共通感覚論―知の組みかえのために ）
	廣松渉	物、事、語言（もの・こと・ことば）
	湯淺泰雄	榮格與歐洲精神（ユングとヨーロッパ精神）
1980	〃	從奧古斯汀到安瑟倫（アウグスティヌスからアンセルムスへ）
	井筒俊彥	伊斯蘭哲學的原像（イスラーム哲学の原像）
	井上忠	哲學的現場（哲学の現場）
	今道友信	東洋的美學（東洋の美学）
	宇都宮芳明	人之間與倫理（人間の間と倫理）
	加藤尚武	海格爾的形成與原理（ヘーゲル哲学の形成と原理）
	黑崎宏	維根斯坦的生涯與哲學（ヴィトゲンシュタインの生涯と哲学）
	坂本百大	人間機械論的哲學－心身問題與自由的去向－（人間機械論の哲学―心身問題と自由のゆくえ―）
	中村元	如何理解思想（思想をどうとらえるか）
	藤澤令夫	希臘哲學與現代（ギリシア哲学と現代）
	〃	理型與世界（イデアと世界）
	三宅剛一	經驗性現實的哲學（経験的現実の哲学）
	村上陽一郎	日本人與近代科學（日本人と近代科学）
	山崎庸佑	現象學與歷史基礎論（現象学と歴史の基礎論）
1981	井筒俊彥	伊斯蘭文化（イスラーム文化）
	稻垣良典	習慣的哲學（習慣の哲学）
	今道友信	東西的哲學（東西の哲学）
	大森莊藏	流動與停滯（流れとよどみ）
	茅野良男	世界　　時間　　真理
	川原榮峰	海德格的思惟（ハイデッガーの思惟）
	花崎皋平	生存場域的哲學（生きる場の哲学）
	濱田義文	康德倫理學的成立（カント倫理学の成立）
	藤田健治	體系與展相（体系と展相）
	丸山圭三郎	索緒爾的思想（ソシュールの思想）
1982	大森莊藏	新視覺新論

	中村雄二郎	情感的知識（パトスの知）
	濱井修	韋伯的社會哲學（ウェーバーの社会哲学）
	濱田恂子	價値應答與愛（価値応答と愛）
	廣松瀬	存在與意義　第一卷（存在と意義　第一卷）
	湯淺泰雄	東洋文化的深層（東洋文化の深層）
1983	青木茂	個體論的瓦解與形成（個体論の崩壊と形成）
	淺田彰	結構與力量（構造と力）
	飯島宗享	論考・成為人（論考・人間になること）
	井筒俊彦	意識與本質（意識と本質）
	黑田亘	知識與行為（知識と行為）
	坂部惠	「觸」的哲學（「ふれる」ことの哲学）
	下村寅太郎	布克哈特的世界（ブルクハルトの世界）
	末木剛博	西田幾多郎
	中村雄二郎	魔女冉達考（魔女ランダ考）
	廣松涉	物象化論的構圖（物象化論の構図）
	村上陽一郎	黑死病大流行（ペスト大流行）
1984	石黑ひで	萊布尼茲的哲學（ライプニッツの哲学）
	市川浩	身的結構（〈身〉の構造）
	古在由重	和魂論筆記（和魂論ノート）
	坂本賢三	科學思想史
	中村雄二郎	述語集－令人在意的語言－（述語集―気になることば―）
	量義治	康德形而上學的驗證（カントの形而上学の検証）
	藤澤令夫	柏拉圖「斐德羅篇」註解（プラトン「パイドロス」注解）
1985	井筒俊彦	通往意義的深層（意味の深みへ）
	市川浩	現代藝術的地平（現代芸術の地平）
	岩田靖夫	亞里斯多德的倫理思想（アリストテレスの倫理思想）
1986	井上達夫	共生的禮法（共生の作法）
	市倉宏祐	往現代法國思想的邀請（現代フランス思想への誘い）
	金子武藏	近代精神史研究
	坂部惠	和辻哲郎

	坂本百大	心與身體－原一元論的構圖－（心と身体―原一元論の構図―）
	竹内芳郎	具體經驗的哲學－現代哲學思潮批判－（具体的経験の哲学―現代哲学思潮批判―）
	永井均	我的形而上學（〈私〉のメタフイジイックス）
	西谷啟治	禪的立場　宗教論集 II（禅の立場　宗教論集 II）
	濱田恂子	齊克果的倫理思想（キルケゴールの倫理思想）
	福井一光	理性的命運（理性の運命）
	村上陽一郎	時間的科學（時間の科学）
	湯淺泰雄	氣　修行　身體
1987	出隆	講義 柏羅丁與奧古斯汀的哲學－（講義―プロティノスとアウグスティヌスの哲学―）
	澤瀉久敬	亨利·柏格森（アンリ・ベルクソン）
	酒井潔	世界與自我－萊布尼茲形而上學論考－（世界と自我―ライプニッツ哲学形而上学論攷）
	坂本賢三	尖端技術的去向（先端技術のゆくえ）
	中村雄二郎	西田哲學的解構（西田哲学の脱構築）
1988	合田正人	列維納斯的思想（レヴィナスの思想）
	堤彪	比較文明論的誕生（比較文明論の誕生）
	廣松涉	新哲學入門
	真方敬道	中世個體論研究
	〃	異教文化與基督教之間（異教文化とキリスト教の間）
	森岡正博	通往生命學的招待（生命学への招待）
1989	青木茂	個體論序説
	飯島宗亨	談自我（自己について）
	市川浩	尋找自我與尋找世界（〈私さがし〉と〈世界さがし〉）
	大庭健	所謂他者為誰（他者とは誰のことか）
	澤田允茂	語言與人（言語と人間）
	谷壽美	索洛維約夫的哲學（ソロヴィヨフの哲学）
	杖下隆英	價值與認識（価値と認識）
	中村雄二郎	場所（場所（トポス））
	廣松涉	身心問題

	〃	表情
	牧野英二	康德純粹理性批判的研究（カント純粋理性批判の研究）
1990	有福孝岳	康德超越論主體性的哲學（カント超越論的主体性の哲学）
	市川浩	中間者的哲學－超越形而上學－（〈中間者〉の哲学―メタ・フィジックを超えて―）
	今道友信	環境倫理學（エコエティカ）
	岩田靖夫	神的痕跡－海德格與列維納斯－（神の痕跡―ハイデガーとレヴィナス―）
1991	坂本百大	語言起源論的新展開（言語起源論の新展開）
	佐藤康邦	海格爾與目的論（ヘーゲルと目的論）
1992	大森莊藏	時間與自我（時間と自我）
	川原榮峰	海德格贊述（ハイデッガー賛述）
	小林靖昌	海德格的人倫思想（ヘーゲルの人倫思想）
1993	河上正秀	行為與意義－技術時代的人間像－（行為と意味―技術時代の人間像―）
	中村元	比較思想的軌跡（比較思想の軌跡）
	廣松渉	存在與意義　第二卷（存在と意味　　　　第二巻）
	松永澄夫	知覺的我、理解的我（知覚する私・理解する私）
1994	岩田靖夫	倫理的復權（倫理の復権）
	大谷愛人	倫理學講義
	大森莊藏	時間與存在（時間と存在）
	〃	知識的建構及其咒縛（知の構築とその呪縛）
	尾崎和彥	北歐思想的水脈（北欧思想の水脈）
	關根清三	舊約的超越與象徵－詮釋學的經驗與系譜－（旧約における超越と象徴―解釈学的経験の系譜―）
	谷隆一郎	奧古斯汀的哲學（アウグスティヌスの哲学）
	中里巧	齊克果及其思想風土（キルケゴールとその思想風土）
	森岡正博	再問生命觀－由自我中心到腦死－（生命観を問いなおす―エコロジーから脳死まで―）
	湯淺泰雄	身體的宇宙性－東洋與西洋－（身体の宇宙性―東洋と西洋―）

	渡邊二郎	結構與詮釋（構造と解釈）
1995	青木茂	海格爾的基督教徒論－十字架的哲學－（ヘーゲルのキリスト論－十字架の哲学－）
	大橋良介	西田哲學的世界或哲學的展開（西田哲学の世界あるいは哲学の展開）
	金子昭	史懷哲 其倫理性神秘主義的結構與展開（シュヴァイツァー－その倫理的神秘主義の構造と展開－）
	川本隆	現代倫理學的冒險（現代倫理学の冒険）
	鷲田清一	被看的權利〈顏〉論（見られることの権利〈顏〉論）（1998改題 顏的現象學）（顏の現象学）
1996	大森莊藏	時間不流動（時は流れず）
	小川侃	通往自由的結構－由現象學觀點來看歐洲政治哲學史－（自由への構造－現象学の視点からのヨーロッパ政治哲学の歴史－）
	川中子義勝	哈曼的思想與生涯（ハーマンの思想と生涯）
	坂口文	〈個〉的誕生－創造基督教教理的人們（〈個〉の誕生キリスト教教理をつくった人びと－）
	高山守	謝林（シェリング）
	羽入佐和子	雅斯佩斯的存在論（ヤスパースの存在論）
	平田俊博	柔軟的康德哲學（1999 增補改定）（柔らかなカント哲学）
	牧野英二	遠近法主義的哲學（遠近法主義の哲学）
	鷲田清一	自我・不可思議的存在（じぶん・この不思議な存在）
	渡邊二郎	哲學入門
	〃	英美哲學入門
1997	市倉宏祐	海德格與沙特與詩人們（ハイデガーとサルトルと詩人たち）
	河上睦子	費爾巴哈與現代（フォイエルバッハと現代）
	澤田允茂	哲學的風景（哲学の風景）
	竹内整一	日本人「親切」嗎？－日本精神史入門－（日本人は「やさしい」のか－日本精神史入門－）
1998	宇都宮芳明	康德與神（カントと神）
	大橋良介	悲的現象論序説（悲の現象論序説）

	小林靖昌	通往經驗現象學之道 (経験の現象学への道)
	杉村靖彦	保羅・利科的思想 (ポール・リクールの思想)
	關根清三	舊約聖書的思想－24 個斷章－(旧約聖書の思想―24 の斷章―)
	谷徹	意識的自然－開創現象學的可能性－(意識の自然―現象学の可能性を拓く―)
	新田章	歐洲的佛陀－尼采的提問－(ヨーロッパの仏陀―ニーチェの問い―)
	船木亨	虛構之國－邊沁思想的功利性與合理性－(ランド・オブ・フィクション―ベンタムにおける功利性と合理性―)
	細谷昌志	康德　再現與構思力 (カント　表象と構想力)
	渡邊二郎	人生的哲學 (人生の哲学)
	〃	藝術的哲學 (芸術の哲学)
1999	井上達夫	給他者的自由 (他者への自由)
	岡田紀子	海德格的真理論 (ハイデガーの真理論)
	金子昭	天理人間學總說－追求新的宗教人間知識－(天理人間学総説―新しい宗教的人間知を求めて―)
	河上正秀	德國的齊克果思想的發軔 (ドイツにおけるキルケゴール思想の受容)
	清水真木	立於歧路的尼采 (岐路に立つニーチェ)
	信原幸弘	心的現代哲學 (心の現代哲学)
	濱田恂子	齊克果　主體性的真理 (キルケゴール　主体性の真理)
	伴博	康德與雅斯佩斯 (カントとヤスパース)
	鷲田清一	聆聽的力量－臨床哲學試論－(「聴く」ことの力―臨床哲学試論―)
	渡邊二郎	美與詩的哲學 (美と詩の哲学)
	〃	歷史哲學－現代思想史狀況－(歴史の哲学―現代の思想史的状況―)
2000	鹿島徹	埴谷雄高與存在論 (埴谷雄高と存在論)
	木田元	海德格「存在與時間」的結構 (ハイデガー――「存在と時間」の構築―)
	齊藤慶典	思考的臨界－超越論現象學的貫徹－(思考の臨界超越

		論的現象学の徹底—）
	中里巧	福祉人間學序説
	中村元	理則的結構 2 巻 遺稿（論理の構造 2 巻　遺稿）
	信原幸弘	思考的腦、不思考的腦（考える脳・考えない脳）
	細川亮一	海德格哲學的範圍（ハイデガー哲学の射程）
	渡邊二郎	給現代人的哲學（現代人のための哲学）
2001	石井敏夫	伯克森的記憶力理論（ベルクソンの記憶力理論）
	岩田靖夫	無神時代的神－齊克果與列維納斯－（神なき時代の神—キルケゴールとレヴィナス—）
	小川真人	海格爾的悲劇思想（ヘーゲルの悲劇思想）
	福井一	人與超越的諸相－與卡爾・雅斯佩斯一同－（人間と超越の諸相—カール・ヤスパースと共に—）
	船木亨	「觀看」的哲學－鏡像與縱深－（〈見ること〉の哲学—鏡像と奥行—）
2002	魚住孝至	宮本武藏 日本人之道（宮本武蔵　日本人の道）
	尾崎和彥	生與死・極限的醫療倫理學（生と死・極限の医療倫理学）
	〃	瑞典烏普薩拉學派的宗教哲學－由絕對觀念論到價值虛無主義－（スウェーデン・ウプサラ学派の宗教哲学—絶対観念論から価値ニヒリズムへ—）
	末次弘	何謂沙特哲學（サルトル哲学とは何か）
	關根清三	倫理的探索－聖書的取徑－（倫理の探索—聖書からのアプローチ—）
	信原幸弘	意識的哲學（意識の哲学）
	濱田恂子	生存環境的摸索－苦惱的知識－（生きる環境の模索—苦悩する知—）
	古庄真敬	海德格的語言哲學（ハイデガーの言語哲学）
	嶺秀樹	海德格與日本的哲學－和辻哲郎、九鬼周造、田邊元－（ハイデッガーと日本の哲学—和辻哲郎、九鬼周造、田辺元—）
	堀孝	日本近代倫理的屈折（日本における近代倫理の屈折）
2003	井上克人	露現與覆藏－從現象學到宗教哲學－（露現と覆蔵—現

		象学から宗教哲学へ―)
	九鬼一人	真理・價值・價值觀
	子安宣邦	日本近代思想批判
	澤田允茂	昭和的一位哲學家－走過戰爭－(昭和の一哲学者―戦 争を生きぬいて)
	森岡正博	無痛文明論
	寄川條路	結構與解體－德國觀念論的研究－(構築と解体―ドイ ツ観念論の研究―)
2004	大庭健	所有的神話－市場經濟的倫理學－(所有という神話― 市場経済の倫理学―)
	岡田紀子	尼采私論　滑稽、自稱詩人的哲學家 (ニーチェ私論道 化、詩人と自称した哲学者)
	五郎丸仁美	遊戲的誕生　由康德、席勒美學到早期的尼采 (遊戯の 誕生　カント、シラー美学から初期ニーチェへ)
	竹内整一	「自然而然」與「親自」－日本思想的基層－(「おのずか ら」と「みずから」―日本思想の基層―)
	濱井修	倫理性世界的探究－人、社會、宗教－(倫理的世界の 探究―人間・社会・宗教―)
	濱田恂子	死生論
	湯淺泰雄	哲學的誕生－男性性與女性性的心理學－(哲学の誕生― 男性性と女性性の心理学)
2005	荒井獻	抵抗「強」的時代 (「強さ」の時代に抗して)
	市倉宏祐	和辻哲郎的視圈－古寺巡禮、倫理學、桂離宮－(和辻 哲郎の視圈―古寺巡礼・倫理学・桂離宮―)
	上山安敏	宗教與科學－猶太教與基督教之間－(宗教と科学―ユ ダヤ教とキリスト教の間―)
	酒井潔	自我的哲學 (自我の哲学)
	佐藤康邦	康德「判斷力批判」與現代 (カント「判断力批判」と現 代)
	竹内章郎	生命的平等論 (いのちの平等論)
	船木亨	數位媒體時代的方法序説 (デジタルメディアの時代の 《方法序説》)